全国高等职业教育财会类规划教材——工学结合项目化系列

# 成本核算会计项目化教程
## （第2版）

贺江莲　主　编
庾慧阳　梁　斌　副主编
肖艾芳　龙　露　参　编

电子工业出版社
Publishing House of Electronics Industry
北京·BEIJING

## 内 容 简 介

本书共分 11 个项目，主要内容包括：认知产品生产流程和成本、认知成本核算岗位工作、工业企业要素费用的核算、辅助生产费用的核算、制造费用的核算、损失性费用的核算、完工产品和在产品成本的计算、品种法的运用、分批法的运用、分步法的运用和成本报表编制与分析。为便于学习，针对具体教学项目，设置情景资料，安排对应任务，并在学习后完成任务实施。为巩固教学效果，每个项目后面还设有项目总结和知识拓展。

本书既适合各类高职、高专、成人教育等专科学校、中职学校会计及相关专业学生使用，也可供企业和社会人士参考使用。

未经许可，不得以任何方式复制或抄袭本书之部分或全部内容。
版权所有，侵权必究。

**图书在版编目（CIP）数据**

成本核算会计项目化教程 / 贺江莲主编. —2 版. —北京：电子工业出版社，2017.8
ISBN 978-7-121-31710-1

Ⅰ. ①成… Ⅱ. ①贺… Ⅲ. ①成本会计－高等职业教育－教材 Ⅳ. ①F234.2

中国版本图书馆 CIP 数据核字（2017）第 121080 号

策划编辑：贾瑞敏
责任编辑：贾瑞敏
印　　刷：三河市华成印务有限公司
装　　订：三河市华成印务有限公司
出版发行：电子工业出版社
　　　　　北京市海淀区万寿路 173 信箱　邮编 100036
开　　本：787×1 092　1/16　印张：14　字数：358.4 千字
版　　次：2012 年 1 月第 1 版
　　　　　2017 年 8 月第 2 版
印　　次：2020 年 7 月第 6 次印刷
定　　价：33.00 元

凡所购买电子工业出版社图书有缺损问题，请向购买书店调换。若书店售缺，请与本社发行部联系，联系及邮购电话：(010) 88254888，88258888。
质量投诉请发邮件至 zlts@phei.com.cn，盗版侵权举报请发邮件至 dbqq@phei.com.cn。
本书咨询联系方式：(010) 88254019，jrm@phei.com.cn。

# 前　言

本教材针对会计行业"成本核算"岗位而编写，以满足高职高专会计专业高技能人才培养目标的需求。在教材的构架和内容的安排上，坚持理论与实践结合，继承与创新并存，在吸收成本会计实践工作经验和同类教材优点的基础上，着力培养学生专业技能，遵循"以能力为本位、以就业为导向"的宗旨，体现"以岗位为基础，学以致用"的指导思想。教材特色如下。

1. 以"成本核算岗位工作流程"为基础设计教材内容

从认知产品生产流程，到熟知成本核算岗位主要工作，然后掌握成本要素费用的归集和分配，最后进行产品成本的汇总和结转，均按成本核算工作过程中的实际任务为基础系统设计教材内容。

2. 以"项目为导向，以任务为驱动"组织教材内容

本书共分11个教学项目，有点有面，点面结合，各教学任务重点、难点突出，充分体现成本核算会计知识结构的综合性、课程内容的系统性、教学过程的实践性、知识运用的灵活性等特点。

3. 以情景资料为教学背景，突出教学实例，体现"工学结合"理念

本书针对具体的教学任务，将相应的情景资料或教学实例导入课堂内容，注重学生的感性认识，有利于激发学生学习的主动性，并为学生将来的实践工作打下良好的基础。本教材因考虑到成本核算知识运用的灵活性和学生知识掌握的全面性特点，选择了不同企业的情景资料作为教学背景。

本书由湖南娄底职业技术学院贺江莲担任主编，负责拟定编写思路与编写大纲，并对全书进行统稿。具体编写分工如下：项目一、项目五与项目十（庾慧阳，娄底职业技术学院）；项目二与项目九（梁斌，娄底职业技术学院）；项目三与项目八（肖艾芳，湖南化工职业技术学院）；项目四、项目六与项目十一（贺江莲，娄底职业技术学院）；项目七（龙露，娄底职业技术学院）。

本书在编写过程中参考了有关文献资料，在此对相关文献资料的作者深表感谢。由于编写水平有限，书中难免有疏漏和错误之处，恳请批评指正。

编　者

# 目　录

**项目一　认知产品生产流程和成本** (1)
　项目导言 (1)
　项目目标 (1)
　任务一　认知产品生产流程 (1)
　任务二　认知产品成本 (6)
　项目总结 (11)
　知识拓展 (11)

**项目二　认知成本核算岗位工作** (13)
　项目导言 (13)
　项目目标 (13)
　任务一　成本会计的对象与职能 (13)
　　子任务一　成本会计概述 (13)
　　子任务二　成本会计职能 (16)
　任务二　成本核算的基础工作与组织 (18)
　　子任务一　成本核算的基础工作 (18)
　　子任务二　成本核算工作的组织与任务 (19)
　　子任务三　成本核算的法规与制度 (22)
　任务三　成本核算的程序和账户设置 (23)
　　子任务一　成本核算的原则、要求及程序 (23)
　　子任务二　成本核算账户设置及账务处理 (29)
　任务四　成本计算对象和成本计算方法的确定 (33)
　　子任务一　成本计算对象的确定 (34)
　　子任务二　成本计算方法的确定 (35)
　项目总结 (38)
　知识拓展 (38)

**项目三　工业企业要素费用的核算** (41)
　项目导言 (41)
　项目目标 (41)
　任务一　材料费用的核算 (41)
　　子任务一　材料费用的归集 (41)
　　子任务二　材料费用的分配 (44)
　　子任务三　外购动力费用的核算 (48)
　任务二　人工费用的核算 (52)
　　子任务一　人工费用的计算 (52)
　　子任务二　人工费用的归集 (57)
　　子任务三　人工费用的分配 (60)

· Ⅴ ·

任务三　折旧费及其他费用的核算 ………………………………………………… (63)
　　　　子任务一　折旧费用的核算 …………………………………………………… (63)
　　　　子任务二　税金等费用的核算 ………………………………………………… (64)
　　项目总结 ……………………………………………………………………………… (65)
　　知识拓展 ……………………………………………………………………………… (65)

## 项目四　辅助生产费用的核算 …………………………………………………………… (68)
　　项目导言 ……………………………………………………………………………… (68)
　　项目目标 ……………………………………………………………………………… (68)
　　任务一　辅助生产费用的归集 ……………………………………………………… (69)
　　任务二　辅助生产费用的分配 ……………………………………………………… (74)
　　　　子任务一　直接分配法 ………………………………………………………… (75)
　　　　子任务二　一次交互分配法 …………………………………………………… (77)
　　　　子任务三　计划成本分配法 …………………………………………………… (80)
　　项目总结 ……………………………………………………………………………… (82)
　　知识拓展 ……………………………………………………………………………… (83)

## 项目五　制造费用的核算 ………………………………………………………………… (86)
　　项目导言 ……………………………………………………………………………… (86)
　　项目目标 ……………………………………………………………………………… (86)
　　任务一　制造费用的归集 …………………………………………………………… (86)
　　任务二　制造费用的分配 …………………………………………………………… (88)
　　　　子任务一　实际分配率分配法 ………………………………………………… (88)
　　　　子任务二　计划分配率分配法 ………………………………………………… (92)
　　项目总结 ……………………………………………………………………………… (94)
　　知识拓展 ……………………………………………………………………………… (94)

## 项目六　损失性费用的核算 ……………………………………………………………… (96)
　　项目导言 ……………………………………………………………………………… (96)
　　项目目标 ……………………………………………………………………………… (96)
　　任务一　废品损失的核算 …………………………………………………………… (96)
　　任务二　停工损失的核算 …………………………………………………………… (102)
　　项目总结 ……………………………………………………………………………… (104)
　　知识拓展 ……………………………………………………………………………… (104)

## 项目七　完工产品与在产品成本的计算 ………………………………………………… (106)
　　项目导言 ……………………………………………………………………………… (106)
　　项目目标 ……………………………………………………………………………… (106)
　　任务一　完工产品与在产品成本计算方法 ………………………………………… (107)
　　　　子任务一　确定在产品成本计算法 …………………………………………… (107)
　　　　子任务二　按一定标准将总成本在完工产品和在产品之间分配计算法 …… (114)
　　任务二　完工产品成本的结转 ……………………………………………………… (126)
　　项目总结 ……………………………………………………………………………… (127)
　　知识拓展 ……………………………………………………………………………… (127)

**项目八　品种法的运用** ……………………………………………………………………（131）
　　项目导言 ………………………………………………………………………………（131）
　　项目目标 ………………………………………………………………………………（131）
　　任务一　认知品种法 …………………………………………………………………（131）
　　任务二　品种法实例 …………………………………………………………………（134）
　　项目总结 ………………………………………………………………………………（141）
　　知识拓展 ………………………………………………………………………………（141）

**项目九　分批法的运用** ……………………………………………………………………（144）
　　项目导言 ………………………………………………………………………………（144）
　　项目目标 ………………………………………………………………………………（144）
　　任务一　认知分批法 …………………………………………………………………（144）
　　任务二　分批法实例 …………………………………………………………………（147）
　　　　子任务一　一般的分批法 …………………………………………………………（147）
　　　　子任务二　简化的分批法 …………………………………………………………（152）
　　项目总结 ………………………………………………………………………………（157）
　　知识拓展 ………………………………………………………………………………（157）

**项目十　分步法的运用** ……………………………………………………………………（159）
　　项目导言 ………………………………………………………………………………（159）
　　项目目标 ………………………………………………………………………………（159）
　　任务一　认知分步法 …………………………………………………………………（159）
　　任务二　逐步结转分步法 ……………………………………………………………（164）
　　　　子任务一　综合结转分步法（按实际成本结转）实例 …………………………（166）
　　　　子任务二　分项结转分步法（按实际成本结转）实例 …………………………（175）
　　任务三　平行结转分步法 ……………………………………………………………（179）
　　项目总结 ………………………………………………………………………………（186）
　　知识拓展 ………………………………………………………………………………（187）

**项目十一　成本报表编制与分析** …………………………………………………………（190）
　　项目导言 ………………………………………………………………………………（190）
　　项目目标 ………………………………………………………………………………（190）
　　任务一　成本报表编制 ………………………………………………………………（190）
　　任务二　成本报表分析 ………………………………………………………………（200）
　　项目总结 ………………………………………………………………………………（212）
　　知识拓展 ………………………………………………………………………………（212）

**参考文献** ……………………………………………………………………………………（214）

# 项目一 认知产品生产流程和成本

## 项目导言

成本反映企业生产经营管理水平，是考核企业工作质量的综合性经济指标。企业生产过程中各项耗费是否得到有效控制，设备利用是否充分，劳动生产率是高还是低，产品质量是优还是劣，都可以通过产品成本这一指标体现出来。企业的成本核算过程，也是对产品成本的监督、管理过程，因此，企业的成本核算既要充分考虑产品的生产流程，也要适应企业成本管理的要求。

## 项目目标

1. 知识目标：理解产品生产流程、产品成本的含义，掌握产品成本的内容。
2. 能力目标：能根据产品生产的工艺流程和生产组织方式分析确定企业生产类型，并明确企业生产类型对成本核算的影响。
3. 拓展目标：理解企业产品成本对企业发展的战略意义。

## 任务一 认知产品生产流程

【情景资料1-1】 湘雅服装厂是生产运动品牌的制衣加工企业，大量生产"湘雅"牌运动衫，其主要生产流程如下。

### 1. 车间从原材料仓库领用布料（见图1-1）

首先，服装厂作业流程最开始的原料就是布料，布料进厂后要进行数量清点及外观和内在质量的检验，符合生产要求的才能投产使用。关于验布，每个厂都会有一个标准，倘若超出这个标准，整批布料都要拒收或让布商返工，有些企业有专用的验布机。

图 1-1　采购入库的原材料

## 2. 裁剪（见图 1-2）

裁剪遵循"完整、合理、节约"的基本原则，裁剪工序的主要工艺要求如下。①拖料时点清数量，注意避开疵点。②对于不同批染色或砂洗的面料要分批裁剪，防止同件服装上出现色差现象。③排料时注意面料的丝缕是否顺直及衣片的丝缕方向是否符合工艺要求。④裁剪要求下刀准确，线条顺直流畅，面料上下层不偏刀。⑤根据样板对位记号剪切刀口。⑥采用锥孔标记时应注意不要影响成衣的外观。裁剪后要进行清点数量和验片工作，并根据服装规格分堆捆扎，附上票签注明款号、部位、规格等。裁剪时可电脑裁剪也可手工裁剪。布匹裁完，有一个部门专门负责检查裁好的布是否有问题。

图 1-2　电脑裁床

## 3. 缝制（见图 1-3）

缝制是服装加工的中心工序，服装的缝制根据款式、工艺风格等可分为机器缝制和手工缝制两种。在缝制加工过程中实行流水作业。

图 1-3  缝制

### 4. 锁眼钉扣（见图 1-4）

服装中的锁眼和钉扣通常由机器加工而成，扣眼根据其形状分为平形孔和眼形孔两种，俗称睡孔和鸽眼孔。锁眼时应注意以下几点。①扣眼位置是否正确。②扣眼大小与纽扣大小及厚度是否配套。③扣眼开口是否切好。④有伸缩性（弹性）或非常薄的衣料，要考虑使用锁眼孔时在里层加布补强。钉扣时还应注意钉扣线的用量和强度是否足以防止纽扣脱落，厚型面料服装上钉扣绕线数是否充足。

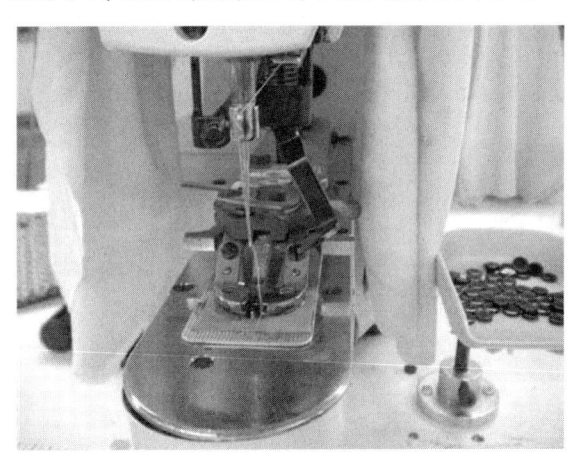

图 1-4  "打纽车"钉纽扣

### 5. 整熨（见图 1-5）

上述工作全部完成后，虽然衣服已经算是成品了，但经过多道工序，衣服已经皱巴巴的了。因此，接着要进入下一道工序，将衣服熨烫平整。

图 1-5 熨烫

## 6. 检验、包装入库（见图 1-6）

服装的检验应贯穿于裁剪、缝制、锁眼钉扣、整熨等整个加工过程中。在包装入库前还应对成品进行全面检验，以保证产品的质量。

已完成全部生产工序并且经检验合格的运动衫成衣可以验收入库，并且对外销售。

图 1-6 包装入库

**要求：**

(1) 按生产工艺过程和生产组织方式，湘雅服装厂应属于工业企业何种生产类型？
(2) 该企业构成产品成本的内容有哪些？是如何随着生产流程逐步发生的？

产品生产过程是指在工业企业产品生产中，从原材料投入到制成产成品的全部过程。在市场经济下，不同行业与不同企业的生产特点千差万别，但根据企业生产的一般特点，可以将工业企业进行以下分类。

## 一、按生产工艺流程特点分类

工艺流程是指生产中从原材料到制成产成品各项工序安排的程序，也称"加工流程"或"生产流程"。按生产工艺流程的特点，工业企业的生产可分为单步骤生产和多步骤生产两种类型。

### 1. 单步骤生产

单步骤生产是指生产工艺过程不能间断，或者受工作地点限制，生产地点不便分散间断而且必须集中完成的生产。前者如发电企业，利用水能、风能、核能发电的过程不能中断；后者如采掘企业，采掘过程一次只能完成一个地点的任务。单步骤生产的生产周期通常比较短，一般只能由一个企业或车间整体进行，不能由几个部门协作进行。

### 2. 多步骤生产

多步骤生产是指工艺技术上可以间断，可以在不同时间、不同地点分别进行，并由若干加工步骤组成的生产，如冶金、纺织、机械制造等企业的生产。多步骤生产具有工艺技术复杂、生产周期长、生产由多个车间或多个企业协作完成的特点。多步骤生产按其产品加工方式不同，又可分为连续式生产和装配式生产两种类型。

（1）连续式生产是指材料投产后，要依次经过各个生产步骤的连续加工才形成产成品的生产。前一个生产步骤完成的半成品，是后一个步骤继续加工的对象，直到最后一个步骤完工才形成产成品，如纺织、冶金等行业的生产。

（2）装配式生产是指先将各种材料分别平行进行加工，制成各种零部件，然后将零部件装配成产成品的生产，如机械、车辆、船舶、飞机、仪表、电器等行业的生产。

## 二、按产品生产组织特点分类

工业企业按生产组织形式的不同，可分为大量生产、成批生产和单件生产三种类型。

### 1. 大量生产

大量生产是指不断地重复生产品种相同的产品的生产。在这种生产类型的企业或车间中，产品品种少但产量大，重复性强，专业化水平高，而且比较稳定，如冶金、采掘、纺织、面粉、化肥、造纸、酿酒等工业生产。

### 2. 成批生产

成批生产是指按照事先规定的产品批别和数量进行的生产。在这种生产类型的企业或车间中，产品的品种、规格较多，而且有一定重复性。成批生产按照产品批量的大小，又可分为大批生产和小批生产。大批生产类似于大量生产，小批生产类似于单件生产，如服装、陶瓷、机械产品等生产。

3. 单件生产

单件生产是指按照用户的订单要求，生产个别、性质特殊的产品。在单件生产的企业和车间中，生产的产品品种规格多、数量少，很少重复生产，往往单位价值或科技含量较高，如船舶制造、飞机制造、专用设备制造等。

综上所述，将企业生产工艺流程的特点和生产组织的特点相结合，可将工业企业分为四种主要生产类型：大量大批单步骤生产企业、大量大批连续式多步骤生产企业、大量大批装配式多步骤生产企业和单件小批生产企业，如【情景资料 1-1】中湘雅服装厂即属于大量大批连续式多步骤生产企业。成本核算人员在确定成本核算对象和选择产品成本计算方法时，应根据企业产品生产的工艺流程和生产组织方式的特点，视具体情况而定，灵活运用。

## 任务二　认知产品成本

### 一、成本概述

#### （一）成本的经济实质

成本是一个价值范畴，它是商品价值中的 $C+V$ 部分。商品价值由三个部分组成：一是生产中已消耗的生产资料的价值，即劳动对象和劳动工具等物化劳动转移的价值（$C$）；二是劳动者为自己劳动所创造的价值，即主要以工资等形式支付给劳动者的报酬（$V$）；三是劳动者为社会所创造的价值（$m$）。在商品价值 $C+V+m$ 中，成本是前两个部分价值之和，即成本是商品价值中的 $C+V$ 部分。

因此，成本是商品生产过程中，已消耗的生产资料的价值和劳动者为自己劳动所创造的价值之和。正是这一表述，说明了成本的经济实质。

#### （二）成本的含义

成本是商品价值中的 $C+V$ 部分，而商品的价值必须以货币的形式表现出来。商品生产过程中已消耗的生产资料的价值，以及劳动者为自己劳动所创造的价值，以货币形式则表现为材料费、折旧费、人工费、其他费用等。

综上所述，成本是以货币表现的，企业在生产产品、提供劳务过程中所耗费的物化劳动和活劳动中必要劳动的价值之和。概括地说，成本是指企业为了生产产品、提供劳务而发生的各种耗费。

#### （三）费用和成本的关系

费用是指企业生产经营中发生的各种耗费。成本有广义和狭义之分，广义的成本是指企业为进行某项生产、经营活动而耗费的人力、物力、财力的货币表现，即对象化的费用（包括生产费用和期间费用）。狭义的成本即通常意义上的产品成本，是指制造企业为生产一定种类和一定数量的产品所发生的各种耗费的货币表现，即对象化的生产费用（不包括期间费用）。因此，费用与成本既密切联系，又相互区别。

#### 1. 联系

费用与成本都是企业在生产、经营过程中发生的耗费，从这个意义上讲，两者的经济实质是一样的，因此其联系密切。具体体现在如下方面。

（1）费用是成本计算的前提和基础，没有费用的发生，也就不可能计算成本。

（2）成本是对象化的费用，将费用按特定的范围归集到某一具体对象上则成为该对象的成本。

#### 2. 区别

费用和成本毕竟是两个不同的概念，两者又有不同，具体体现在如下方面。

（1）费用强调的是某一特定经济利益主体（如某企业、集团等）的耗费；成本强调的是为某一特定目的（某种产品、某批产品等）所发生的耗费。

（2）费用是按时期归集，即一定时期内为生产经营发生的各种耗费；成本则按对象归集，即某一具体对象承担的各种费用。

## 二、费用的分类

工业企业在生产经营过程中发生的耗费是多种多样的，为了正确进行成本核算，满足企业成本管理的需求，有必要对工业企业生产经营管理费用进行科学、合理的分类。

生产经营管理费用可以按不同的标准划分，其中最基本的是按费用的经济内容和经济用途进行分类。

### （一）按经济内容划分

产品的生产过程，也是物化劳动（包括劳动对象和劳动手段）和活劳动的耗费过程。因而生产经营过程中发生的费用，按其经济内容分类，可划归为劳动对象方面的费用、劳动手段方面的费用和活劳动方面的费用。费用按照经济内容分类，就是在这一划分的基础上，将费用按经济内容（或经济性质）进行分类，称为"费用要素"。为了具体反映各项费用的构成和消耗情况，费用要素又可以分为以下 8 项。

（1）外购材料：这是指企业为进行生产经营而耗用的一切从外购进的原料及主要材料、半成品、辅助材料、包装物、修理用备件和低值易耗品等。

（2）外购燃料：这是指企业为进行生产而耗用的一切从外购进的各种燃料，包括固体燃料、液体燃料和气体燃料等。从理论上来说，外购燃料可以包括在外购材料中，但由于燃料是重要能源，因而将其单独列为一个要素进行计划和核算。

（3）外购动力：这是指企业为进行生产而耗用的一切向外购进的各种动力，包括电力、热力和风力等。

（4）职工薪酬：这是指企业所有应计入生产经营费用的职员和工人的薪酬。

（5）折旧费：这是指企业按规定计算提取并计入生产经营费用的固定资产折旧。

（6）利息支出：这是指企业按规定计入生产经营费用的借款利息减去利息收入后的净额。

（7）税金：这是指企业按规定计入生产经营费用的各种税金，如房产税、车船税、印花税、城镇土地使用税等。

（8）其他支出：这是指不属于以上各类要素费用的各项支出，如办公费、水电费、修理费、劳动保护费等。

费用按经济内容分类的作用主要在于：可以反映企业在一定时期内共发生了哪些费用，数额是多少，便于分析各个时期、各种费用的结构和水平；也可以分类反映出原材料等物质和税费等非物质的消耗情况，便于编制材料采购计划和制订费用计划；还可以反映物化劳动和活劳动的耗费情况，为计算净产值和国民收入提供资料。但是这种分类也有局限性，它不能说明生产经营费用的用途及与产品的具体关系，不便于分析这些费用的支出是否合理。费用如何更加节约、合理，则要从费用的经济用途来进行分析。

（二）按经济用途划分

工业企业在生产经营中发生的费用，首先可以分为计入产品成本的生产费用和直接计入当期损益的期间费用两类。

### 1. 生产费用

为具体反映计入产品成本的生产费用的各种用途，提供产品成本构成情况的资料，还应将其进一步划分为若干个项目，即产品生产成本项目（简称产品成本项目或成本项目）。工业企业一般应设置以下几个成本项目。

（1）直接材料。直接材料包括企业生产经营过程中实际消耗的原料及主要材料、辅助材料、设备配件、外购半成品、燃料、动力、包装物及其他直接材料，它们或直接构成产品实体，或有助于产品的形成。

（2）直接人工。直接人工包括企业直接从事产品生产人员的工资及福利费。

（3）燃料及动力。它是指直接用于产品生产的各种燃料和动力费用。

（4）制造费用。制造费用包括企业各个生产单位（分厂、车间）为组织和管理生产所发生的各种费用。一般包括：生产单位管理人员工资、职工福利费、生产单位的固定资产折旧费、租入固定资产租赁费、机物料消耗、低值易耗品、取暖费、水电费、办公费、差旅费、运输费、保险费、设计制图费、试验检验费、劳动保护费、季节性和大修理期间的停工损失费及其他制造费用。

企业可根据生产的特点和管理要求，对上述成本项目进行适当的调整，对于管理上需要单独反映、控制和考核的费用，以及成本中比重比较大的费用，应专设成本项目，可增设"燃料及动力""废品损失""停工损失"等成本项目。同样也可以为了简化核算，不必专设成本项目。例如，工艺企业上消耗用的燃料和动力不多，为了简化核算，可将其中的工艺用燃料费用并入"直接材料"成本项目，将其中的工艺用动力费用并入"制造费用"成本项目，不单独设置"燃料及动力"成本项目。

**2. 期间费用**

期间费用是指不能进入产品成本的费用，需要定期归集并记入相应的费用账户，从收入中扣减。期间费用不直接归属于某个特定产品成本。期间费用包括营业费用、管理费用、财务费用。

（1）营业费用是指企业销售商品过程中发生的费用，包括企业销售商品过程中发生的运输费、装卸费、包装费、保险费、展览费和广告费，为销售本企业商品而专设销售机构（含销售网点、售后服务网点等）的职工工资及福利费、类似工资性质的费用、业务费等经营费用，以及商业企业在购买商品过程中发生的运输费、装卸费、包装费、保险费、运输途中的合理损耗和入库前的整理挑选费等。

（2）管理费用是指企业为组织和管理企业生产经营活动所发生的各项费用，包括企业的董事会和行政管理部门在企业的经营管理中发生的，或者应当由企业统一负担的公司经费。具体包括：公司经费，如工厂（公司）总部管理人员工资、职工福利费、差旅费、办公费、折旧费、修理费、机物料消耗、低值易耗品摊销及其他公司经费；工会经费；职工教育经费；劳动保险费；待业保险费；董事会费；咨询费（含顾问费）；聘请中介机构费；诉讼费；排污费；绿化费；税金，如企业按规定支付的房产税、车船使用税、土地使用税、印花税等；土地使用费（海域使用费）；土地损失补偿费；技术转让费；研究与开发费；无形资产摊销；业务招待费；计提的坏账准备和存货跌价准备；存货盘亏或盘盈（不包括应计入营业外支出的存货损失）；矿产资源补偿费；其他管理费用。

（3）财务费用是指企业为筹集生产经营所需资金等而发生的各项费用，包括企业生产经营期间发生的应当作为期间费用的利息支出（减利息收入）、汇兑损失、金融机构手续费及筹集资金过程发生的其他财务费用。

将生产经营管理费用按经济用途划分为成本项目，便于反映产品成本的构成，可以考核各项费用定额或计划执行情况，查明费用节约或超支的原因，加强对成本的控制和管理，促使企业更有效地降低成本。但这种分类的局限性恰恰是不能按经济内容反映出某一费用单独发生的数额，也就不能按原有的经济性质来分析各种费用的支出水平。

**（三）生产费用按计入产品成本的方法划分**

计入产品成本的各项生产费用，按计入产品成本的方法划分，可以分为直接计入费用和间接计入费用。直接计入费用是可以分清哪种产品所耗用、可以直接计入某种产品成本的费用。间接计入费用，是指分不清哪种产品所耗用、不能直接计入某种产品成本，必须按照一定标准分配计入有关产品成本的费用。

### 三、成本的作用

在市场经济条件下，成本具有十分重要的作用。

#### （一）成本是补偿生产耗费的尺度

企业生产经营中发生的资金耗费，必须从收入中得到补偿，才能保证生产经营在原有的规模上继续进行。将产品成本与产品收入相比较，则可以判断资金耗费能否得到补偿，能在多大程度上得到补偿。也就是说，企业取得收入以后，应当把相当于成本的部分划出来，用于重新购买原材料、支付工资和其他费用，使生产经营中的各种耗费得到补偿。因此，成本是生产耗费的补偿尺度。

#### （二）成本是制定产品价格的基础

价格是价值的货币表现。从企业方面来看，成本是产品价值中的物化劳动和活劳动的货币表现，是价值的主体部分，反映在生产过程中发生的各种耗费。必须通过销售产品从销售收入来补偿成本，否则无法维持简单再生产。因此，企业在制定价格时考虑的众多因素中，成本是最重要的因素。而成本核算数据，是确定产品销售价格的基础。有了真实、准确的成本数据，加上合理的利润才可确定销售价格。企业不能盲目定价，否则会造成亏本销售或因售价太高而影响销售量。

#### （三）成本是计算企业盈亏的依据

在市场经济环境下，企业之间的竞争越来越激烈。企业要想在竞争中取胜，必须不断地降低成本、提高效益。只有通过成本核算，获取正确、有效的成本资料，然后通过成本分析，确定各成本因素对成本的影响，寻找降低成本的最佳方法，才能使企业在激烈的竞争中取得一席之地。

#### （四）成本是企业进行决策的重要依据

为了提高经济效益，企业必须及时进行正确的生产经营决策。在进行生产经营决策过程中，虽然要考虑的因素很多，但其中最重要的一个方面，就是成本核算资料。通过成本核算，及时而准确地提供实际的成本资料，是计算生产经营损益的前提，只有这样，经营者才能及时了解目前的经营情况，做出准确的经营决策。

#### （五）成本是综合反映企业各项工作质量的重要指标

产品成本是指企业在生产过程中为了生产产品而发生的各种耗费。产品成本是反映企业经营管理水平的一项综合性指标，企业生产过程中各项耗费是否得到有效控制，设备利用是否充分，劳动生产率的高低，产品质量的优劣都可以通过产品成本这一指标表现出来。企业的成本核算过程，也是对产品成本的监督、管理过程，因此，企业的成本核算要适应企业管理的要求。

## 项目总结

产品成本是随着产品生产的流程而逐步发生的，要正确进行成本核算，一方面必须明确不同企业不同产品的生产工艺特点、生产的组织方式及企业成本核算的管理要求；另一方面必须理解成本的含义，掌握成本核算的具体内容，哪些能计入成本，哪些不能在成本中核算。可以作为产品成本列示的具体内容必须要符合国家的有关规定，企业不得随意乱计和乱摊成本。学习本项目内容的主要目的是为学好成本核算会计课程打下理论基础。

## 知识拓展

### 格兰仕的产品选择与成本领先战略

广东格兰仕企业（集团）公司可以说是我国家电企业中的一朵奇葩。这家以微波炉、空调为主导产业，以小家电为辅助产业的全球化家电生产企业，从1993年进入微波炉行业，靠着大打价格战打到了全球市场份额第一的位置，成为微波炉生产的企业巨头。那么，格兰仕成功的企业战略是什么？未来是否还能沿用过去的战略在新的领域高歌猛进？

1. 企业战略的划分

企业战略的选择归根结底只有两种：成本领先战略和差异化战略。成本领先战略以永远比对手成本低为手段；差异化战略则是我有你无，以技术优势、专利优势，或某种专利许可优势等为手段。可以说成本领先战略是低端市场战略，差异化战略是高端市场战略，只有具有别人没有的差异（技术、专利等），才能向消费者要高价，而消费者又愿意出高价。对任何企业来说，差异化都是它们所追求的，是它们的高级选择阶段，而成本领先战略可以说是低级选择阶段。因此这两种战略是有内在联系的，对任何的后进入者或追随者来说，现实的战略只能是成本领先战略。因为如果不是技术的创新者或新产业的创立者，在技术上追求差异化，具有先天不足的缺点，因此只能是先做成本领先者，然后逐步改进原有产品，积累技术实力和资金实力，为日后真正实施差异化战略奠定基础。这里我们可以回顾一下日本企业的成长经历，几乎所有的家电都不是日本人发明的，但为什么日本企业会成为世界的家电霸主？日本的家电企业是典型的循着成本领先战略逐步发展壮大的，日本人在欧美发明的彩电、冰箱、洗衣机、空调等基础上，精心组织生产，降低成本，提高质量和规模效益，然后逐步模仿、改进。经过二十世纪六七十年代十几年的积累，才在八十年代奠定霸业，走上差异化战略道路，让别人成为追随者。由成本领先战略进化至差异化战略不是一蹴而就的，是需要时间的，资金和技术实力的厚积薄发都需要时间，对中国企业来说尤其如此。

2. 格兰仕的战略——成本领先战略

格兰仕1993年进入微波炉行业，1994年产能达到10万台，1995年达25万台，1996

年达65万台，1997年达200万台，1998年达450万台，1999年达1 200万台，随后达到1 500万台。产能每年以几何级数增长，迅速取得规模经济效益。正是以小规模经济效益带来的低成本为后盾，格兰仕在1996年8月和1997年10月分别进行了两次大规模的降价活动，每次降价幅度都达40%，而同年的市场份额也跃升到34.5%及47.6%，由此对微波炉行业进行了大清洗，一举奠定了其行业领先者的地位。这两仗格兰仕打得非常漂亮，选择的时机及降价的幅度都掌握得恰到好处，令竞争对手猝不及防。价格的下降速度超过了当时市场领导者的成本下降速度，而格兰仕对产能扩充的坚定决心及先行一步的优势都令对手望而却步，格兰仕不给对手喘息机会，继续扩充产能，树起高高的成本壁垒，成就了后来市场份额70%的霸业。

价格战的背后是成本战，只有当成本与价格同步下降，才有资格打价格战。只有建立在成本领先战略上的价格战才有意义，其真正的意义是保证格兰仕的产品在性价比上具有最佳的竞争优势，或者说在质量相同的情况下保证价格最低。但是要提醒格兰仕，以往成功的成本领先战略并不是真正意义上的成本领先战略，格兰仕在微波炉上的成功含有某种机遇，并不能简单复制到其他产品上。格兰仕在微波炉上的成功与其说是战略的成功不如说是产品选择的成功及坚持专业化的成功。微波炉对家电巨头来说仅仅是全系列家电产品中的普通一员，起丰富家电品种的作用，不是家电巨头的主攻战场，而是市场规模有限的辅助战场，因此巨头们不会投巨资，花大力气去做真正意义上的微波炉行业的领导者。格兰仕正是选准了家电巨头的鸡肋，同时坚持专业化（规模经济），正是以上两条原因，才奠定了格兰仕今天的地位。

### 3. 成本领先战略的真正含义

要做到成本领先并不是简单意义上的规模经济就可以达到的，必须在成本链上的任何一个环节都追求领先，才可能实现真正意义上的成本领先。因此要做到成本领先首先要有全球观念。为什么跨国公司纷纷到中国设立生产基地，台商也纷纷把生产基地转移至大陆，就是因为中国大陆具有巨大的劳动成本优势，而这种成本优势不仅仅是面对中国市场的，而是面对全球市场的，所以才有中国成为世界制造中心一说。但是劳动成本优势是流动的，别忘了还有越南、柬埔寨、印度甚至还有非洲的国家。中国企业也要有全球观念，把成本领先的观念放在全球化的观念下思考，追求全球化的成本优势。其次，供应链管理、营销模式及渠道的选择与管理都对成本有着巨大影响。现代意义上的成本领先优势已经越来越多地转移到这几个方面的竞争上。戴尔的直销模式所带来的由零库存（实际上是其供应链管理及直销渠道管理的结果）建立起来的巨大的成本优势使其对手望而却步，直接导致了戴尔在全球PC市场上摧枯拉朽般地高歌猛进。对格兰仕来说，全球观念、供应链管理、ERP的实施、电子商务的推进、对渠道及终端的掌控都是其成本领先战略中必须考虑的，是其要做到真正意义上的成本领先所必须认真思考的。

格兰仕正是坚持了以往的成功经验，并追求真正的成本领先战略，才得以成为今日微波炉生产的企业巨头！

# 项目二 认知成本核算岗位工作

## 项目导言

成本核算岗位是从事成本核算的重要会计岗位，其主要职能是制定本单位的成本核算和管理办法，建立健全成本核算体系和考核体系，正确进行生产成本的核算，准确编制成本报表。

## 项目目标

1. 知识目标：理解成本会计的对象和职能，明确成本核算的一般原则与基本要求，了解成本核算的一般程序和成本核算的法规制度。
2. 能力目标：能根据企业的生产特点和成本管理要求确定相应的成本计算方法。
3. 拓展目标：能建立和完善成本核算体系。

## 任务一 成本会计的对象与职能

### 子任务一 成本会计概述

#### 一、成本会计的含义

成本会计是会计的一个重要分支，具有狭义和广义之分。狭义的成本会计是指为了求得产品的总成本和单位成本而进行核算的专业会计，其中心内容为成本核算。广义的成本会计是进行成本预测、决策、计划、控制、核算、分析、考核和检查的成本会计，即成本管理。严格来说，狭义成本会计是广义成本会计的基础，而广义成本会计则是狭义成本会计的延伸和拓展。本书沿用的是狭义成本会计的概念，即成本核算。

#### 二、成本会计的产生和发展

成本会计先后经历了早期成本会计、近代成本会计、现代成本会计和战略成本会计4个阶段。成本会计的方式和理论体系，随着发展阶段的不同而有所不同。

## （一）早期成本会计阶段（1880—1920年）

随着英国产业革命完成，机器代替了手工劳动，机器工厂代替了手工工厂。会计人员为了满足企业管理的需要，起初是在会计账簿之外，用统计的方法来计算成本。此时，成本会计出现了萌芽。从成本会计的方式来看，在早期成本会计阶段，主要采用分批法或分步法成本会计制度；从成本会计的目的来看，计算产品成本以确定存货成本及销售成本。所以，初创阶段的成本会计也称为记录型成本会计。

## （二）近代成本会计阶段（1921—1945年）

19世纪末、20世纪初在制造业中发展起来的以泰勒为代表的科学管理理论，对成本会计的发展产生了深刻的影响。标准成本法的出现使成本计算方法和成本管理方法发生了巨大的变化，成本会计进入了一个新的发展阶段。近代成本会计主要采用标准成本制度和成本预测，为生产过程的成本控制提供条件。

## （三）现代成本会计阶段（1945—1980年）

20世纪50年代起，西方国家的社会经济进入了新的发展时期。随着管理现代化，运筹学、系统工程和电子计算机等各种科学技术成就在成本会计中的广泛应用，成本会计发展到一个新的阶段，即成本会计发展重点已由如何对成本进行事中控制、事后计算和分析转移到如何预测、决策和规划成本，形成了新型的以管理为主的现代成本会计。

## （四）战略成本会计阶段（1981年以后）

20世纪80年代以来，随着信息技术的进步，生产方式的改变，产品生命周期的缩短，以及全球性竞争的加剧，大大改变了产品成本结构与市场竞争模式。成本管理的视角由单纯的生产经营过程管理和重股东财富，扩展到与顾客需求及利益直接相关的、包括产品设计和产品使用环节的产品生命周期管理，更加关注产品的顾客可察觉价值；同时要求企业更加注重内部组织管理，尽可能地消除各种增加顾客价值的内耗，以获取市场竞争优势。此时，战略相关性成本管理信息已成为成本管理系统不可缺少的部分。

## 三、成本会计对象

成本会计的对象是指成本会计核算和监督的内容。明确成本会计的对象，对合理确定成本会计的任务，正确发挥成本会计的职能，加强经济管理与财务管理，都具有重要的意义。

### （一）工业企业成本会计对象

工业企业的基本生产经营活动是生产和销售工业产品。在产品的直接生产过程中，即从原材料投入生产到产成品制成的产品制造过程中，一方面要制造出产品来，另一方面要发生各种各样的生产耗费。这一过程中的生产耗费，概括地讲，包括劳动资料与劳动对象等物化劳动耗费和活劳动耗费两大部分。其中，房屋、机器设备等作为固定资产的劳动资料，在生产过程中长期发挥作用，直至报废而不改变其实物形态，但其价值则随着固定资产的磨损，通过计提折旧的方式，逐渐地、部分地转移到所制造的产品中去，构成产品生产成本的一部分；原材料等劳动对象，在生产过程中或者被消耗掉，或者改变其实物形态，其价值也随之一次全部地转移到新产品中去，构成产品生产成本的一部分。生产过程是劳动者借助劳动工具对劳动对象进行加工、制造产品的过程，通过劳动者对劳动对象的加工，才能改变原有劳动对象的使用价值，并且创造出新的价值来。其中，劳动者为自己劳动所创造的那部分价值，以工资形式支付给劳动者，用于个人消费，因此，这部分工资也构成产品生产成本的一部分。具体来说，在产品的制造过程中发生的各种生产耗费，主要包括原料及主要材料、辅助材料、燃料等的支出，生产单位（如分厂、车间）固定资产的折旧，直接生产人员及生产单位管理人员的工资及其他一些货币支出等。所有这些支出，构成了企业在产品制造过程中的全部生产费用，而为生产一定种类、一定数量产品而发生的各种生产费用支出的总和就构成了产品的生产成本。上述产品制造过程中各种生产费用的支出和产品生产成本的形成，是成本会计应反映和监督的主要内容。

在产品的销售过程中，企业为销售产品也会发生各种各样的费用支出。例如，应由企业负担的运输费、装卸费、包装费、保险费、展览费、差旅费、广告费，以及为销售本企业商品而专设销售机构的职工工资及工资附加费、类似工资性质的费用、业务费等。所有这些为销售本企业产品而发生的费用，构成了企业的销售费用。销售费用也是企业在生产经营过程中发生的一项重要费用，它的支出及归集过程，也应该成为成本会计反映和监督的内容。

企业的行政管理部门为组织和管理生产经营活动，也会发生各种各样的费用。例如，企业行政管理部门人员的工资、固定资产的折旧、工会经费、业务招待费、坏账损失等，这些费用可统称为管理费用。企业的管理费用，也是企业在生产经营过程中所发生的一项重要费用，其支出及归集过程，也应该成为成本会计所反映和监督的内容。

此外，企业为筹集生产经营所需资金等也会发生一些费用。例如，利息净支出、汇兑净损失、金融机构的手续费等，这些费用可统称为财务费用。财务费用亦是企业在生产经营过程中发生的费用，它的支出及归集过程，也应该成为成本会计反映和监督的内容。

上述的销售费用、管理费用和财务费用，与产品生产没有直接联系，而是按发生的期间归集，直接计入当期损益的，因此，它们构成了企业的期间费用。

综上所述，按照工业企业会计制度的有关规定，可以把工业企业成本会计的对象概括为：工业企业生产经营过程中发生的产品生产成本和期间费用。

### （二）其他企业成本会计对象

商品流通企业、交通运输企业、施工企业、农业企业等其他行业企业的生产经营过程虽然各有其特点，但按照现行企业会计制度的有关规定，从总体上看，它们在生产经营过程中所发生的各种费用，同样是部分形成企业的生产经营业务成本，部分作为期间费用直接计入当期损益。因此，从现行企业会计制度的有关规定出发，可以把成本会计的对象概括为：企业生产经营过程中发生的生产经营业务成本和期间费用。

## 子任务二　成本会计职能

成本会计的职能是指成本会计在企业经营管理中能够发挥的功能。现代成本会计职能包括成本预测、成本决策、成本计划、成本控制、成本核算、成本分析、成本考核和成本检查。

### 一、成本预测

成本预测是根据有关成本数据和企业具体情况，运用一定的技术方法，对未来的成本水平及其变动趋势做出科学的估计。成本预测可以为成本决策、成本计划和成本控制提供及时、有效的信息，提高成本管理的科学性和预见性，减少生产经营管理的盲目性。

在成本管理的许多环节都存在预测问题，如产品结构和生产工艺设计或改革的成本预测，编制计划前对成本降低幅度的预测，计划执行中成本变动趋势的预测等。

### 二、成本决策

成本决策是在成本预测的基础上，结合其他有关资料，运用一定方法，选择最优方案的过程。以工业来说，建厂、扩建、改建、技改的决策，新产品设计或老产品改造决策等都是成本决策。进行成本决策、确定目标成本是编制成本计划的前提，也是实现成本的事前控制，提高经济效益的重要途径。

### 三、成本计划

成本计划是根据成本决策所确定的方案、计划期的生产任务、降低成本的要求及有关资料，通过一定的程序，运用一定的方法，以货币形式规定计划期产品生产耗费和各种商品成本水平，并提出保证成本计划顺利实现所应采取的措施。通过成本计划管理，可以在降低产品成本方面给企业提出明确的奋斗目标，推动企业加强成本管理责任制，增强企业全体职工的成本意识，控制生产费用，挖掘降低成本潜力，保证企业成本降低任务的完成。

### 四、成本控制

成本控制是根据预定的目标，对成本发生和形成过程及影响成本的各种因素和条件施加主动的影响，以实现最低成本和保证合理的成本补偿的一种行为。从企业生产经营过程来看，成本控制包括成本的事前控制、事中控制和事后控制。成本的事前控制是整个成本控制活动中最重要的环节，它直接影响以后产品制造成本和使用成本的高低。成本的事前控制活动主要有建厂的成本控制，新产品研制设计的成本控制，老产品改进的成本控制，生产工艺改进的成本控制等。成本的事中控制是对制造产品实际劳动耗费的控制，包括原材料耗费的控制、人工耗费的控制，劳动工具耗费的控制和其他费用支出的控制等方面。成本的事后控制是通过定期对过去某一段时间成本控制的总结、反馈来控制成本。通过成本控制，可以防止浪费，及时揭示存在的问题，消除生产损失，实现成本目标。

### 五、成本核算

成本核算是根据企业确定的成本计算对象，采用相适应的成本计算方法，按规定的成本项目，通过一系列的生产费用归集与分配，计算出各成本计算对象的实际总成本和单位成本。因此，成本核算既是对生产经营过程中的实际耗费进行如实反映的过程，也是对各种生产费用实际支出的控制过程。

### 六、成本分析

成本分析是在成本核算及其他有关资料的基础上，运用一定方法，揭示产品成本水平的变动，进一步查明影响产品成本变动的各种因素、产生的原因及应负责任的单位和个人，并提出积极的建议，以采取有效措施，进一步降低成本，并为新的经营决策提供依据。

### 七、成本考核

成本考核是定期对成本计划及其有关指标的实际完成情况进行总结和评价，意在鼓励先进、鞭策后进，以监督和促进企业加强成本管理责任制，履行经济责任，提高成本管理水平。各责任者（部门、单位和执行人）均为成本考核的对象，根据干什么、管什么、算什么的原则，按责任的归属来核算和报告有关的成本信息、评价其工作业绩。成本责任以岗位所控制的成本为界限，在计算时要剔除外来因素对成本变动的影响。成本考核一般应与一定的奖励制度结合起来，以调动各责任者努力完成目标成本的积极性。

### 八、成本检查

成本检查是成本监督的一种形式，它通过对企业成本管理各项工作的检查，揭露矛盾，明确责任，保证成本管理制度和财经纪律的贯彻执行，改进成本管理。成本检查既可以由企业外部有关机构执行，如上级主管部门、审计部门等，或行业企业之间互查，也可由企业内部的专门人员执行；既可定期检查，也可以突击检查。成本检查的内容一般包括：成本管理责任制的建立和执行情况；成本管理基础工作是否健全和完善；成本开支范围和费用开支标准的建立和执行情况；成本计划及其执行情况；成本数字是否真实，等等。

上述各项成本管理活动的内容是互相配合、互相依存而形成的一个有机整体。成本预测是成本决策的前提，成本决策是成本预测的结果。成本计划是成本决策所确定目标的具体化。成本控制是对成本计划的实施进行监督，保证决策目标实现的手段。成本核算既为成本预测、决策、计划提供参照数据，也是对决策目标是否实现的最后检验，还为成本分析和考核提供依据。决策目标未能达到，不外乎两个原因：一是决策本身的错误；二是计划执行过程中的缺陷。只有通过成本分析，才能查明原因，并对决策的正确性做出判断。成本考核是实现决策目标的重要手段。

上述各项成本会计职能，成本核算是基础，其他各项职能都是在成本核算的基础上，随着商品经济、管理科学的发展和企业经营管理要求的提高而逐步发展形成的。目前，这些发展了的成本会计的职能也可以并入管理会计的职能，因此，为避免重复，本书将以成本核算为主。

## 任务二　成本核算的基础工作与组织

### 子任务一　成本核算的基础工作

要加强成本核算管理工作，必须做好相关基础工作，做好基础工作是做好成本核算的前提。成本核算的基础工作主要包括以下几个方面。

#### 一、原始记录制度

原始记录是企业记载各项经济业务实际情况的书面凭证，是编制各项成本计划、制定各项定额的主要依据，是成本管理的基础。企业应建立健全从供应到生产到销售的有关成本核算的各项原始记录，对材料的领发、动力消耗、工时消耗、工资计算、费用的开支、废品的形成，产品的入库等方面做好原始记录工作，做到原始记录真实、完整、及时。

#### 二、定额管理制度

定额是企业在一定的生产技术和组织条件下，在充分考虑人的能动性的基础上，对生产过程中消耗的人力、物力和财力所做的规定和应达到的数量标准。定额是编制成本计划、分析和考核成本的依据，是审核和控制成本的标准，是衡量企业经营活动好坏的尺度。为了加强成本管理，企业必须建立健全定额管理制度，定额工作做到全面、准确、快速。

全面是指要全方位制定定额，凡是能够制定定额的各种消耗，都要制定先进、合理、切实可行的定额。准确是指正确制定定额，定额与实际要接近，要提高定额的准确性。快速是指要及时制定定额，并且随着生产技术水平的提高和管理要求不断修订，以保持定额的先进性。

与成本核算有关的定额主要有：有关物料消耗的定额，如材料、动力、工具消耗定额等；有关劳动消耗的定额，如工时、产量定额等；费用定额，如车间制造费用预算、厂部经费预算等。

#### 三、计量验收制度

计量验收是对各项财产物资的收发、领退和盘点进行正确的数量计算并进行技术鉴定以确定其质量的方法。通过计量验收，既可以为成本核算提供准确可靠的数据资料，又可以反映各项物资的结存。因此，为了进行成本管理，正确计算成本，必须建立健全材料物资的计量、收发、领退和盘点制度。材料的收发、领退，在产品、半成品的内部转移，产成品的入库均应填制相应的凭证，按规定进行盘点。这样才能做到账实相符，保证成本计算的准确性。

要做好计量验收工作，首先，要根据不同计算对象配置必要的计量工具，指定专职机构或专人经常校正和维修；其次，应在加强验收的同时，按照规定对财产物资进行定期或不定期的盘点、清查，掌握数量变化的实际情况，确保计量的准确性，防止财产物资的丢失、损坏、积压，提高其使用效益。

### 四、内部价格制度

内部价格是指各种自制零部件、半成品和辅助生产部门提供的各种劳务在企业内部结算的计划价格。内部价格制定的合理性关系到成本计算的正确性。因此内部价格要尽可能符合实际，保持相对稳定，一般在一年内不随意变更。

在制定了内部价格的企业中，对于各项材料的耗用、半成品的转移，以及各车间与部门之间相互提供劳务等，首先要按计划价格计算，再采用适当的方法计算各产品应负担的价格差异，将计划成本调整为实际成本。这样既可以简化成本核算工作，又可以分清内部各部门的经济责任。

## 子任务二 成本核算工作的组织与任务

为了充分发挥成本会计的职能作用，圆满完成成本会计的任务，企业必须科学地组织成本会计工作，建立健全成本会计工作机构，合理配备成本会计人员。不同企业应根据自身规模的大小、机构的设置和生产经营业务的特点来组织成本核算工作。

### 一、成本核算工作的组织

#### （一）成本会计机构

成本会计机构是处理成本会计工作的职能部门，属于会计机构的组成部分，是企业内部直接从事成本会计工作的组织。设置成本会计机构时要考虑企业业务类型、经营规模、成本会计与财务会计的关系。

成本会计机构的设置，一般来说，大中型企业应在专设的会计部门中单独设置成本会计机构，专门从事成本会计工作；在规模小、会计人员不多的企业，可在会计部门中指定专人负责成本会计工作。另外，有关职能部门和生产车间应根据工作需要设置成本会计组或配备专职或兼职的成本会计人员。

成本会计机构内部可以按成本会计的职能进行分工，将厂部成本会计科分为成本预算决策组、成本计划控制组、成本核算组和成本分析考核组。也可按成本会计的对象进行组织分工，分为产品成本组、经营管理费用组和专项成本组。无论采用哪一种组织分工，都应当建立必要的工作程序,根据分工的职责范围落实岗位责任制。

企业内部各级成本会计机构之间的组织分工,有集中工作和非集中工作两种方式。集中工作方式是指成本管理等各方面工作,主要由厂部成本会计机构集中进行,厂级以下成本会计机构或人员只负责登记原始记录和填制原始凭证,对其进行初步审核、整理和汇总,为厂部成本会计机构的进一步核算提供资料。车间只配备专职或兼职的成本核算人员。采用集中核算工作方式,厂部成本会计机构能及时全面地掌握企业的成本信息,便于集中对成本数据进行处理,减少成本会计机构的层次和成本会计人员的数量。但是,这样不利于实行成本责任制,不便于企业内部直接从事生产经营的有关单位和职工及时掌握成本信息。非集中工作方式,又称分散工作方式,是指成本计划、控制、核算和分析等工作分散由厂部以下成本会计机构或人员分别进行,成本考核由上至下逐级进行,厂部成本会计机构只集中进行成本预测和决策、全厂成本核算的汇总工作,以及成本计划、分析、控制、考核的综合工作,并对下级成本会计机构进行业务上的指导和监督。非集中工作方式的优缺点与集中工作方式的优缺点相反。

一般而言,大中型企业由于规模大,组织结构复杂,会计人员数量多,为了调动各级、各部门控制成本、提高经济效益的积极性,采用分散工作方式;小型企业则一般采用集中工作方式。在实际工作中两种工作方式可以结合使用。

**(二)成本会计人员**

成本会计人员是指专门从事成本会计工作的专业技术人员。企业应当根据业务量的大小,在成本会计机构中配备数量适当、思想品德优秀、业务素质高的成本会计人员。

成本会计人员的职责有:认真履行职责,做好本职工作;围绕降低成本费用、提高经济效益的基本任务,提出改进经营管理的建议,参与企业经营管理决策,当好领导参谋;坚持原则,遵守和严格执行成本会计规范;加强学习,树立良好的职业道德,精通业务,不断提高素质。

企业成本会计机构的负责人是成本会计工作的领导者、组织者,应在企业总会计师和会计主管人员的领导下工作。主要职责有:按照有关法规和制度,结合本企业实际情况,拟定企业内部成本会计制度或办法,督促成本会计人员和职工贯彻执行;总结经验,不断改进工作,使成本会计工作适应社会主义市场经济的需要;组织成本会计人员学习有关业务理论和业务技术,不断更新专业知识,定期考核成本会计人员;参与成本会计人员的任用和调配。

成本会计人员的权利有:有权要求有关单位和职工认真执行成本计划,严格遵守有关法规和制度;有权参与制订企业生产经营计划和制定定额,参加各类与成本有关的会议;有权督促检查企业内部各单位执行成本计划和有关法规、制度的情况。

## 二、成本核算工作的任务

企业经营管理的最终目标是最大限度地取得经济效益,而生产经营中成本费用的高低，对企业经济效益举足轻重。因此，与企业的经营目标一致，成本核算工作的任务是为企业的生产经营管理提供成本数据和信息，促进企业降低成本，提高经济效益。成本核算的具体内容包括以下几个方面。

### （一）正确计算产品成本，及时提供成本信息

成本计算是成本核算的具体工作，是成本会计的关键和基础。企业的成本信息主要来源于成本计算。只有正确计算成本并及时提供成本信息，才能保证损益计算和存货估价的正确性，并有效考核成本计划的完成情况，为成本的预测、决策、控制等提供资料，为财务报表的编制提供数据。因此，采用适当的成本计算方法，正确进行计算是做好成本会计工作，完成成本会计任务的基本要求。

### （二）加强成本预测，优化成本决策

成本预测和成本决策是成本会计赖以发挥更大作用的职能，加强成本预测，优化成本决策是成本会计适应社会生产发展和现代化管理需要而承担的新任务。搞好成本预测，要兼顾事前和事中全过程的成本预测，并按一定程序，在充分占有资料的基础上采用科学的计算方法，确保预测的准确程度。优化决策，应对收集的有关信息，去伪存真、去粗取精，并在客观评价、合理判断的基础上做出正确决策，确保成本的最优化。成本预测和成本决策具有密切的联系，搞好成本预测是优化成本决策的前提，而优化成本决策是搞好预测的结果。因此，将两者有机结合起来，可为企业挖掘降低成本的潜力，为提高经济效益指明方向和途径。

### （三）制定目标成本，强化成本控制

目标成本是为了保证实现目标利润而按期制定的成本控制指标。目标成本是成本控制的依据，它制定的正确与否对于成本控制的有效性有着重要影响；而成本控制是目标成本的实施过程，它的把关作用可以促进目标成本更好实现。目标成本的制定，必须以可靠的数据为依据，采用科学的方法，并应注意既能激发职工积极性，又能经过主观努力得到，保证它的切实可行性。加强成本控制，必须对目标成本的指标进行归口分级控制，并以产品成本形成的全过程为对象，结合生产经营各阶段的不同性质和特点进行有效的控制，确保成本管理工作的改进和成本效益的提高。

### （四）建立成本责任制度，严格成本业绩考核

成本责任制是企业内部对各部门、各层次和执行人在成本方面的职责做出的规定。建立成本责任制，要求把成本责任制指标分解落实到生产经营的各部门、各层次甚至个人之上，使其直接承担一定的成本责任。同时，将责任权利结合起来形成激励机制，以增强企业活力。实行成本责任制，最好是先建立成本责任单位，随后再通过对责任成本的核算，特别是对责任单位的可控费用实际发生额的计算，对照责任成本指标确定成本差异，分析原因，提出建议，消灭不利差异，扩大有利差异，以保证成本目标的实现。成本考核是成

本责任制顺利进行的保证,明确了责任就应该考核,没有考核就没有责任。通过成本业绩考核,可以分清责任,客观评价各单位工作,起到鼓励先进、鞭策后退的作用。将成本的业绩考核与成本责任制结合起来,以成本责任制作为业绩考核的依据,以业绩考核作为成本责任制的总结,按考核结果予以奖惩,使成本管理的业绩与职工的切身利益紧密结合,促使企业上下一致高度重视,提高各部门主动降低成本的积极性,自觉为企业取得更大经济效益做出贡献。

### 子任务三 成本核算的法规与制度

成本核算的法规与制度即成本会计法规与制度,是指从事成本会计工作必须遵守的有关法规、制度、规程和办法,是企业会计规范的重要组成部分。制定和执行成本会计法规与制度的目的是使成本会计工作有章可循,保证成本会计资料真实可靠、及时适用。

对于企业来说,成本会计工作应执行的成本会计法规与制度按是否由企业制定划分,可分为外部规范和内部规范。成本会计的外部规范由国家根据宏观管理的需要制定,企业必须无条件执行;成本会计的内部规范由企业根据国家的有关规定,结合企业自身的实际情况制定并在企业内部执行。

#### 一、成本会计外部规范

由国家颁布的与会计有关的法规和制度,是所有企业开展会计工作应遵循的规范。它分以下三个层次。

第一层次是《中华人民共和国会计法》(简称"会计法"),由全国人民代表大会常务委员会颁布,"会计法"是我国会计工作的基本法律,所有会计法规、制度都是根据其要求制定的。

第二层次是《企业财务通则》和《企业会计准则》(包括基本准则和具体准则),俗称"两则",是规范企业财务、会计工作(包括成本会计工作)的基础准则,是重要的财务法规。

第三层次是"企业会计制度",根据《企业会计准则》的基本要求制定,是对企业各类经济业务进行会计处理的一系列应用规定,也是规范成本会计工作的重要法规。

#### 二、成本会计内部规范

各企业为了规范本企业的成本会计工作,还应当根据国家颁布的各种法规和制度对企业内部会计制度的要求,结合本企业生产经营的特点和管理要求,具体制定本企业内部执行的规范。例如,成本计划编制方法,成本核算制度,成本费用定额管理制度,物资收发、计量和盘存制度,成本报表制度,成本预测、决策、控制、分析和考核等管理制度,内部价格和结算制度,责任会计制度等,都是企业内部的成本会计规范。

企业成本会计机构的成本会计人员,应该在总会计师和会计主管人员的领导下,按照上述法规和制度,分工协作、互相配合,并且组织职工共同做好成本会计工作。

## 任务三　成本核算的程序和账户设置

### 子任务一　成本核算的原则、要求及程序

#### 一、成本核算的一般原则

我国会计准则中规定了 8 项会计原则，大部分适用于成本会计，并表现出成本会计的特色。另外，成本会计中费用的计量、确认具有很强的政策性，且必须分配合理，因此还有合理性、合法性等原则。

**（一）权责发生制原则**

权责发生制原则是确定收入和费用归属期应当遵循的原则。它要求在确定本期的收入和费用时，凡是本期已经实现的收入和费用，不论款项是否在本期收付，都应作本期的收入和费用；凡是不属于本期的收入和费用，即使款项已在本期收付，也不作本期的收入和费用。现代企业会计采用权责发生制的核算原则，反映企业经营成果的真实状况。根据这一原则，应正确核算企业的待摊费用，制止通过待摊费用随意摊销费用，人为地调整成本，混淆各期产品成本界限。

**（二）实际成本核算原则**

实际成本核算原则是指各项财产物资都应当按取得或购建时的实际成本计价。例如，材料、库存商品等存货按其实际数量和实际单位成本计价，折旧要按固定资产原始价值和规定使用年限计提，等等。企业在生产经营过程中发生的各种耗费，都要根据实际消耗量和实际单价，计算耗费的成本，不允许以计划成本、估计成本、定额成本等代替实际成本。因此，平时按计划成本、定额成本、标准成本核算的企业，期末应调整差异，使之成为实际成本。

**（三）一贯性原则**

一贯性原则是指成本核算时所采用的方法（如耗用材料的计算方法、折旧的计提方法、辅助生产和制造费用的分配方法、在产品的计价方法等）前后各期必须一致，使各期的成本资料有统一的口径，前后连贯，互相可比。企业在进行成本核算时，可以根据企业生产的特点和管理的要求，选择不同的成本核算方法。但产品成本核算方法一经确定，没有特殊情况，一般不应随意变动，以使计算出来的成本资料便于比较。如因情况特殊，确实需要改变原有的成本核算方法的，应在有关财务会计报告的附注中加以说明，并对原成本计算单中的有关数据进行必要的调整。

## （四）合法性原则

合法性原则是指计入成本的费用都必须符合法律、法规、制度等的规定。《国营企业成本管理条例》《股份制试点企业财务管理若干问题的暂行规定》等文件，对不同性质企业的成本开支范围，以及不得列为企业成本、费用的各个项目做了明确规定。企业在进行成本、费用核算时，必须严格遵守成本开支范围的规定，否则就会乱列成本，人为提高或降低成本，使企业的成本失真。目前，有些企业把被盗损失以及应在企业留用利润中开支的奖金、赔偿金、违约金、滞纳金、罚款，在销售过程中发生的折让、回扣款等列入生产、销售成本；有些股份制企业把购入无形资产的支出、对股东发放的股利等列入成本；有些外商投资企业把资本的利息，各项税收的滞纳金、罚款，违法经营的罚款等支出列入成本。这些行为都严重超出了企业的成本开支范围，要坚决制止。

## （五）技术与经济相结合的原则

技术与经济相结合原则是指企业工程技术人员要具有成本意识，懂一些相关的成本知识；成本会计人员必须改变传统的知识结构，具备生产技术方面的相关知识，以便正确进行成本预测，参与经营决策。

在传统的成本核算过程中，会计部门关注的主要是产品的材料耗费，而对产品的设计、加工工艺、质量、性能等产品成本的相关性考虑很少。会计人员不懂技术，工程技术人员不考虑产品成本，会计部门与工程技术部门的脱节造成成本会计的作用仅限于事后算账，使企业在降低产品成本、节约开支方面受到很大限制。针对这一情况，在成本会计的组织上应贯彻技术与经济相结合的原则。

## （六）重要性原则

重要性原则是指将一些主要产品、主要费用作为重点，采用比较详细的方法进行分配和计算，力求精确；而那些次要的产品或费用，则可采用简化的方法，进行合并计算和分配，以体现重要性原则。例如，生产产品直接耗用的原材料应该直接计入有关产品成本，而对于那些虽是直接耗用但数额不大的零星材料，可以作为消耗材料计入制造费用。

## （七）分期核算原则

分期核算原则是指企业应分期进行成本核算，确定各期的产品成本。企业的生产经营活动是连续不断地进行的，在成本会计中，一般以月份作为核算期，也有以产品的生产周期作为核算期。成本分期核算对于正确确定企业经营成果和财务状况，比较和分析各项产品成本，加强成本控制有重要意义。

## （八）真实性原则

真实性原则是指所提供的成本信息与客观的经济业务应当互相一致，不能人为地提高或降低成本，以保证成本核算信息的正确可靠。

## 二、成本核算的基本要求

成本核算过程实际上是费用的归集和分配过程，要做好成本核算工作，必须准确归集和分配各种费用，因此在成本核算中应满足以下要求。

### （一）加强财产物资管理、合理确定计价方法

企业的财产物资如何计价，其价值如何转移到费用成本中去，对于当期费用成本水平的高低及当期损益具有很大影响。其主要原因之一在于现行制度中规定了几种允许企业选择的计量方法。例如，固定资产折旧方法有直线法、工作量法、年数总和法及双倍余额递减法等；存货采用实际成本计价时，其发出价值的确定有先进先出法、全月一次加权平均法、移动加权平均法、个别计价法等；存货采用计划成本计价时，发出存货应负担的存货成本差异额，可以按个别差异率、分类差异率、综合差异率等确定；在制造费用的分配中，有生产工人工资比例法、生产工人工时比例法、机器工时比例法等可供选择，等等。不同的计价方法所产生的计量金额必然有所差异。为此，要求在确定资产转移价值时，应选择合理简便的方法，并坚持一贯性原则，保持所选择方法的稳定性，以便保证成本会计信息的可比性和可靠性。

### （二）正确划分各种费用界限

为了正确地核算生产费用和经营管理费用，正确地计算产品实际成本和企业损益，必须正确划分以下五个方面的费用界限。

#### 1. 生产经营管理费用与非生产经营管理费用的界限

工业企业的经济活动是多方面的，除了生产经营活动以外，还有其他方面的经济活动，因而费用的用途也是多方面的，并非都应计入生产经营管理费用。例如，企业购置和建造固定资产、购买无形资产以及进行对外投资的支出都属于资本性支出，这些经济活动都不是企业日常工作的生产经营活动，不应计入当期生产经营管理费用，而应计入有关资产价值；又如，企业的固定资产盘亏损失，固定资产报废清理损失，由于自然灾害等原因而发生的非常损失，由于非正常原因发生的停工损失、支付的滞纳金、罚款、违约金、赔偿金，以及企业对外赞助、捐赠性支出等，也不是由于日常的生产经营活动而发生的，也不应计入生产经营管理费用。只有用于产品的生产和销售、用于组织和管理生产经营活动，以及用于筹集经营资金的各种费用，才应计入生产经营管理费用。企业既不应乱计生产经营管理费用，也不应少计生产经营管理费用。乱计和少计生产经营管理费用，都会使成本、费用不实，不利于企业成本管理。乱计生产经营管理费用，还会减少企业利润和国家财政收入；少计生产经营管理费用，则会虚增企业利润、超额分配、使企业生产经营管理的耗费得不到应有补偿，影响企业再生产的顺利进行。因此，每一个工业企业都应正确地划分生

产经营管理费用与非生产经营管理费用的界限，遵守国家关于成本、费用开支范围的规定，防止乱计和少计生产经营管理费用的错误做法。

### 2. 生产费用与经营管理费用的界限

工业企业的生产费用应计入产品成本，产品成本要在产品产成并销售以后才计入企业的损益；而当月投入生产的产品不一定当月产成、销售，当月产成、销售的产品也不一定是当月投入生产的，因而本月发生的生产费用往往不是计入当月损益、从当月利润中扣除的产品销售成本。但是，工业企业发生的经营管理费用作为期间费用处理，不计入产品成本，而直接计入当月损益，从当月利润中扣除。因此，为了正确地计算产品成本和经营管理费用，正确地计算企业各个月份的损益，还应将生产经营管理费用正确地划分为生产费用和经营管理费用，也就是划分为生产费用和期间费用。用于产品生产的原材料费用、生产工人工资费用和制造费用等，应该计入生产费用，并据以计算产品成本；由于产品销售、组织和管理生产经营活动和筹集生产经营资金所发生的费用，应该计入经营管理费用（即期间费用），归集为销售费用、管理费用和财务费用，直接计入当月损益，从当月利润中扣除。应该防止混淆生产费用和经营管理费用界限，也就是防止混淆产品成本和期间费用的界限，防止将产品的某些成本计入期间费用、当期损益，或者将某些期间费用计入产品成本，借以调节各月产品成本和各月损益的错误做法。

### 3. 各个月份的费用界限

为了按月分析和考核产品成本和经营管理费用，正确计算各月损益，应将计入产品成本的生产费用和作为期间费用处理的经营管理费用，在各月之间划分。因此，要贯彻权责发生制原则。根据权责发生制原则，应正确核算待摊费用。本月支付，但属于本月和以后各月受益的费用，应列作待摊费用，分摊计入本月和以后各月的费用。为了简化核算工作，数额较小的应该待摊的费用，可以不作待摊费用处理，全部计入支付月份的成本费用。应该防止利用费用的摊销人为调节各月份的产品成本和经营管理费用、人为调节各月损益的错误做法。

### 4. 各种产品的费用界限

如果企业生产两种或两种以上的产品，为了正确地计算各种产品的成本、分析和考核各种产品成本计划或定额成本的执行情况，必须将应计入本期产品的生产费用在各种产品成本之间进行正确的划分。凡属于几种产品共同负担的费用，即属于间接计入的费用，应选择适当的分配标准，采用适当的分配方法，分配计入各种产品的生产成本；凡属于某种产品单独发生的费用，属于直接计入的费用，直接计入该种产品的生产成本。这样可以防止有意抬高某种或某些产品的生产成本而压低其他产品的生产成本，在赢利产品和亏损产品之间、可比产品与不可比产品之间任意转移生产费用，借以掩盖成本超支或以盈补亏的错误行为。

### 5. 完工产品和月末在产品的界限

月末计算产品成本时,如果某种产品都已完工,这种产品的各项生产费用之和,就是这种产品的完工产品成本;如果这种产品都未完工,这种产品的各项生产费用之和,就是这种产品的月末在产品成本;如果某种产品一部分已经完工,另一部分尚未完工,这种产品的各项生产费用还应采用适当的分配方法在完工产品和在产品之间进行分配,分别计算完工产品成本和在产品成本。具体的分配方法,既要较为合理又要比较简便。企业通过划分完工产品和在产品的费用界限,可以有效防止任意提高或降低期末在产品费用以调节完工产品成本水平的错误行为。

### (三) 严格遵守国家规定的成本开支范围

国家根据成本的客观经济内容和企业实行经济责任制的需要,统一规定了工业企业成本开支范围,哪些费用支出可以计入成本,哪些费用支出不可以计入成本,各企业必须遵守,以保持成本指标的真实性和计算口径的一致性。

### 1. 应计入产品成本的项目

(1) 直接材料,即产品生产过程中实际消耗的原材料、辅助材料、外购半成品、燃料、动力等费用。

(2) 直接人工,即直接从事产品生产人员的工资和提取的工资附加费等。

(3) 制造费用、生产用固定资产的折旧费和低值易耗品的摊销费等;为组织和管理生产车间生产所发生的车间管理人员的工资、工资附加费和机物料消耗等。

### 2. 不应计入产品成本的项目

(1) 购置和建造固定资产的支出,购入无形资产和其他长期资产的支出。

(2) 对外界的投资及分配给投资者的利润。

(3) 被没收的财物以及违反法律支付的各项滞纳金、罚款及企业自愿赞助、捐赠的支出。

(4) 规定在公积金中列支的支出。

(5) 法律、法规规定以外的各种费用。

(6) 规定不得列入成本的其他支出。

## 三、成本核算的一般程序

产品成本核算程序是指对企业生产经营过程中发生的各项生产费用,按照成本核算的要求,逐步进行归集和分配,最终计算出各种产品成本的核算顺序和步骤。

### (一) 确定成本计算对象

成本计算对象的确定是成本计算中要解决的首要问题,也是影响成本计算质量的关键步骤之一。成本计算对象的确定,受到生产工艺特点、生产组织方式及管理要求的影响,因而产品成本的计算通常可以以某种产品、某批产品为归集费用、计算成本的对象;也可以以提供的非工业性劳务为成本计算对象。同时,不同的单位,不同的时期,企业管理对成本核算的要求可能不同,有时可能以生产步骤、产品品种、产品类别为成本计算对象。

### (二)确定成本项目

工业企业为了具体反映计入产品成本的生产费用的各种用途,提供产品成本的构成情况的资料,还应将其进一步划分为若干个项目,称为产品成本项目,简称成本项目。工业企业一般包括直接材料、直接人工和制造费用项目。按照经济用途对生产费用所划分的各个成本项目并不是固定不变的,企业可以根据自身的生产特点和管理要求对上述成本项目做适当的调整。对于管理上需要单独反映、控制和考核的费用,以及在产品成本中所占比重较大的费用,应专设成本项目予以核算。例如,废品损失在产品成本中所占比重较大,需要对其在管理上进行重点控制和考核,就应单独设置"废品损失"成本项目对其进行核算。如果产品生产工艺上所耗用的燃料和动力较多,可以单独设置"燃料及动力"成本项目对其进行核算。反之,为了简化核算,如果产品生产工艺上所耗用的燃料和动力不多,可以将其并入"直接材料"和"制造费用"成本项目进行核算。

### (三)确定产品成本计算期

产品成本计算期是指上下两次计算产品成本的间隔时间。产品成本计算期可选择会计报告期(月),也可以选择生产周期,无论何种选择,都应根据企业生产类型的特点和考虑产品成本的发生情况来确定。

### (四)生产费用的归集与分配

将应计入本月产品成本的各种要素费用在各对象之间,按成本项目进行归集和分配。产品在生产过程中所发生的各项费用,有两类:一类是直接计入的费用,这种费用的发生只与一种受益对象(成本计算对象)发生关系,故可以根据这种费用发生的原始凭证,将其直接记入该成本计算对象的相关成本项目;另一类是间接计入的费用,这种费用的发生与两种或两种以上的受益对象发生关系,故应将费用按照受益原则,采用合理的方法分配记入有关成本计算对象相应的成本项目。

### (五)生产费用在完工产品与期末在产品之间进行分配

产品生产过程中所发生的各种费用,通过按成本项目在各成本计算对象之间进行归集和分配后,为了计算各种完工产品的实际总成本和单位成本,还必须把同一产品的生产费用,采用适当的方法进一步在完工产品与期末在产品之间进行分配,确定完工产品和期末在产品成本。

## 子任务二　成本核算账户设置及账务处理

### 一、成本核算账户设置

为了正确反映和核算产品生产过程中所发生的生产费用并计算产品成本,企业一般应设置以下账户。

#### (一)"生产成本"账户

"生产成本"账户属于成本类账户,用以核算企业进行工业性生产,包括生产各种产品(产成品、自制半成品、提供劳务等)、自制材料、自制工具等所发生的各项生产费用。该账户借方登记全部生产费用的发生数;贷方登记已经完工并已验收入库的产品、自制材料、自制工具的实际成本;期末如有余额在借方,表示尚未完工的各项在产品成本。企业发生的各项生产费用凡是能直接计入成本核算对象的,如直接材料、直接人工费用等,可直接记入该账户。

根据成本核算的需要,该账户下设"基本生产成本"和"辅助生产成本"两个二级明细账户。

#### 1. "基本生产成本"账户

该账户是核算企业为完成主要生产目的而进行的商品、产品生产所发生的各种生产费用。其借方登记企业为进行基本生产而发生的各种费用,如直接材料、直接人工等直接费用,以及通过设置"制造费用"账户归集的、在月末按一定标准分配后转入的间接费用;贷方登记完工入库转出的产品生产成本;余额在借方,表示尚未加工完成的在产品成本。

"基本生产成本"账户应按产品品种、批别、生产步骤等成本计算对象,设置产品成本明细分类账(或称基本生产明细账、产品成本计算单),账内按产品成本项目分设专栏,成本项目根据实际设置,可在"制造费用"项目后根据实际需要加设项目。其格式详见表 2-1。

表 2-1　基本生产成本明细账

产品名称:　　　　　　　　　　　　　　　　　　　　　　　　　　　　　单位:元

| 年 | | 凭证字号 | 摘　要 | 直接材料 | 直接人工 | 制造费用 | | | 合计 |
|---|---|---|---|---|---|---|---|---|---|
| 月 | 日 | | | | | | | | |
| | | | | | | | | | |
| | | | | | | | | | |
| | | | | | | | | | |
| | | | | | | | | | |
| | | | | | | | | | |

## 2. "辅助生产成本"账户

"辅助生产成本"账户是用来核算企业为基本生产服务而进行的产品生产和劳务供应所发生的各项费用。该账户的借方登记为进行辅助生产而发生的各种费用;贷方登记完工入库的成本或分配转出的劳务成本;余额在借方,表示辅助生产在产品的成本。"辅助生产成本"账户应按辅助生产车间和生产的产品、劳务分设明细账,账中按辅助生产的成本项目或费用项目分设专栏进行明细登记。其格式有两种,详见表2-2和表2-3。

表2-2 辅助生产成本明细账

车间: 单位:元

| 年 | | 凭证字号 | 摘要 | 直接材料 | 直接人工 | 制造费用 | | 合计 |
|---|---|---|---|---|---|---|---|---|
| 月 | 日 | | | | | | | |
| | | | | | | | | |
| | | | | | | | | |
| | | | | | | | | |
| | | | | | | | | |
| | | | | | | | | |

表2-3 辅助生产成本明细账

车间: 单位:元

| 年 | | 凭证字号 | 摘要 | 借方 | 贷方 | 借或贷 | 余额 | ( )方金额分析 | | | | | |
|---|---|---|---|---|---|---|---|---|---|---|---|---|---|
| 月 | 日 | | | | | | | 机物料消耗 | 职工薪酬 | 折旧费 | 办公费 | 低值易耗品摊销 | 其他 |
| | | | | | | | | | | | | | |
| | | | | | | | | | | | | | |
| | | | | | | | | | | | | | |
| | | | | | | | | | | | | | |
| | | | | | | | | | | | | | |

## (二)"制造费用"账户

"制造费用"账户属于成本类账户,用以核算企业为生产产品和提供劳务而发生的各项间接费用。该账户借方登记企业发生的各种不能直接记入"生产成本"账户的各项单位费用,如车间管理人员工资和工资附加费、折旧费、办公费、水电费等;贷方登记转入"生产成本"账户应由各种成本计算对象负担的间接费用;除季节性生产企业外,该账户期末无余额。在"制造费用"账户下,应按不同的车间和部门设置明细分类账户分费用项目进行明细分类核算。其格式详见表2-4。

表 2-4　制造费用明细账

车间：　　　　　　　　　　　　　　　　　　　　　　　　　　　　　　　　单位：元

| 年 | | 凭证字号 | 摘要 | 借方 | 贷方 | 借或贷 | 余额 | （　）方金额分析 ||||||
|---|---|---|---|---|---|---|---|---|---|---|---|---|---|
| 月 | 日 | | | | | | | 机物料消耗 | 职工薪酬 | 折旧费 | 办公费 | 低值易耗品摊销 | 其他 |
| | | | | | | | | | | | | | |
| | | | | | | | | | | | | | |
| | | | | | | | | | | | | | |
| | | | | | | | | | | | | | |
| | | | | | | | | | | | | | |

## （三）"长期待摊费用"账户

"长期待摊费用"账户属于资产类账户，用以核算企业已经支付或发生的不能全部计入当年损益，应当在当年及以后年度内分期摊销的各项费用，包括开办费、租入固定资产改良支出及摊销期在一年以上的其他待摊费用。该账户借方登记已经支付或已经发生的长期待摊费用；贷方登记应由本月负担的摊销额；如有余额一般为借方，表示尚待摊销的费用。该账户可按费用种类设置明细账进行明细分类核算。

## （四）"废品损失"账户

需要单独核算废品损失的企业，应当设置"废品损失"账户。该账户的借方登记不可修复废品的生产成本和可修复废品的修复费用；贷方登记废品残料回收的价值、应收的赔款及转出的废品净损失；月末一般无余额。该账户应按车间及产品设置明细分类账，账内按成本项目设置专栏进行明细核算。其格式详见表 2-5。

表 2-5　废品损失明细账

车间：
产品名称：　　　　　　　　　　　　　　　　　　　　　　　　　　　　　　　单位：元

| 年 | | 凭证字号 | 摘　要 | 直接材料 | 直接人工 | 制造费用 | 合计 |
|---|---|---|---|---|---|---|---|
| 月 | 日 | | | | | | |
| | | | | | | | |
| | | | | | | | |
| | | | | | | | |
| | | | | | | | |
| | | | | | | | |

除以上账户外，为了归集和结转不计入成本的期间费用，还需要分别设置"销售费用""管理费用"和"财务费用"账户；企业如果单独核算停工损失，还应增设"停工损失"账户。

## 二、产品成本核算的财务处理程序

根据产品成本核算的账户体系，产品成本核算的财务处理程序包括以下步骤。

### （一）各要素费用的归集与分配

要素费用的核算是成本计算的基础。首先根据法规、制度、计划、定额对各项生产费用的发生进行审核和控制；同时，根据审核后费用的原始凭证和有关资料，按费用发生的地点和经济用途编制各项费用的分配表，将应计入产品成本的费用分别记入"生产成本——基本生产成本""生产成本——辅助生产成本""制造费用"等账户及有关的明细账户；属于期间费的应计入管理费用、销售费用及财务费用中。

### （二）辅助生产车间制造费用的归集与分配

辅助生产车间所发生的各项费用，属于单设成本项目的，如直接材料和直接人工，应在各要素费用分配中直接计入辅助生产车间劳务成本或产品成本；其制造费用一般应在各项要素费用分配及待摊费用中先归集到制造费用的各辅助生产车间明细账；月终，各辅助生产车间的制造费用归集完成后，分别转入各辅助生产车间的劳务成本或产品成本中的制造费用成本项目。即借记"生产成本——辅助生产成本"账户，贷记"制造费用"账户。若辅助车间的制造费用不单设成本项目核算，则应在发生时直接记入"生产成本——辅助生产成本"账户，不通过"制造费用"账户核算。

### （三）辅助生产费用的归集与分配

辅助生产车间本期发生的各项费用，应按一定方法在各受益对象之间进行分配，包括对基本生产服务、对生产单位管理部门及企业行政管理部门的服务等。对此应选择科学合理的分配方法。辅助生产费用的多少及分配方法对企业商品产品成本和当期损益具有很大影响。

### （四）基本生产车间制造费用的归集与分配

生产车间在产品生产过程中除了产品直接耗用各种材料费用、发生人工费用和其他直接费用外，还会发生各种制造费用。制造费用作为生产单位组织和管理生产经营活动而发生的各项耗费，最终要分配到各有关产品成本中，构成产品成本的组成部分。在分配方法的选择上应力争科学合理，选择与分配对象密切相关的标准。归集在"制造费用"账户的费用，应在月末编制"制造费用分配表"，据此登记"生产成本——基本生产成本"明细账。

### （五）废品损失和停工损失的处理

单独核算废品损失和停工损失的企业，应单独设置"废品损失"、"停工损失"账户予以核算。月末将归集在"废品损失"和"停工损失"账户的费用，编制成"废品损失分配表""停工损失分配表"，据以登记"生产成本——基本生产成本"明细账。

### （六）完工产品成本的计算和结转

通过上述步骤，各项有关费用已分配记入有关账户中，至此只有"生产成本"科目尚待结转和分配，也就是将归集在"生产成本——基本生产成本"账户及其明细账的费用在各种产品的完工产品和在产品之间进行分配，将完工入库的产品从"生产成本——基本生产成本"账户及其明细账转出记入"库存商品"账户及其明细账。产品成本核算账务处理程序如图 2-1 所示。

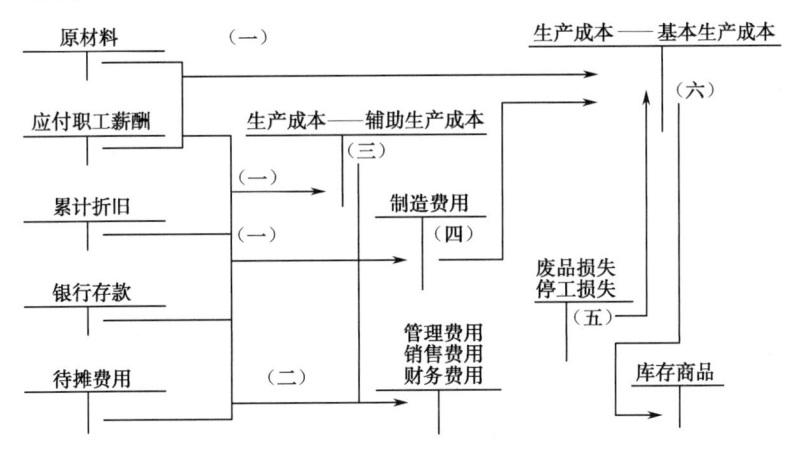

图 2-1　产品成本核算账务处理程序图

## 任务四　成本计算对象和成本计算方法的确定

成本计算是指将企业生产经营过程中发生的生产费用，采用一定的程序和方法对成本计算对象进行归集和分配，从而计算各成本计算对象的总成本和单位成本的一个过程。

企业进行成本计算，首先要确定成本计算对象，即在成本计算过程中，为了归集与分配生产费用而确定成本归属对象，即生产费用的具体承担者。成本计算对象一般由生产费用归属的实体（产品）、成本计算的主体、成本计算期和生产费用在完工产品与在产品之间的分配四个要素构成。

## 子任务一  成本计算对象的确定

### 一、根据企业生产特点确定成本计算对象

#### 1. 生产特点对成本计算对象的影响

成本计算对象由四个因素构成，因此生产特点对成本计算对象的影响也包含了四个方面。

（1）从生产工艺过程的特点和生产组织方式的特点看，它们都分别对成本计算对象有影响。

（2）不同生产类型，产品成本计算期不同，这主要取决于生产组织的特点，因此对成本计算期有影响。

（3）产品的生产特点，在一定程度上也影响生产费用计入产品成本的程序。

（4）由上可知，由于成本计算期与产品生产周期不一致，月末可能会出现三种产品加工状态：全部为完工产品、全部为在产品及部分为完工产品和部分为在产品。由于可能有在产品的存在，因而存在月末要将产品的生产成本采用一定的方法在完工产品与在产品之间分配的问题；在单件小批生产情况下，由于成本计算期与产品生产周期一致，产品完工时才计算完工产品成本，因而，在月末一般不需要将产品成本在完工产品与在产品之间分配。可见，由于企业的生产特点的不同，对生产成本在期末的完工产品与在产品之间的分配产生的影响是不同的。

#### 2. 确定成本计算对象

综上所述，各种因素的互相影响和组合，构成如下三种不同的成本计算对象。

（1）在大量大批单步骤生产，或大量大批多步骤生产的情况下，成本管理上不要求按生产步骤计算成本时，成本计算对象就是全厂某月份生产的某种产品——产品品种。

（2）在大量大批多步骤生产情况下，成本管理上要求按步骤计算成本时，成本计算对象就为各步骤某月份生产的半成品或产成品——产品的生产步骤。

（3）在单件小批生产的情况下，无论单步骤生产还是多步骤生产，成本计算对象通常是全厂生产的某批或某件产品——产品的批别或件别。

### 二、根据企业成本管理要求确定成本计算对象

成本计算对象的确定，除了受生产类型特点的影响外，还必须考虑企业在管理上是否有特殊的要求，采用适合本企业的成本计算方法。

在大量大批多步骤的生产中，生产工艺过程由若干可以间断的、分散在不同地点进行的生产步骤组成或不断重复，除了可以按产品的品种或者批别核算成本外，还可以提供半成品成本资料。因此，如果企业管理上要求分步骤计算各步骤生产产品的成本并提供半成

品资料，那么成本计算对象就可确定为各加工步骤的半成品和最后步骤的产成品。

在单步骤、小批单件的生产中，几批或几种产品投产时间与完工时间比较接近，可以按产品的批别或品种作为成本计算对象。核算时要考虑组织生产的经济性、合理性与管理要求，可以对客户订单做适当规定或细分，按重新组织的生产批别或者件数作为成本计算对象。

## 子任务二 成本计算方法的确定

产品成本的计算方法是指把生产费用在企业生产的各种产品之间，产成品和在产品之间进行分配的方法。产品成本计算的内容主要有成本计算对象的确定，成本项目的确定，生产费用的归集，间接费用的分配，成本计算期的确定、生产费用在完工产品和在产品之间的分配，产品总成本和单位成本的计算等。如前所述，由于生产特点和管理要求不同，企业采用的产品成本计算方法也不同。

### 一、产品成本计算的基本方法

为了适应各种类型生产的特点和管理要求，计算产品成本时有三种成本计算对象，以及以产品成本计算对象为主要标志的三种不同的成本计算方法。

#### （一）品种法

品种法也称简单法是指以产品品种作为成本计算对象，据以归集生产费用，计算产品成本的一种方法。

品种法适用于大量大批单步骤生产的企业或车间，例如，发电、采掘工业等。另外，有些大量大批多步骤生产的企业，由于生产规模较小，管理上不要求按照生产步骤计算产品成本，或者车间是封闭式的，即从原材料投入到产成品制成，全部过程都在一个车间完成，管理上不要求按步骤计算产品成本，也可以采用品种法计算成本，例如，小型水泥厂、造纸厂等。

在产品制造业中，不论采用什么成本计算方法，最终都必须按照产品品种计算出每种产品的总成本和单位成本。这是对成本计算最起码的共同要求，因此品种法是最基础的成本计算方法。品种法计算成本简单易行，直接体现了成本计算的基本原则和必要程序，其他成本计算方法都是在品种法基础上的进一步发展。

#### （二）分批法

分批法是按照产品的批别作为成本计算对象，据以归集生产费用，计算产品成本的一种方法，主要适用于单件小批生产或管理上不要求分步骤计算成本的多步骤企业，如重型机械、船舶制造、精密仪器、专用设备及主要产品以外的新产品试制、来料加工、工具模型制造、工业性修理作业等。要求按照产品的批别或订单设置生产成本明细账，将应由各批产品承担的生产费用记录到对应的成本项目中，月末汇总各批产品所发生的生产费用，当产品加工完成时,再计算各完工批次产品总成本及其单位成本。对一批产品分次完工,分次出售的部分,可先按定额成本或计划成本从生产成本明细账中转出,然后待该批产品完工后,再汇总计算出该批产品的实际总成本和单位成本。在投产批数多、月末完工批数较多的情况下,也可以采用一种简化的计算方法,称为简化分批法。分批法按产品投产的批别分别计算成本,产品成本计算期与生产周期一致,与会计报告期可能不一致。

### (三)分步法

分步法是以产品的生产步骤作为成本计算对象,据以归集生产费用,计算产品成本的方法。连续加工式大量或大批多步骤生产的企业,由于其生产过程可以划分为若干个生产步骤,且每个加工步骤均有自制半成品,在管理上需要单独掌握各种自制半成品的成本,因此在计算产品成本时,通常采用分步法。

在分步法中,生产成本的计算程序与实际的生产步骤基本一致,上一步骤完工的半成品要转入下一阶段继续加工或装配,半成品账面的成本也要随同转移,要求按照产品具体的品种和各个生产步骤的半成品作为成本计算对象,设生产成本明细账,分别按各自的产量计算半成品或产成品的总成本和单位成本。分步法按照是否计算半成品成本,可分为计算半成品成本的逐步结转分步法和不计算半成品成本的平行结转分步法两大类。其中,逐步结转分步法又可分为综合结转分步法和分项结转分步法。分步法按月计算成本,产品成本计算期与会计报告期一致,与生产周期可能不一致。

三种产品成本计算基本方法的比较如表 2-6 所示。

表 2-6 成本计算的基本方法

| 成本计算方法 | 生产组织 | 生产工艺过程和管理要求 | 成本计算对象 | 成本计算期 | 生产费用是否在完工产品与在产品之间分配 | 企业类型 |
|---|---|---|---|---|---|---|
| 品种法 | 大量大批生产 | 单步骤生产或管理上不要求分步骤计算成本的多步骤生产 | 品种 | 定期 | 一般否 | 发电、采掘等 |
| 分批法 | 单件小批生产 | 管理上要求按批计算成本的多步骤装配式生产 | 批别 | 不定期 | 一般否 | 船舶、专用设备等 |
| 分步法 | 大量大批生产 | 管理上要求分步骤计算成本的多步骤生产 | 步骤 | 定期 | 是 | 冶金、纺织等 |

## 二、产品成本计算的其他方法

### (一)分类法

分类法是指按产品类别作为成本计算对象,归集生产费用,先计算各类别完工产品总成本,然后再计算类别内部完工产品成本的一种方法。

分类法和企业的生产类型没有直接的关系,因而可以在各种类型的生产中应用。凡是产品品种、规格繁多，又可以根据一定要求划分为若干类别的企业或车间，均可采用分类法计算成本。例如，钢铁厂生产的各种型号和规格的生铁、钢锭和钢材；无线电元件厂生产的各种不同规格的无线电元件；灯泡厂生产的各种不同类别和瓦数的灯泡；针织厂生产的各种不同规格的针织品；食品厂生产的各种饼干、糕点和面包等。这些企业虽然生产类型各不相同，但是它们在生产某类产品时，都有一个共同的特点，就是所需原材料相同，生产工艺相同或相近，因此都可以采用分类法计算产品成本。在实际工作中，在类内各产品之间分配各项费用的方法多采用系数法和定额比例法进行核算。

（二）定额法

定额法是以产品的定额成本为基础，加、减脱离定额的差异、材料成本差异和定额变动差异来计算产品实际成本的方法。

定额法不是成本计算的基本方法，它与企业生产类型没有直接联系，而是为了加强成本管理，进行成本控制而采用的一种成本计算与管理相结合的方法。

定额法主要适用于定额管理制度比较健全，定额管理基础工作比较好，产品生产已经定型，各项消耗定额比较准确、稳定的企业。

## 三、产品成本计算方法的应用

在实际工作中，很少有企业只采用单一的主要成本计算方法，大部分企业必须采用混合成本计算法。因为，生产工艺过程的复杂性、生产组织特点和产品生产的多样性，对成本计算工作提出的问题，不是单一的成本计算方法就能解决得了的，它要求多种成本计算方法相结合。

（一）可以同时使用不同成本计算方法

在同一企业中，由于管理要求不同，可以采用不同的成本计算方法。在工业企业中，生产车间可分为基本生产车间和辅助生产车间。基本生产车间的产品主要是对外销售，因此要求成本核算准确，可按照产品的生产类型选择适当的成本方法。例如，某机器制造厂生产某种设备，属于大量大批多步骤生产，可采用分步法计算产品成本，而该企业中的机修车间是辅助生产车间，虽然某些产品也属于多步骤生产，但为了简化核算则可以采用品种法计算产品成本。

（二）可以结合使用几种成本计算方法

同一产品不同的成本计算步骤，可以采用不同的成本计算方法，反映出同一产品结合使用几种成本计算方法的特征。例如，某些单件小批生产企业，可采用分批法计算产成品成本，但从产成品所经过的步骤来看，在不同的阶段有可能需要反映各阶段半成品的成本，则要采用分步法计算成本。

同一产品的不同成本项目的核算，可以采用不同的成本计算方法。例如，某些原材料成本占产品总成本的比重较大的产品，可以对"直接材料"成本项目采用逐步结转分步法结转成本，对于"直接人工"与"制造费用"等比重较小的成本项目，可以按比例分配近似计算。

总之，在实际工作中，应当根据企业不同的生产特点和管理要求，考虑企业的规模和管理水平等具体条件，从实际出发，对各种成本计算法加以灵活运用，才能做好成本核算工作。

## 项目总结

成本核算是企业成本管理的核心工作，企业应严格遵循成本核算规范，做好成本核算的基础工作，正确设置成本核算账户，正确组织成本核算；根据企业的生产特点及成本管理要求确定成本计算对象，选择相适应的成本计算方法。企业可以根据具体情况，从实际出发，灵活运用三种基本方法，结合使用两种辅助方法，切实做好成本核算工作。

## 知识拓展

### 成本核算体系的建立和完善

成本会计工作组织包括设置成本会计机构，配备成本会计人员，制定科学合理的成本会计制度，设置成本核算账户等。一般来说，企业应根据本单位生产经营的特点、生产的组织方式、企业成本管理的要求，来组织成本会计工作。只有科学地组织成本会计工作，建立和完善成本核算体系，才能充分发挥成本会计的职能，圆满完成成本会计的工作任务，正确及时提供成本核算资料和会计信息，促进企业经营管理，提高经济效益。

【案例资料】

宏达机械厂是一家生产重型机械设备的大型企业，大学生王玲会计专业毕业后应聘到该单位财务部从事成本会计核算工作。首先，财务科张科长让王玲到各分厂、车间实习了三个月，其目的是让王玲充分了解企业的产品生产工艺流程、生产的组织方式、生产管理情况等。王玲通过了解，得知该企业基本情况如下。

1. 宏达机械厂产品情况

该厂主要生产重型机械设备，这些设备主要用于大型的工程建设及施工。

2. 车间设置情况

该厂设有6个基本生产车间，分别生产重型的机械零部件及进行零部件的组装；另外，还设有3个辅助生产车间供水车间、供电车间、机修车间，分别为基本生产车间、企业管理部门和其他部门提供服务和劳务。

3. 企业成本核算现状

该厂现有会计人员20人，其中成本会计人员6人，该企业规模较大，但为了集中控制成本及成本分析的需要，企业目前实行的是厂部一级核算体制。

实习结束后，财务科张科长让王玲根据调查了解到的企业的生产经营特点、成本核算情况和其他情况，提出了下列问题。

（1）根据本厂具体情况，应该采用什么样的核算体制更合适？

（2）车间和厂部应设置哪些成本会计岗位？

（3）车间和厂部应设置哪些成本费用核算的总账和明细账？

（4）成本费用应按什么程序进行归集和分配？

（5）对企业现行的成本核算模式可以提出哪些进一步改进的建议？

【要求】请回答上列问题并说明理由。

【分析参考】

（1）由于宏达机械厂规模大、车间多，为了加强成本核算和管理，应该采用两级成本核算管理体制。这样，可以有效地组织成本核算工作，可以提高成本核算的工作效率。如果采用一级成本核算体制，虽然可以使成本管理工作高度集中于厂部，但不利于提高各个车间降低成本的积极性，也不利于提高成本核算工作的效率。

（2）厂部应设置的成本核算岗位应包括材料成本核算岗位、工资成本核算岗位、费用预算岗位、产品成本核算等岗位。其中，材料核算岗位负责材料费用的归集和分配，对各个车间领用材料的领料凭证如领料单等进行审核，然后将其分配给各车间部门负担，同时应与材料供应部门密切合作，做好材料的采购发放等工作。工资成本核算岗位主要负责职工工资的计算，并按工资费用发生的地点与用途分配给不同的车间和部门。这些工资费用主要是由厂部计算并支付的，而对于实行经济责任制情况下各车间负责分配的，如奖金等，则应由各车间部门自行核算；费用核算岗位主要负责核算管理费用、营业费用和各车间发生的制造费用等。这些费用较多，内容也复杂，其日常的审核任务较重。产品成本核算岗位主要负责成本的计算，包括各种费用的归集、分配，完工产品成本和在产品成本的计算等。产品成本核算在成本会计中是最重要的，应选择专业综合素质较高的人担任。另外，每个车间应设置成本核算员，负责归集本车间所发生的一些费用，并进行分配，并于月末时将车间有关的成本费用账簿资料转交给厂部成本核算的会计人员。

（3）应设置的有关成本、费用账户为：

① "生产成本——基本生产成本"总账和明细账；

② "生产成本——辅助生产成本"总账和明细账；

③ "制造费用"总账和明细账；

④ "管理费用"总账和明细账；

⑤ "营业费用"总账和明细账；

⑥ "财务费用"总账和明细账。

（4）成本核算的基本程序为：

① 归集与分配各要素费用；

② 归集与分配辅助生产车间的制造费用；

③ 归集与分配辅助生产费用；

④ 归集与分配基本生产车间的制造费用；

⑤ 计算完工产品及月末在产品成本，结转完工产品成本。

(5) 提出的建议：

① 企业成本核算方法没有随着企业产品的调整而进行相应的改变，存在有些不相适应的地方。如企业制造费用的分配方法，只采用了单一的工时比例分配法，而没有考虑其他的因素以提供更加准确的成本信息。

② 企业成本会计人员没有深入了解企业的生产情况，没有去生产车间、仓库等成本发生地亲自查看。如果成本会计人员不能很好地了解企业的生产情况，就不能很好地进行成本管理，也达不到最佳的效果。因此，建议财务部门应组织成本会计人员实地考察企业的生产过程，向企业的生产技术人员了解企业的生产技术和工艺流程。

# 项目三 工业企业要素费用的核算

## 项目导言

工业企业要素费用核算主要是核算企业生产中直接或间接计入产品成本的费用。直接计入成本的费用其发生只与一种受益对象（成本计算对象）相关，这时可以根据费用发生的原始凭证，将其直接记入该成本计算对象的相关成本项目。间接计入成本的费用可能与多个受益对象（成本计算对象）相关，这时应采用一定的方法分配计入。工业企业要素主要包括材料费用、人工费用和其他费用。

## 项目目标

1. 知识目标：掌握各工业企业要素费用的核算内容及归集、分配方法。
2. 能力目标：能运用不同分配标准对工业企业要素费用进行分配；能编制分配要素费用的会计分录。
3. 拓展目标：成本、费用核算差错对企业损益及纳税的影响。

## 任务一 材料费用的核算

### 子任务一 材料费用的归集

【情景资料3-1】 光明制造厂某月初库存原材料的计划成本为45 000元，实际成本为43 550元。本月收入材料的计划成本为83 500元，实际成本为81 095元。本月发出材料的计划成本为65 000元。假设该厂设有一个基本生产车间，大量生产A、B两种产品。另有供水、供电两个辅助车间，为基本生产和其他部门提供服务。

要求：
(1) 计算本月发出材料的实际成本；
(2) 编制耗用材料汇总表。

## 一、材料费用的组成

材料费用是指在生产过程中为制造产品而发生的,用于构成产品实体或有助于产品形成的各种材料耗费,其中包括原材料、辅助材料、外购半成品、燃料、动力、包装物、低值易耗品及其他材料费用等。

## 二、材料费用的归集方法

进行材料费用的核算,首先要正确核算发出材料的成本,发出材料成本的核算一般有以下两种方法。

### 1. 按实际成本计价

在按实际成本计价的情况下,发出材料的实际成本就是在采购(或自制)过程中发生的实际成本计价。例如,耗用原材料的实际成本就是材料的采购成本;耗用自制材料的成本就是材料的成本加上加工费用。按实际成本计价的方法,通常适用于材料品种较少、每月收料次数不多的企业,主要计算方法有先进先出法、加权平均法、移动加权平均法、个别计价法等。

### 2. 按计划成本计价

在按计划成本计价的情况下,发出材料先按企业预先确定的计划单位成本计价,月末计算材料的成本差异,将发出材料的计划成本调整为实际成本。

首先,月终应计算成本差异率。其计算公式如下:

$$材料成本差异率=\frac{月初结存材料成本差异额+本月收入材料成本差异额}{月初结存材料计划成本+本月收入材料计划成本}$$

其次,根据材料成本差异率和发出材料计划成本可计算出材料的成本差异和实际成本,计算公式分别如下:

$$发出材料应分配的成本差异额=发出材料计划成本×材料成本差异率$$

$$发出材料实际成本=发出材料计划成本±发出材料应分配的成本差异额$$

按计划成本计价的方法,一般适用于材料品种规格繁多、收发料频繁、材料计划成本比较准确和稳定的企业。

在材料费用中,材料和燃料费用数额是根据全部领料凭证(如有退料,应根据退料单抵减领料数)汇总编制"耗用材料(发出材料)汇总表"来归集的;外购动力费用数额是根据有关付款凭证等来归集的。对归集的材料费用应按照领料部门、领料用途,分别由不同对象来负担:凡属于制造产品耗用的直接材料费用,应直接记入"生产成本——基本生产成本"账户;凡属于辅助生产车间为进行产品或劳务生产而耗用的直接材料费用,应直接记入"生产成本——辅助生产成本"账户;凡属于几种产品共同耗用的直接材料费用,因领用时无法确定每种产品耗用的数量,应按照一定标准在各种产品之间进行分配,记入"生产成本——基本生产成本"或"生产成本——辅助生产成本"账户。对于车间、管理部门及其他部门为组织和管理生产领用的材料,不能作为直接材料费用,而应按照费用的发生地点和用途进行归集和分配,分别记入"制造费用"和"管理费用"等账户。

## 任务实施

根据【情境资料3-1】,实施任务如下。

(1)计算本月发出原材料的实际成本

月初结存材料成本差异额=43 550-45 000=-1 450(元)(节约差)

本月收入料料成本差异额=81 095-83 500=-2 405(元)(节约差)

本月材料成本差异率额=(-1 450-2 405)÷(45 000+83 500)×100%=-3%

本月发出材料成本差异额=65 000×(-3%)=-1 950(元)(节约差)

本月发出材料实际成本=65 000-1 950=63 050(元)

(2)编制耗用材料汇总表

为了汇总反映发出材料的成本差异,可将发料凭证汇总表中的材料成本按计划成本和成本差异分列,并据此计算发出材料的实际成本,如表3-1所示。

表3-1 光明制造厂耗用材料汇总表

单位:元

| 用料对象 | 原料及主要材料(差异率-3%) | | | 辅助材料(差异率+2%) | | |
|---|---|---|---|---|---|---|
| | 计划成本 | 差异额 | 实际成本 | 计划成本 | 差异额 | 实际成本 |
| 基本生产车间 | | | | | | |
| A产品 | 20 000 | -600 | 19 400 | | | |
| B产品 | 10 000 | -300 | 9 700 | | | |
| AB产品 | 35 000 | -1 050 | 33 950 | | | |
| 车间管理部门 | | | | | | |
| 机物料消耗 | | | | 2 000 | +40 | 2 040 |
| 维护 | | | | 1 500 | +30 | 1 530 |
| 辅助生产车间 | | | | | | |
| 供水车间 | | | | 7 500 | +150 | 7 650 |
| 供电车间 | | | | 7 600 | +152 | 7 752 |
| 行政管理部门 | | | | | | |
| 修理 | | | | 3 500 | +70 | 3 570 |
| 合计 | 65 000 | -1 950 | 63 050 | 22 100 | +442 | 22 542 |

发出材料费用的归集应根据领料单、限额领料单或领料登记簿等发料凭证进行。企业应根据领用材料的具体情况,选择恰当的领料凭证。

月末,应将各种领料凭证按车间、部门进行汇总,即可计算出各车间、部门消耗材料的数量和金额,通过编制"材料费用分配表"进行材料费用分配的核算。

## 子任务二 材料费用的分配

【情景资料3-2】

1. 承接【情景资料3-1】,光明制造厂2017年8月生产A、B两种产品,本月投入A、B两种产品分别为600台、200台,共同耗用材料费用33 950元,其中A产品单位消耗定额为40千克,B产品单位消耗定额为49.75千克。

要求:

(1) 请根据定额耗用量比例分配法计算A、B产品应负担的材料费用;

(2) 请根据上述业务编制记账凭证。

2. 承接【情景资料3-2】中的资料1,采用定额费用比例分配法分配A、B两种产品应分配的材料费。其中A产品消耗定额为20千克,B产品单位消耗定额为24.875千克,材料计划单价为2元。

要求:根据定额费用比例分配法计算A、B产品应负担的材料费用。

3. 承接上例,要求根据产品产量比例分配法计算A、B产品应负担的材料费用。

4. 企业生产A、B、C、D、E五种产品,五种产品丁材料的消耗定额分别为24元、27元、30元、36元和39元;本月五种产品共同耗用丁材料为448 875元,实际产量分别为1 000件、2 500件、5 000件、3 000件和2 000件。该厂以C产品为标准产品。

要求:采用系数分配法,编制本月丁材料费用分配表。

材料费用的分配是按照材料用途把费用计入成本计算对象中。产品生产直接耗用的材料费用应尽可能计入有关产品的成本,以便充分反映产品制造成本的真实水平。凡是几种产品共同耗用的材料,无法确定每种产品的耗用量时,则按一定标准在各种产品之间进行分配,再记入各有关产品的"直接材料"成本项目。

### 1. 定额耗用量比例分配法

某种产品材料定额耗用量=单位产品材料定额耗用量×该种产品实际产量

$$直接材料分配率=\frac{各种产品共同耗用的直接材料费用}{各种产品材料定额耗用量之和}$$

某种产品应分配的直接材料费用=该种产品材料定额耗用量×直接材料分配率

## 2. 定额费用比例分配法

某种产品材料定额费用=该种产品实际产量×单位产品定额耗用量×材料计划单位成本

$$直接材料分配率=\frac{各种产品共同耗用的直接材料费用}{各种产品材料定额费用之和}$$

该种产品应分配的实际材料费用=该种产品材料定额费用×材料分配率

## 3. 产品产量比例分配法

$$直接材料分配率=\frac{各种产品共同耗用的直接材料费用}{各种产品产量之和}$$

该产品应负担的材料费用=该种产品产量×材料费用分配率

## 4. 系数分配法（标准产量比例分配法）

系数分配法是将各种产品的实际产量按照预定的折合系数折算为标准产量，以标准总产量（总系数）为分配标准来分配直接材料费用的方法。这种方法的分配标准为标准总产量，因此也称为标准产量比例分配法。该方法简便实用，采用这种方法进行费用分配的计算步骤如下所述。

（1）选择标准产品。企业通常既可以选择正常生产、大量生产的产品作为标准产品，也可以选择系列产品的中间产品作为标准产品。标准产品的系数可以定为1。

（2）计算各种产品的系数。系数是各种产品与标准产品的比例关系。企业可以根据产品的定额耗用量、定额费用、售价及产品的体积、面积、长度和重量等来计算各种产品的系数，计算公式为：

$$某产品的系数=\frac{该产品定额耗用量（或定额费用、体积等）}{标准产品定额耗用量（或定额费用、体积等）}$$

（3）计算总系数（标准总产量）。费用分配标准是各种产品的总系数而不是系数。总系数即各种产品换算成标准产品的产量，计算公式为：

某产品总系数（标准产量）=该产品的实际产量×该产品的系数

（4）计算费用分配率。费用分配率即单位标准产品应分配费用，计算公式为：

$$费用分配率=\frac{各种产品共同耗用的直接材料费用}{各种产品总系数之和（标准总产量）}$$

（5）计算各种产品应分配的费用，计算公式为：

某产品应分配费用=该产品的标准产量×费用分配率

## 任务实施

根据【情景资料3-2】，实施任务如下。

### 1. 根据定额耗用量比例分配法计算A、B产品应负担的材料费用，并编制会计分录

根据【情景资料3-2】中的资料1，按定额耗用量比例分配法可以编制两种产品应负担的材料费用"直接材料费用分配表"，如表3-2所示。

表3-2　直接材料费用分配表

编制单位：光明制造厂　　　　　　2017年8月

| 产品名称 | 投产数量/台 | 单位消耗定额/千克 | 定额消耗量/千克 | 材料分配率 | 应分配费用/元 |
|---|---|---|---|---|---|
| A产品 | 600 | 40 | 24 000 | | 24 000 |
| B产品 | 200 | 49.75 | 9 950 | | 9 950 |
| 合计 | | | 33 950 | 1.00 | 33 950 |

计算过程如下：

A产品定额耗用总量=实际产量×单位耗用总量= 600×40=24 000（千克）
B产品定额耗用总量=实际产量×单位耗用总量= 200×49.75=9 950（千克）
材料分配率=应分配的费用总和÷各种产品定额耗用总量=33 950÷（24 000+9 950）
　　　　　　　　　　　　　　　　　=1.00（元/千克）
A产品应分配的费用=该产品定额耗用量×材料分配率=24 000×1.00=24 000（元）
B产品应分配的费用=该产品定额耗用量×材料分配率=9 950×1.00=9 950（元）
编制光明制造厂材料费用分配表，如表3-3所示。

表3-3　材料费用分配表

编制单位：光明制造厂　　　　　　2017年8月

| 应借项目 | | 成本或费用项目 | 直接计入/元 | 分配计入 | | | 材料费用合计/元 |
|---|---|---|---|---|---|---|---|
| | | | | 定额耗用量/千克 | 分配率 | 分配金额/元 | |
| 基本生产成本 | A产品 | 直接材料 | 19 400 | 24 000 | | 24 000 | 43 400 |
| | B产品 | 直接材料 | 9 700 | 9 950 | | 9 950 | 19 650 |
| | 小计 | | 29 100 | 33 950 | 1.00 | 33 950 | 63 050 |
| 辅助生产成本 | 供电 | 直接材料 | 7 752 | | | | 7 752 |
| | 供水 | 直接材料 | 7 650 | | | | 7 650 |
| | 小计 | | 15 402 | | | | 15 402 |
| 制造费用 | | 机物料消耗 | 2 040 | | | | 2 040 |
| | | 维护费 | 1 530 | | | | 1 530 |

续表

| 应借项目 | 成本或费用项目 | 直接计入/元 | 分配计入 定额耗用量/千克 | 分配率 | 分配金额/元 | 材料费用合计/元 |
|---|---|---|---|---|---|---|
| 管理费用 | 修理费 | 3 570 | | | | 3 570 |
| 合计 | | 51 642 | | | 33 950 | 85 592 |

根据上表，编制会计分录如下：

借：生产成本——基本生产成本（A产品）　　　43 400
　　　　　　——基本生产成本（B产品）　　　19 650
　　生产成本——辅助生产成本（供电）　　　　7 752
　　　　　　——辅助生产成本（供水）　　　　7 650
　　制造费用——机物料消耗　　　　　　　　　2 040
　　　　　　——维护费　　　　　　　　　　　1 530
　　管理费用——修理费　　　　　　　　　　　3 570
　　材料成本差异　　　　　　　　　　　　　　1 508
　　贷：原材料——原料及主要材料　　　　　65 000
　　　　　　　——辅助材料　　　　　　　　22 100

### 2. 按定额费用比例分配法计算A、B产品应负担的材料费用

根据【情景资料3-2】中的资料2，按定额费用比例分配法可以编制A产品应负担的材料费用"直接材料费用分配表"，如表3-4所示。

表3-4　直接材料费用分配表

编制单位：光明制造厂　　　　　　2017年8月

| 产品名称 | 产量/台 | 材料消耗定额/千克 | 材料计划单价/（元/千克） | 材料定额费用/元 | 分配率 | 应分配费用/元 |
|---|---|---|---|---|---|---|
| A产品 | 600 | 40 | 2 | 48 000 | | 24 000 |
| B产品 | 200 | 49.75 | 2 | 19 900 | | 9 950 |
| 合计 | | | | 67 900 | 0.50 | 33 950 |

### 3. 按产品产量比例分配法计算A、B产品应负担的材料费用

根据【情景资料3-2】中的资料3，按产品产量比例分配法可以编制A、B产品应负担的材料费用"直接材料费用分配表"，如表3-5所示。

表 3-5　直接材料费用分配表

编制单位：光明制造厂　　　　　　　　2017 年 8 月

| 产品名称 | 产量/台 | 分配率 | 应分配费用/元 |
| --- | --- | --- | --- |
| A 产品 | 600 |  | 25 462.5 |
| B 产品 | 200 |  | 8 487.5 |
| 合计 | 800 | 42.4375 | 33 950 |

### 4. 按系数分配法计算 A、B 产品应负担的材料费用

根据【情景资料 3-2】中的资料 4，按系数分配法可以编制丁材料费用分配表，如表 3-6 所示。

表 3-6　丁材料费用分配表

编制单位：××企业　　　　　　　　2017 年 10 月

| 产品名称 | 耗用定额/元 | 系数 | 实际产量/件 | 总系数（标准产量）/件 | 分配率 | 分配金额/元 |
| --- | --- | --- | --- | --- | --- | --- |
| A 产品 | 24 | 0.8 | 1 000 | 800 |  | 25 200 |
| B 产品 | 27 | 0.9 | 2 500 | 2 250 |  | 70 875 |
| C 产品 | 30 | 1.0 | 5 000 | 5 000 |  | 157 500 |
| D 产品 | 36 | 1.2 | 3 000 | 3 600 |  | 113 400 |
| E 产品 | 39 | 1.3 | 2 000 | 2 600 |  | 81 900 |
| 合计 |  |  |  | 14 250 | 31.5 | 448 875 |

对于不同产品共同耗用直接材料费用的分配，应选择合理的分配标准，在生产的几种产品之间进行分配。分配标准的选择要尽可能与材料费用的发生有密切关系，做到多耗用多分配、少耗用少分配。可供选择的分配标准很多，如材料定额用量、材料定额成本、产品重量、产品体积、标准产量等。企业应根据耗用材料的情况选择合适的标准进行分配。

## 子任务三　外购动力费用的核算

【情景资料 3-3】

1. 某企业生产 A、B 两种产品，共同耗用外购电力 100 000 度，每度电的价格为 1.25 元，A、B 两种产品实际机器工时分别为 30 000 小时和 20 000 小时，外购动力费用分配，如表 3-7 所示。

假设生产 A、B 两种产品的机器功率总时数分别为 50 000 千瓦小时和 30 000 千瓦小时。

要求：

（1）按机器工时比例分配法计算共同耗用的外购电力费用；

（2）按机器功率时数比例分配法计算共同耗用的外购电力费用。

2. 某企业 2017 年 10 月有关仪器仪表记录外购动力的数量、单价和产品生产工时，如表 3-7 所示。

要求：

（1）编制该企业外购动力费用分配表；

（2）根据外购动力费用分配表编制会计分录。

表 3-7 外购动力费用分配表

编制单位：××企业　　　　　　　　2017 年 10 月

| 应借账户 | | 成本或费用项目 | 部门间分配 | | 产品间分配 | | 动力费用合计/元 |
|---|---|---|---|---|---|---|---|
| | | | 耗用量/度 | 分配金额（单价 1.25 元） | 生产工时/小时 | 分配金额/元（分配率：） | |
| 基本生产成本 | A 产品 | 燃料动力 | | | | | |
| | B 产品 | 燃料动力 | | | | | |
| | 小计 | | 100 000 | | | | |
| 辅助生产成本 | 机修 | 燃料动力 | 4 500 | | | | |
| | 锅炉 | 燃料动力 | 5 500 | | | | |
| | 小计 | | 10 000 | | | | |
| 制造费用 | 基本车间 | 其他 | 4 000 | | | | |
| | 机修车间 | 其他 | 3 000 | | | | |
| | 锅炉车间 | 其他 | 2 000 | | | | |
| | 小计 | | 9 000 | | | | |
| 管理费用 | | 其他 | 18 800 | | | | |
| 合计 | | | 137 800 | | | | |

### 1. 外购动力费用的归集

外购动力费用是指企业向外单位购买电力、蒸气、煤气等动力所支付的费用，外购动力在付款时，理论上应按动力的用途，直接借记有关的成本、费用账户，贷记"银行存款"账户。但在实际工作中，一般借记"应付账款"账户，贷记"银行存款"账户，月末按照外购动力的用途和数量分配费用时，再借记各成本、费用账户，贷记"应付账款"账户。

### 2. 外购动力费用的分配

外购动力费用应按车间、部门和用途进行分配。动力耗用量可根据计量仪器、仪表确定，并按动力费用单价分配费用。在各动力使用车间、部门都安装动力计量仪器、仪表的情况下,各使用部门应负担的动力费用,可直接根据仪器、仪表记录的耗用量和动力费用单价,按动力费用的用途分别归集和分配。

在各动力使用车间、部门没有安装动力计量仪器、仪表的情况下,可按生产工时的比例、机器功率时数(机器功率×机器时数)的比例或定额耗用量的比例进行分配。具体分配方法如下所述。

(1)机器工时比例分配法。这种方法是将外购的动力费用,按照各车间、部门或各种产品所耗用的机器工时比例为标准进行分配。其计算公式为:

$$外购动力费用分配率=\frac{待分配的外购动力费用总额}{各种产品的机器工时之和}$$

某种产品应分配的外购动力费用=该种产品的机器工时×外购动力费用分配率

(2)机器功率时数比例分配法。这种方法是将外购的动力费用,按照各种产品所耗用的机器功率时数比例为标准进行分配。其计算公式为:

$$外购动力分配率=\frac{待分配的外购动力费用总额}{各种产品的机器功率时数之和}$$

某种产品应分配的外购动力费用=该种产品的机器功率时数×外购动力费用分配率

### 3. 外购动力费用的财务处理

直接用于产品生产和辅助生产,设有"燃料及动力"成本项目的动力费用,应借记"基本生产成本""辅助生产成本"总账科目,并登记在所属产品成本明细账"燃料及动力"成本项目;用于基本生产和辅助生产,但未专设成本项目的动力费用及用于行政管理部门的动力费用,应分别借记"制造费用""管理费用"等总账科目,并登记在其所属明细账的有关项目。

## 任务实施

根据【情景资料3-3】,实施任务如下。

### 1. 按机器工时比例分配法和机器功率时数比例分配法计算A、B产品所耗用的外购电力费用

1)根据【情景资料3-3】中的资料1,按机器工时比例分配法计算共同耗用的外购电力费用。分配结果如下:

外购动力费用分配率=(100 000×1.25)÷(30 000+20 000)=2.5(元/小时)

A产品应分配的外购电力费用=30 000×2.5=75 000(元)

B产品应分配的外购电力费用=20 000×2.5=50 000(元)

(2)根据【情景资料3-3】中的资料1,按机器功率时数比例分配法计算共同耗用的

外购电力费用。分配结果如下:

外购动力费用分配率=(100 000×1.25)÷(50 000+30 000)=1.5625(元/千瓦时)

A 产品应分配的外购电力费用=50 000×1.5625=78 125(元)

B 产品应分配的外购电力费用=30 000×1.5625=46 875(元)

**2. 编制企业外购动力费用分配表及会计分录**

(1)根据【情景资料 3-3】中的资料 2,编制该企业外购动力费用分配表,如表 3-8 所示。

表 3-8 外购动力费用分配表

编制单位:××企业　　　　　　　　2017 年 10 月

| 应借账户 | 成本或费用项目 | 部门间分配 ||  产品间分配 || 动力费用合计/元 |
|---|---|---|---|---|---|---|
|  |  | 耗用量/度 | 分配金额(单价1.25元) | 生产工时/小时 | 分配金额/元(分配率2.5) |  |
| 基本生产成本 | A 产品<br>B 产品<br>小计 | 燃料动力<br>燃料动力<br><br>100 000 | <br><br>125 000 | 30 000<br>20 000<br>50 000 | 75 000<br>50 000<br>125 000 | 75 000<br>50 000<br>125 000 |
| 辅助生产成本 | 机修<br>锅炉<br>小计 | 燃料动力<br>燃料动力 | 4 500<br>5 500<br>10 000 | 5 625<br>6 875<br>12 500 |  |  | 5 625<br>6 875<br>12 500 |
| 制造费用 | 基本车间<br>机修车间<br>锅炉车间<br>小计 | 其他<br>其他<br>其他 | 4 000<br>3 000<br>2 000<br>9 000 | 5 000<br>3 750<br>2 500<br>11 250 |  |  | 5 000<br>3 750<br>2 500<br>11 250 |
| 管理费用 | 其他 | 18 800 | 23 500 |  |  | 23 500 |
| 合计 |  | 137 800 | 172 250 |  |  | 172 250 |

(2)根据表 3-8,编制会计分录如下:

借:生产成本——基本生产成本(A 产品)　　　75 000
　　　　　　——基本生产成本(B 产品)　　　50 000
　　生产成本——辅助生产成本(机修)　　　　5 625
　　　　　　——辅助生产成本(锅炉)　　　　6 875
　　制造费用——基本车间　　　　　　　　　5 000
　　　　　　——机修车间　　　　　　　　　3 750
　　　　　　——锅炉车间　　　　　　　　　2 500
　　管理费用　　　　　　　　　　　　　　　23 500
　　贷:应付账款　　　　　　　　　　　　　172 250

外购动力费用一般不是在每月末支付,而是在每月下旬的某日支付。如6月21日支付的电费是5月21日到6月20日期间所耗用的,而6月的实际电力消耗只有到6月末才能计算分配,两者金额往往不一致。为贯彻权责发生制,实际工作中一般先借记"应付账款"账户,贷记"银行存款"账户,月末根据当月实际使用的耗用数量再分配动力费用,大大简化了核算工作。所发生的外购动力费用应采用合适的分配方法在受益对象之间进行分配。

## 任务二　人工费用的核算

### 子任务一　人工费用的计算

【情景资料3-4】

1. 某企业某工人的月工资标准为840元。8月份31天,事假4天,病假2天,另外,星期休假10天,实际出勤15天。根据该工人的工龄,其病假工资按工资标准的90%计算。该工人病假和事假期间没有节假日。计算该工人本月应得工资。

要求:

(1) 采用月薪制,日工资率分别按30天和21.75天计算;

(2) 采用日薪制,日工资率分别按30天和21.75天计算。

2. 假设某企业员工李平月标准工资600元,6月份8天双休,事假4天(其中含2天双休日),病假1天,实际出勤19天,其病假工资扣款率为10%。计算李平本月应得工资。

要求:

(1) 采用月薪制,日工资率分别按30天和21.75天计算;

(2) 采用日薪制,日工资率分别按30天和21.75天计算。

3. 小李本月加工完成A零件120个,其中合格品100个,料废10个,工废10个,该零件的计件单价为5.8元。计算小李本月应得的计件工资。

4. 小赵本月生产甲、乙零件分别为240个和350个,每个零件的定额分别为15分钟和30分钟,小赵的小时工资率为5元。计算小赵本月计件工资。

5. 某生产小组本月加工完成C部件100件,该部件计件单价为38元。该生产小组由甲、乙、丙三个不同等级的工人组成,每人的小时工资率分别为4元、6元和10元,甲、乙、丙三人的工时分别为250小时、200小时、160小时。计算甲、乙、丙三人本月的计件工资。

### 一、人工费用核算的内容和原始记录

(一) 人工费用核算的内容

人工费用即职工薪酬是指企业为获得职工提供的服务而给予其各种形式的报酬及其

他相关支出，包括职工在职期间和离职后提供给职工的全部货币性薪酬和非货币性福利。企业提供给职工配偶、子女或其他被赡养人的福利等，也属于职工薪酬。其中，职工既包括与企业订立劳动合同的所有人员，如全职、兼职和临时职工，也包括虽未与企业订立正式劳动合同但由企业正式任命的人员，如董事会成员、监事会成员或内部审计委员会成员等。在企业的计划和控制下，虽未与企业订立正式劳动合同且未经企业正式任命，但为企业提供与职工类似服务的人员，如劳务用工人员，也视同企业职工。

### （二）人工费用核算的原始记录

企业应给每位职工设置"工资卡"，内含职工姓名、职务、工资等级、工资标准等资料。职工工资的原始记录，主要有"考勤记录"和"产量记录"两项。

#### 1. 考勤记录

考勤记录是登记职工出勤和缺勤情况的记录，为计时工资的计算提供依据。主要形式有考勤簿、考勤卡片（考勤钟打卡）、考勤磁卡（刷卡）等。

#### 2. 产量记录

产量记录是登记工人或生产小组在出勤时间内完成产品的数量、质量和耗用工时的原始记录，是计件工资计算的依据，同时也是统计产量和工时的依据，主要形式有派工单、加工路线单、产量通知单等。

## 二、人工费用的计算方法

### （一）计时工资的计算

计时工资是根据考勤记录的实际出勤日数和职工的工资标准计算的。企业计算职工的计时工资有月薪制和日薪制两种计算方法。

#### 1. 月薪制

月薪制也称月工资制，按月工资制计算应付计时工资时，其计算公式为：

$$应付计时工资 = 月标准工资 - 缺勤应扣工资$$

月工资标准，由国家按照不同行业、不同职务、不同工种和不同等级做出不同的规定。

上式中：缺勤应扣工资 =（缺勤天数 + 病假天数 × 扣款比例）× 日工资率

在月薪制下，职工只要当月出全勤，不论月大月小，都可以得到相同的月标准工资。如果全年全勤，则能得到12个月的全勤月工资。如有缺勤，缺勤工资应从全勤月工资中扣除。故这种方法又叫扣减缺勤工资法。

按劳动法和国家劳动和社会保障部《关于职工全年月平均工作时间和工资折算问题的通知》的规定，法定的公休日为104天/年，法定节假日为11天，据此，职工全年月平均制度工作天数和工资折算办法分别如下：

制度工作时间的计算：

年工作日：365 天-104 天（休息日）-11 天（法定节假日）=250（天）

季工作日：250 天÷4 季=62.5（天/季）

月工作日：250 天÷12 月=20.83（天/月）

工作小时数的计算：以月、季、年的工作日乘以每日的 8 小时。

日工资、小时工资的折算：按照《劳动法》第五十一条的规定，法定节假日用人单位应当依法支付工资，即折算日工资、小时工资时不剔除国家规定的 11 天法定节假日。据此，日工资、小时工资的折算为：

日工资：月工资收入÷月计薪天数

小时工资：月工资收入÷（月计薪天数×8 小时）

月计薪天数=（365 天-104 天）÷12 月=21.75 天

上述缺勤应扣工资公式中的日工资率有以下两种计算方法。

（1）按每月平均日历数 30 天计算，其计算公式为：

$$日工资率=\frac{月标准工资}{30 天}$$

上式中，每月平均日历天数为：

$$\frac{全年365 天}{12}=30.416\,666……≈30（天）$$

采用这种方法计算日工资率时，双休日和节假日照付工资（缺勤期间的双休日也算缺勤，照扣工资）。

（2）按每月平均法月计薪天数 21.75 天计算，其计算公式为：

$$日工资率=\frac{月标准工资}{21.75 天}$$

采用这种方法计算日工资率时，双休日不付工资（缺勤期间的双休日不算缺勤，不扣工资）。

### 2. 日薪制

日薪制也称日工资制，按日工资制计算应付计时工资时，其计算公式为：

应付计时工资=（月计薪天数+病假天数×发款比例）×日工资率

在日工资制下，各月的全勤月工资，不一定等于月标准工资。工资数额的多少，由当月的实际出勤天数决定。例如，二月份只有 28 天，该月全勤月工资必然低于其他月份的全勤工资。但一年 12 个月的全勤月工资之和，仍然等于 12 个月的标准工资之和。

按以上两种方法计算的应付计时工资，从某个月份来看，其结果不一定相等。但从整个年度来看，其计算结果大体上是一致的。因此，两种计算方法可任选一种，但在同一年内不得变换使用。

按月工资制计算计时工资，其优点是：绝大多数职工缺勤天数少，只扣减缺勤工资，计算简单、工作量小。其不足之处表现在以下两个方面：一是遇到计薪天数大于 21.75 天或日历天数大于 30 天时，又会出现倒欠工资的现象，这显然不符合按劳分配的原则；二是全勤职工每月实际出勤天数不同，相应的产量也不相同，但每月却以相同的月工资标准计入成本费用，这不符合权责发生制的要求，会使成本或费用负担不合理。

按日工资制计算计时工资，虽然计算较麻烦、工作量大，但其优点也比较明显：一是计时工资的多少取决于出勤天数，多劳多得、少劳少得，符合按劳分配的原则；二是职工实际出勤天数多，产品产量也多，计入成本或费用的工资费用也多，符合权责发生制的要求，成本或费用分配也较为合理。

（二）计件工资的计算

计件工资是按产量记录中登记的完成合格品的数量和规定的计件单价所计算的工资。计件工资包括：①在超额累进计件、无限计件、限额计件和超定额计件等工资制度下，按照定额和计件单价支付给职工的工资；②按工作任务包干方法支付给职工的工资；③按营业额提成或利润提成方法支付给职工的工资。由于集体生产或连续操作，是不能够按个人计算工作量的，可以按参加工作的集体（一般为班组）计算、支付集体计件工资。集体计件工资还应在集体成员内部按照每一职工劳动的数量和质量进行分配。

1. 按个人计件制计算

如果职工在月份内从事同一计件单价的工作，则应付计件工资可按下列公式进行计算：

应付计件工资=（某种产品合格品产量+该种产品料废产量）×该种产品的计件单价

上式中，计件单价是根据制造某产品或加工某零件所需定额工时数，乘以制造该产品或加工该零件所需某种等级工人的小时工资率计算求得的。

如果一个工人在月份内从事不同计件单价的多种产品的加工，则应付计件工资可按下列公式进行计算：

应付计件工资=Σ（某种产品合格产量+该种产品料废产量）×该种产品的计件单价

料废品：非工人本人过失造成的不合格产品，应计算并支付工资。

工废品：由于本人过失造成的不合格产品，不计算、支付工资。

为了简化计算，也可以将工人月份内完成的各种产品折合为定额工时数，再乘以小时工资率，即为应付的计件工资。其计算公式为：

应付计件工资=实际完成的定额工时数×小时工资率

上式中，小时工资率是指职工每小时应得的平均工资额。

2. 按集体计件制计算

实行集体计件制，应按照班组的产量和计件单价先求得班组的计件工资总额，然后在班组成员之间根据每个人的工资标准和实际工作时间进行分配。其计算公式为：

应付班组计件工资=Σ（该班组成员加工某种产品合格品产量与料废产量之和×该种产品的计件单价）

应付某工人的计件工资=该工人按工作时间计算的工资×集体计件制下工资分配率

上式中，集体计件制下工资分配率，可按下列公式计算：

$$集体计件制下工资分配率=\frac{班组计件工资总额}{班组成员计时工资额}$$

计时工资和计件工资以外的各种奖金、津贴、补贴、加班工资，以及特殊情况下支付的工资，则应按国家和企业的有关规定进行计算，不再详述。

## 任务实施

根据【情景资料3-4】中的资料，实施任务如下。

### 1. 计算该工人本月应得工资

按每月平均日历天数30天计算的日工资率=$\frac{840}{30}$=28（元/天）

按每月平均计薪天数21.75天计算的日工资率=$\frac{840}{21.75}$=38.62（元/天）

（1）月薪制：

若日工资率按30天计算，则：

本月应付计时工资=840-4×28-2×28×（1-90%）=840-112-5.6=722.4（元）

若日工资率按21.75天计算，则：

本月应付计时工资=840-4×38.62-2×38.62×10%=840-154.48-7.72=677.80（元）

（2）日薪制：

若日工资率按30天计算，则：

本月应付计时工资=28×（15+10）+2×28×90%=700+50.4=750.4（元）

若日工资率按21.75天计算，则：

本月应付计时工资=15×38.62+2×38.62×90%=579.30++69.52=648.82（元）

### 2. 根据【情景资料3-4】中的资料2，计算李平本月应得工资

按每月平均日历天数30天计算的日工资率=$\frac{600}{30}$=20（元/天）

按每月平均计薪天数21.75天计算的日工资率=$\frac{600}{21.75}$=27.59（元/天）

（1）月薪制：

若日工资率按30天计算，则：

本月应付计时工资=600-4×20-1×10%×20=518（元）

若日工资率按21.75天计算，则：

本月应付计时工资=600-2×27.59-1×10%×27.59= 600-55.18-2.76=542.06（元）

（2）日薪制：

若日工资率按30天计算，则：

本月应付计时工资=（19+6+1×90%）×20=518（元）

若日工资率按21.75天计算，则：

本月应付计时工资=（19+1×90%）×27.59=19.9×27.59=549.04（元）

**3. 根据【情景资料3-4】中的资料3，计算小李应得计件工资**

应付计件工资为=（100+10）×5.8=638（元）

**4. 根据【情景资料3-4】中的资料4，计算小赵应得计件工资**

实际完成定额工时=$\dfrac{240 \times 15 + 350 \times 30}{60}$=235（小时）

应付计件工资为=235×5=1 175（元）

**5. 根据【情景资料3-4】中的资料5，计算应付甲、乙、丙三人的计件工资**

应付班组计件工资总额=100×38=3 800（元）

集体计件制下工资分配率=$\dfrac{3 800}{250 \times 4 + 200 \times 6 + 160 \times 10}$=1.0

应付甲工人的计件工资=250×4×1.0=1 000（元）

应付乙工人的计件工资=200×6×1.0=1 200（元）

应付丙工人的计件工资=160×10×1.0=1 600（元）

---

人工费用的正确计算是人工费用核算的重要内容。由于各企业的工资制度各不相同，具体计算方法也有差异，但最基本的计时工资制和计件工资制应把握好。

## 子任务二  人工费用的归集

**【情景资料3-5】**

光明制造厂2017年8月份发生的人工费用如下。

（1）基本生产车间产品生产工人计时工资30 000元，综合奖金2 500元，津贴补贴1 500元，其他工资3 000元；车间管理人员计时工资3 600元，综合奖金300元，津贴补贴150元，其他工资250元；

（2）辅助生产车间的供电车间人员计时工资4 000元，综合奖金400元，津贴补贴300元，其他工资200元；辅助生产车间的供水车间人员计时工资2 500元，综合奖金250元，津贴补贴150元，其他工资200元；

（3）企业管理部门管理服务人员计时工资金10 000元，综合奖金1 000元，津贴补贴500元，其他工资1 500元；

（4）医务福利部门医务福利人员计时工资金1 600元，综合奖金200元，津贴补贴100元，其他工资200元。

要求：请根据上述业务归集人工费用总额。

## 一、人工费用的组成内容

人工费用即职工薪酬，具体来说主要包括以下内容。

### （一）职工工资、奖金、津贴和补贴

职工工资、奖金、津贴和补贴是指按照国家规定构成工资总额的计时工资、计件工资，支付给职工的超额劳动报酬和增收节支的劳动报酬，为了补偿职工特殊或额外的劳动消耗和因其他特殊原因支付给职工的津贴，以及为了保证职工工资水平不受物价影响支付给职工的物价补贴等。

企业按规定支付给职工的加班、加点工资，以及根据国家法律、法规和政策的规定，企业在职工生病、工伤、产假、计划生育假、婚丧假、事假、探亲假、定期休假、脱产学习、执行国家或社会特殊义务等特殊情况下，按照计时工资或计件工资标准的一定比例支付的工资，也属于职工工资范畴，应当包括在企业工资总额中。

### （二）职工福利费

职工福利费是指为企业职工提供的福利，如为补助职工食堂、生活困难补助等，新制度规定按实际发生额从成本费用中列支，在工资总额的14%的范围内控制使用。

### （三）社会保险费

社会保险费是指企业按国家规定的基准和比例，向社会保险经办机构缴纳，包括职工养老保险、职工医疗保险、职工失业保险、职工工伤保险和职工生育保险。"五险"中的养老保险、医疗保险和失业保险由企业和个人共同缴纳，工伤保险和生育保险完全由企业承担，个人不需要缴纳。一般按工资总额的一定比例计提缴纳，缴纳比例职工养老保险为28%（其中单位负担20%，个人8%），医疗保险为8%（其中单位负担6%，个人2%），失业保险为3%（其中单位负担2%，个人1%），工伤保险为2%（全由单位负担），生育保险1%（全由单位负担）。

### （四）住房公积金

住房公积金是指企业按照国家《住房公积金管理条例》规定的基准和比例，从成本和费用中提取应缴纳的金额。一般按工资总额的24%计提（其中单位负担12%，个人12%）。

企业计提的社会保险费和住房公积金，统称为"五险一金"。

### （五）工会经费和职工教育经费

工会经费和职工教育经费是为了改善职工文化生活、提高职工素质，主要用于开展工会活动和职工教育及职业技能培训，根据国家规定，按实际发生额从成本费用中列支。一般按工资总额的一定比例的范围内控制使用，工会经费的比例为2%，职工教育经费的比例为2.5%。

### （六）非货币性福利费

非货币性福利费是指企业将自产产品或外购商品发放给职工作为福利，把自己拥有的资产无偿提供给职工使用，为职工无偿提供医疗保健服务等。

### （七）辞退福利

辞退福利是指企业由于改制、分流人员、实施重组等原因，在职工劳动合同到期之前解除与职工的劳动关系而给予的补偿，或者为鼓励职工自愿接受裁员而提出的给予职工的经济补偿。

### （八）股份支付

股份支付是指企业为获取职工或其他方提供服务而授予权益工具或承担以权益工具为基础确定的负债的交易。股份支付分为以权益结算的股份支付和以现金结算的股份支付两种。职工薪酬是以现金结算的股份支付。

## 二、人工费用的归集

人工费用的归集是通过"工资结算汇总表"和"五险一金计算表"及福利费、非货币性福利实际发放或使用凭证来归集的。

"工资结算汇总表"是进行工资结算和分配的原始依据，它是根据"工资结算单"按人员类别汇总编制的，"工资结算单"是依据职工工资卡片、考勤记录、工作量（产量）记录等工资计算的原始记录编制的。"五险一金计算表"是根据工资总额的一定比例计算提取的。工会经费、职工教育经费等按实际使用凭证来归集。

## 任务实施

根据【情景资料3-5】，光明制造厂人工费用总额归集，如表3-9所示。

表 3-9  工资结算汇总表（简化格式）

编制单位：光明制造厂　　　　　　　　　2017年8月　　　　　　　　　　　单位：元

| 部　　门 | 计时工资 | 综合奖金 | 津贴补贴 | 其他工资 | 合计 |
|---|---|---|---|---|---|
| 基本生产车间 | | | | | |
| 1.产品生产工人 | 30 000 | 2 500 | 1 500 | 3 000 | 37 000 |
| 2.车间管理人员 | 3 600 | 300 | 150 | 250 | 4 300 |
| 辅助生产车间 | | | | | |
| 1.供电车间 | 4 000 | 400 | 300 | 200 | 4 900 |
| 2.供水车间 | 2 500 | 250 | 150 | 200 | 3 100 |
| 企业管理部门 | | | | | |
| 管理服务人员 | 10 000 | 1 000 | 500 | 1 500 | 13 000 |
| 医务福利部门 | | | | | |
| 医务福利人员 | 1 600 | 200 | 100 | 200 | 2 100 |
| 合　　计 | 51 700 | 4 650 | 2 700 | 5 350 | 64 400 |

为准确、高效地进行工资核算，会计部门还应根据各车间、部门的"工资结算汇总表"汇总编制整个企业的"工资结算汇总表"，以掌握整个企业的结算和支付情况，并据此进行工资的总分类核算。

### 子任务三　人工费用的分配

**【情景资料3-6】**

光明制造厂生产甲、乙两种产品，各部门的计时工资，如表3-9所示。甲、乙产品生产工时分别为10 000小时、8 500小时。

要求：

（1）按生产工时比例分配法计算人工费用；

（2）编制工资分配的会计分录；

（3）编制"五险一金计算表"，并进行账务处理。

直接进行产品生产的生产工人薪酬，应记入"基本生产成本"科目。其中生产工人的计件工资，属于直接成本计入费用，根据工资结算凭证（产量记录）直接记入某种产品成本的"直接人工"成本项目。

生产工人的计时工资及其他薪酬（辞退福利只计入当期费用）一般属于间接计入费用，但是在只生产一种产品时可直接记入该种产品成本的"直接人工"成本项目；在生产多种产品时则应按产品的生产工时比例等分配标准进行分配。按生产工时（实际或定额）比例进行分配的计算公式为（以生产工人工资为例）：

$$直接人工费用分配率=\frac{本期发生的直接工资费用}{各种产品耗用的实际工时或（定额工时）之和}$$

某种产品应分配职工薪酬＝该产品生产工时（实际或定额）×直接人工费用分配率

## 任务实施

根据【情景资料3-6】，实施任务如下。

### 1. 编制光明制造厂工资费用分配表（见表3-10）

表3-10 工资费用分配表

编制单位：光明制造厂　　　　　　　　　　2017年8月

| 应借项目 | | 成本或费用项目 | 分配计入 | | | 工资合计/元 |
|---|---|---|---|---|---|---|
| | | | 生产工时/小时 | 分配率 | 分配金额/元 | |
| 基本生产成本 | 甲产品 | 直接人工 | 10 000 | | 20 000 | 20 000 |
| | 乙产品 | 直接人工 | 8 500 | | 17 000 | 17 000 |
| | 小计 | | 18 500 | 2.0 | 37 000 | 37 000 |
| 辅助生产成本 | 供电 | | | | | 4 900 |
| | 供水 | | | | | 3 100 |
| | 小计 | | | | | 8 000 |
| 制造费用 | | 职工薪酬 | | | | 4 300 |
| 管理费用 | | 职工薪酬 | | | | 13 000 |
| 应付职工薪酬 | | 职工福利 | | | | 2 100 |
| 合计 | | | | | | 64 400 |

### 2. 根据表3-10编制工资分配的会计分录

借：生产成本——基本生产成本（甲产品）　　　　　20 000
　　　　　　　——基本生产成本（乙产品）　　　　　17 000
　　生产成本——辅助生产成本（供电）　　　　　　4 900
　　　　　　　——辅助生产成本（供水）　　　　　　3 100
　　制造费用——职工薪酬　　　　　　　　　　　　4 300
　　管理费用——职工薪酬　　　　　　　　　　　　13 000
　　应付职工薪酬——职工福利　　　　　　　　　　2 100
　　贷：应付职工薪酬——工资　　　　　　　　　　64 400

3. 根据表3-10编制"五险一金"计算表（见表3-11），并进行账务处理

表3-11 "五险一金"计算表

2017年8月　　　　　　　　　　　　　　　　　　　　　　　　　　　单位：元

| 应借项目 | | 成本或费用项目 | 工资合计 | 五险一金（43%） |
|---|---|---|---|---|
| 基本生产成本 | 甲产品 | 直接人工 | 20 000 | 8 600 |
| | 乙产品 | 直接人工 | 17 000 | 7 310 |
| | 小计 | | 37 000 | 15 910 |
| 辅助生产成本 | 供电 | | 4 900 | 2 107 |
| | 供水 | | 3 100 | 1 333 |
| | 小计 | | 8 000 | 3 440 |
| 制造费用 | | 职工薪酬 | 4 300 | 1 849 |
| 管理费用 | | 职工薪酬 | 13 000 | 5 590 |
| 应付职工薪酬 | | 职工福利 | 2 100 | 903 |
| 合　计 | | | 64 400 | 27 692 |

会计分录：

借：生产成本——基本生产成本（甲产品）　　8 600
　　　　　　——基本生产成本（乙产品）　　7 310
　　生产成本——辅助生产成本（供电）　　　2 107
　　　　　　——辅助生产成本（供水）　　　1 333
　　制造费用——职工薪酬　　　　　　　　　1 849
　　管理费用——职工薪酬　　　　　　　　　5 590
　　应付职工薪酬——职工福利　　　　　　　　903
　　贷：应付职工薪酬——五险一金　　　　27 692

根据会计期间假设和权责发生制要求，工资费用分配对象的确定，依据谁受益谁负担的原则进行分配。具体来说，为产品生产所发生的人员工资应由基本生产部门的各产品负担；为基本生产提供产品或劳务所发生的人员工资应由辅助生产部门的各产品或劳务负担；各生产部门和管理人员所发生的工资应由各生产部门的制造费用负担；企业行政管理部门所发生的工资应由管理费用负担。

## 任务三　折旧费及其他费用的核算

### 子任务一　折旧费用的核算

**【情景资料3-7】**

光明制造厂2017年8月折旧费用分配如下：基本生产车间发生折旧费用15 200元，供电车间发生折旧费用1 900元，供水车间发生折旧费用1 550元，企业行政管理部门发生折旧费用4 450元。

**要求：**

请根据资料编制会计分录。

#### 1. 折旧费用的计算

折旧是指固定资产由于损耗而转移到产品成本或费用中去的那部分价值。企业计提固定资产折旧的方法主要有平均年限法、工作量法、双倍余额递减法和年数总和法等。折旧方法一经确定，不得随意调整。

为了简化折旧的计算工作，月份内开始使用的固定资产，当月不计算折旧，从下月起计算折旧，月份内减少的固定资产，当月仍计算折旧，从下月起停止计算折旧。

此外，企业除对经营租赁方式租入的固定资产、已经提足折旧超龄使用的固定资产和单独估价入账作为固定资产的土地不再计提折旧外，应对所有的固定资产计提折旧。

#### 2. 折旧费用的归集和分配

一种产品的生产往往需要用到多种机器设备，而每种机器设备又可能生产多种产品。因此，机器设备的折旧费用虽然是直接用于产品生产的费用，但没有专门设立成本项目，而是将其直接计入制造费用。企业行政管理部门固定资产的折旧费用，用于其他经营业务的固定资产折旧费用，则应分别计入管理费用和其他业务支出。这就是说，折旧费用应该按照固定资产使用的车间、部门和用途，分别记入"制造费用""管理费用"和"其他业务成本"等总账账户和所属明细的借方，固定资产折旧总额应记入"累计折旧"账户的贷方。

由于企业每个月都要计算、分配折旧费用，因而当月的折旧额可以在上月折旧额的基础上进行加、减调整计算。即企业本月份应负担的折旧费用，可以在上月固定资产折旧额的基础上，加上上月增加的固定资产的折旧额，减去上月减少的固定资产的折旧额。

固定资产修理费与折旧费有所不同，应在"管理费用"账户中归集，归集完全后，于月末直接转入当期损益中。

## 任务实施

根据【情景资料3-7】，编制的会计分录如下：

借：制造费用——基本生产车间　　　　　　　　　15 200
　　生产成本——辅助生产成本（供电）　　　　　 1 900
　　　　　　——辅助生产成本（供水）　　　　　 1 550
　　管理费用　　　　　　　　　　　　　　　　　 4 450
　　贷：累计折旧　　　　　　　　　　　　　　　23 100

折旧费用的核算，关键是企业选用的折旧方法一经确定，就不得随意更改。月份内开始使用的固定资产，当月不计算折旧，从下月起计算折旧，月份内减少的固定资产，当月仍计算折旧，从下月起停止计算折旧。

### 子任务二　税金等费用的核算

**【情景资料3-8】**

　　光明制造厂2017年8月份各部门发生的办公费等其他费用如下：基本生产车间850元，供电车间365元，供水车间484元，企业行政管理部门3 250元。
　　**要求：** 根据资料进行费用分配，并编制会计分录。

1. 税金的核算

企业按规定计算缴纳的房产税、车船税、土地使用税和印花税，以及按规定计入的期间费用，列为管理费用。其中，印花税可以用银行存款等货币资金直接缴纳，缴纳时，应借记"管理费用"总账科目及其所属明细账"税金"项目，贷记"银行存款"科目。房产税、车船税和土地使用税，需要预先计算应交金额，然后缴纳，这些税金应该通过"应交税费"账户核算。计算出应交税金时，借记"管理费用"总账科目和所属明细账，贷记"应交税费"科目，实际缴纳时，借记"应交税费"科目，贷记"银行存款"等科目。

2. 其他费用的核算

其他费用是指除了前述各项要素费用外的各种费用，包括运输费、差旅费、邮电费、劳动保护费、租赁费、外部加工费、保险费、零星修理费、无形资产摊销、工会经费、职工教育经费、办公费、业务招待费，及支付原材料试验和研究开发费等。这些费用发生时，应根据有关付款凭证或转账凭证，先按其用途和发生地点归集记入"制造费用""管理费用""销售费用""待摊费用"等账户及其明细账户，然后分配计入产品成本或直接列入当期损益。

## 任务实施

根据【情景资料3-8】，编制会计分录如下：

借：制造费用——基本生产车间　　　　　　　　　850
　　生产成本——辅助生产车间（供电）　　　　　365
　　　　　　——辅助生产车间（供水）　　　　　484
　　管理费用　　　　　　　　　　　　　　　　3 250
　　贷：银行存款　　　　　　　　　　　　　　4 949

税金的核算要注意印花税是可以用银行存款直接缴纳的，缴纳时借记"管理费用"总账科目及其所属明细账项目，贷记"银行存款"科目。其他费用中应先按用途和发生地先归集再分配或直接列入当期损益。

## 项目总结

各种要素费用通过以上所述的分配程序，已经按照费用的用途分别记入"基本生产成本""辅助生产成本""制造费用""管理费用""财务费用"等科目的借方。其中记入"基本生产成本"科目借方的费用，已经分别记入有关产品成本明细账各成本项目。这就是说，在成本、费用核算中，已经进行了生产经营管理费用与非生产经营管理费用的划分，并进行了生产经营管理费用中生产费用与期间费用的划分。

## 知识拓展

### 原材料核算差错的纳税调整

【一】腾飞股份有限公司，是增值税一般纳税人。国泰税务师事务所于2017年1月15日受托为该企业办理2016年度的企业所得税纳税申报。企业账面反映1~12月份会计利润总额600万元。已按25%的所得税税率提取并交纳企业所得税150万元。注册税务师通过对该公司全年有关账证资料的审查，发现以下问题。

1. 本年度营业外支出账户列支金额15 600元，其中，因未按约定履行合同支付给外单位的违约金5 000元，税收滞纳金及罚款6 000元。

2. 本公司下属非独立核算的电器经营部，其收入、成本和费用由公司在"其他业务收入"和"其他业务支出"科目中统一核算。对经营部的存货核算，该公司一直采用先进先出法，由于物价持续上涨，企业从2016年1月1日起改用后进先出法。2016年1月1日存货的价值为250万元，2016年12月31日按后进先出法计算确定的存货价值为220万元。经重新计算，按先进先出法计算的2016年12月31日的存货价值应为450万元。经确认，公司该批存货生产的库存商品已全部对外销售。

【要求】根据上述资料，分析计算本年度应补交的企业所得税额。

【分析解答】

1. 根据税法有关规定，纳税人按照经济合同规定支付的违约金（包括银行存款利息）、罚款和诉讼费可以扣除，但纳税人发生的贿赂等非法支出，以及因违反法律、行政法规而交付的罚款、罚金、滞纳金不得在税前扣除，因此应调增应纳税所得额 6 000 元。

2. 按照税法和新会计准则有关规定，纳税人各项存货的发出或领用的成本计价方法，可以采用个别计价法、先进先出法、加权平均法、移动平均法、毛利率法或零售价法等。先进先出法虽然能够较好地适应存货管理、存货估价及业绩评价的要求，但在物价持续上涨的情况下会导致较高的所得税支出。因此该公司采用加权平均法核算，对因采用后进先出法而影响本期的应纳税所得额应做相应调整，说明其产品生产成本中多结转了存货成本，因此：应调增应纳税所得额=450-220=230（万元）

综上所述，2016 年度应纳税所得额=600+0.6+230=830.6（万元）

应纳所得税额=830.6×25%=207.65（万元）

应补交所得税=207.65-150=57.65（万元）

【二】中远股份有限公司，属增殖税一般纳税人。2016 年实现税前会计利润 100 万元，企业已按账面利润提取并交纳所得税 25 万元。注册税务师于 2017 年 2 月受托对该企业 2016 年度的所得税及流转税情况进行审查。

原材料有关资料如下：该企业第四季度"原材料——钢材"明细账及其"材料成本差异"明细账如表 3-12、表 3-13 所示。

表 3-12 "原材料——钢材"明细账

单位：万元、吨

| 2016 年 | 凭证 | 摘要 | 借（收入）方 |  |  | 贷（发出）方 |  |  | 余额 |  |  |
|---|---|---|---|---|---|---|---|---|---|---|---|
|  |  |  | 数量 | 单价 | 金额 | 数量 | 单价 | 金额 | 数量 | 单价 | 金额 |
| 10 月 1 日 |  | 期初结存 |  |  |  |  |  |  | 9 | 2 000 | 18 000 |
| 10 月 20 日 |  | 本月购进 | 10 | 2 000 | 20 000 |  |  |  |  |  |  |
| 10 月 31 日 |  | 本月领用 |  |  |  | 15 | 2 000 | 30 000 | 4 | 2 000 | 8 000 |
| 11 月 11 日 |  | 本月购进 | 14 | 2 000 | 28 000 |  |  |  |  |  |  |
| 10 月 30 日 |  | 本月领用 |  |  |  | 10 | 2 000 | 20 000 | 8 | 2 000 | 16 000 |
| 12 月 9 日 |  | 本月购进 | 15 | 2 000 | 30 000 |  |  |  |  |  |  |
| 12 月 31 日 |  | 本月领用 |  |  |  | 13 | 2 000 | 26 000 | 10 | 2 000 | 20 000 |

表 3-13 "材料成本差异"明细账

单位:万元

| 2016 年 | 凭证 | 摘要 | 借(收入)方 | 贷(发出)方 | 借或贷 | 余额 |
|---|---|---|---|---|---|---|
| 10 月 1 日 | | 期初结存 | | | 借 | 300 |
| 10 月 20 日 | | 本月购进 | 250 | | | |
| 10 月 31 日 | | 本月结转 | | 310 | 借 | 240 |
| 11 月 11 日 | | 本月购进 | 240 | | | |
| 11 月 30 日 | | 本月结转 | | 260 | 借 | 220 |
| 12 月 9 日 | | 本月购进 | | 360 | 贷 | 140 |
| 12 月 31 日 | | 本月结转 | 340 | | 借 | 200 |

有关情况及说明:期末无在产品和库存商品。

**【要求】** 指出存在的问题,计算本年度应补交的所得税税额。

**【分析解答】**

1. 存在问题:第四季度材料成本差异结转有误。应结转:

(1) 10 月份材料成本差异率=(300+250)÷(18 000+20 000)×100%=1.45%

10 月份应结转材料成本差异=30 000×1.45%=435(万元)

结转后,材料成本差异余额为:300+250-435=115(万元)

(2) 11 月份材料成本差异率=(115+240)÷(8 000+28 000)×100%=0.99%

11 月份应结转材料成本差异=20 000×0.99%=198(元)

结转后,材料成本差异余额为:115+240-198=157(万元)

(3) 12 月份材料成本差异率=(157-360)÷(16 000+30 000)×100%=-0.45%

12 月份应结转材料成本差异=26 000×(-0.45%)=-117(万元)

结转后,材料成本差异余额为:157-360-(-117)=-86(万元)

即贷方余额 86 万元。由于企业材料成本差异结转有误,造成差异账户余额出现借方余额 200 万元,实际少结转成本 286 万元,应调增当期损益 286 万元。

2. 综上所述,2016 年应纳税所得额=100+286=386(万元)

应纳所得税=386×25%=95.5(万元)

应补交所得税=95.5-25=71.5(万元)

# 项目四 辅助生产费用的核算

### 项目导言

辅助生产费用的核算,包括辅助生产费用的归集和分配两个方面。辅助生产费用的归集是按照辅助生产车间及产品和劳务类别进行归集的过程,也是对辅助生产产品和劳务进行成本计算的过程;辅助生产费用的归集是为辅助生产费用的分配做准备。辅助生产费用的分配,是按照一定的标准和方法,将辅助生产费用分配到各受益单位或产品中的过程。辅助生产费用分配的核算是辅助生产费用核算的关键。

工业企业的辅助生产是指主要为基本生产车间、企业行政管理部门等提供服务而进行的产品生产或劳务供应。辅助生产车间为生产产品或提供劳务而发生的原材料费用、动力费用、工资及福利费用及辅助生产车间的制造费用等,被称为辅助生产费用。为生产和提供一定种类和一定数量的产品或劳务所耗费的辅助生产费用之和,构成该种产品或劳务的辅助生产成本。

辅助生产提供的产品和劳务,主要是为基本生产车间和企业管理部门使用和服务的。但在某些辅助生产车间之间,也有相互提供产品和劳务的情况。因此,为了正确地计算辅助生产产品和劳务的成本,并将辅助生产费用正确地分配给各受益单位,在分配辅助生产费用时,需要在各辅助生产车间之间进行费用的交互分配,这是辅助生产费用分配的特点。

### 项目目标

1. 知识目标:理解辅助生产费用的含义,明确辅助生产费用的核算内容,掌握辅助生产费用分配方法核算程序。

2. 能力目标:能设置并登记辅助生产成本明细账,归集辅助生产费用;能运用直接分配法、一次交互分配法、计划成本分配法对辅助生产费用进行分配和核算,并进行账务处理。

3. 拓展目标:了解辅助生产费用分配的代数分配法。

## 任务一　辅助生产费用的归集

**【情景资料 4-1】**

假设湘中机械厂有供电和供水两个辅助生产车间，2017 年 8 月份发生如下经济业务。

1. 该企业 8 月 5 日，供电车间生产领用材料 26 400 元，供水车间生产领用材料 18 400 元，供电车间一般耗用材料 3 000 元，供水车间一般耗用材料 2 000 元。

2. 该企业 8 月 21 日，应付辅助生产车间工人工资 56 000 元。其中：供电车间生产工人工资 18 000 元，车间管理人员工资 8 000 元，供水车间生产工人工资 22 000 元，车间管理人员工资 8 000 元。

3. 该企业 8 月 22 日，提取辅助生产车间生产用固定资产折旧 36 000 元，其中供电车间折旧 20 000 元，供水车间折旧 16 000 元。

4. 该企业 8 月 31 日，通过银行转账支付设备维护费 5 000 元，其中供电车间一般耗用 2 600 元，供水车间一般耗用 2 400 元。

5. 该企业 8 月 31 日，通过银行转账支付办公用品费 3 200 元，其中供电车间办公用品费 2 000 元，供水车间办公用品费 1 200 元。

要求：

(1) 请根据上述业务编制记账凭证；

(2) 根据记账凭证登记辅助生产成本明细账；

(3) 归集本月辅助生产费用总额。

工业企业的辅助生产是指为基本生产和经营管理服务而进行的产品生产和劳务供应。不同类型的辅助生产车间，辅助生产费用的归集程序和分配方法及辅助生产成本计算的方法都不尽相同，因此，区分不同类型的辅助生产车间是正确组织辅助生产费用核算的前提。辅助生产车间按其提供劳务、作业和生产产品的种类多少，可分为单品种辅助生产车间和多品种辅助生产车间。所谓单品种辅助生产车间是指只提供一种劳务或只进行同一性质作业的辅助生产车间，如供水、供电、供气、供风等辅助生产车间；所谓多品种辅助生产车间是指生产多种产品的辅助生产车间，如机械制造厂设立的工夹模具车间生产基本生产所需要的各种工具、模具、刃具等，这些辅助生产车间生产的可入库产品其成本计算与基本生产车间产品成本计算类似。为避免重复，本书只着重介绍单品种辅助生产车间生产的已被基本生产车间或其他部门耗用的各种劳务、作业成本的归集与分配。

### 一、辅助生产费用核算内容

辅助生产车间为生产产品或提供劳务而发生的原材料费用、动力费用、薪酬及辅助生产车间的制造费用等,被称为辅助生产费用。为生产和提供一定种类与一定数量的产品或劳务所耗费的辅助生产费用之和,构成该种产品或劳务的辅助生产成本。但是,对耗用这些生产产品或劳务的基本生产产品和各车间、部门来说,这些辅助生产产品或劳务的成本又是一种费用,即辅助生产费用。辅助生产产品和劳务成本的高低,对基本生产产品成本和经营管理费用的水平有着很大的影响,只有辅助生产产品和劳务成本确定后,才能计算基本生产的产品成本和经营管理费用。因此,正确、及时地组织辅助生产费用的归集和分配,对节约费用、降低成本,以及正确、及时地计算企业的产品成本和经营管理费用都有着重要的意义。

## 二、辅助生产费用账户的设置

辅助生产费用的归集和分配,是通过设置"辅助生产成本"账户进行的。该账户同"基本生产成本"账户一样,一般按车间及产品或劳务设立明细账,账中按照成本项目或要素费用设立专栏或专行进行明细核算。辅助生产车间发生的各项费用,应记入该账户的借方进行归集,转入基本生产车间、制造费用或辅助产品成本的金额,记入贷方,期末余额在借方,表示辅助车间的在产品费用。"辅助生产成本"账户的设置应根据辅助生产车间的实际情况决定,对于只生产一种产品或劳务的辅助生产车间,如供电、供水、供气等车间,可按车间分别设置多栏式辅助生产成本账户,并按规定成本项目或费用要素设置栏目。

辅助生产费用归集的程序有两种,相应地"辅助生产成本"账户的设置方式也有两种。两者的区别在于辅助生产车间制造费用归集的程序不同。

在一般情况下,辅助生产车间的制造费用先通过"制造费用——辅助生产车间"账户进行单独归集,然后将其转入相应的"辅助生产成本"账户,从而计入辅助生产产品或劳务的成本。这种方法适用于生产规模较大、制造费用数额较多,或还对外提供产品和劳务的企业。在这种情况下,设置辅助生产成本明细账,其格式可参见表4-1、表4-2。

在辅助生产车间规模较小、产品或劳务的种类单一、制造费用数额较少,以及辅助生产产品不对外销售、不需要按照规定的成本项目计算产品成本的情况下,可以将制造费用直接记入"辅助生产成本"账户,不通过"制造费用"账户核算,辅助生产车间发生的各项费用,均记入"辅助生产成本"总账和所属的明细账,据以归集全部辅助生产费用。这时将劳务的成本项目和制造费用的费用项目结合起来,设置"辅助生产成本"明细账,其格式可参见表4-3、表4-4。

## 三、辅助生产费用归集的账务处理

在辅助生产车间的制造费用通过"制造费用"账户单独归集的企业中,发生辅助生产费用时,专设成本项目的直接计入费用应直接单独记入"辅助生产成本"科目和所属有关明细账的借方;专设成本项目的间接计入费用则需分配记入"辅助生产成本"科目和所属有关明细账的借方。辅助生产发生的制造费用,应先记入"制造费用——辅助生产成本"

账户进行归集，然后再从该账户的贷方直接转入（一种产品或劳务）"辅助生产成本"账户相应成本项目的借方。如果企业不设置专门的"制造费用（辅助生产成本）"账户，计算辅助生产成本时，可以将产品或劳务的成本项目与制造费用的费用项目结合起来，设立简化的成本或费用项目，并在辅助生产成本明细账中设立专栏或专行，归集费用和计算成本。

## 任务实施

根据【情景资料4-1】，实施任务如下。

**（1）根据业务编制记账凭证**

若辅助生产车间的制造费用通过"制造费用"账户核算，编制如下会计分录。

① 借：生产成本——辅助生产成本——供电车间　26 400
　　　　　　　　　　　　　　　　——供水车间　18 400
　　　　制造费用——供电车间　　　　　　　　　3 000
　　　　　　　　——供水车间　　　　　　　　　2 000
　　　　贷：原材料　　　　　　　　　　　　　　49 800

② 借：生产成本——辅助生产成本——供电车间　18 000
　　　　　　　　　　　　　　　　——供水车间　22 000
　　　　制造费用——供电车间　　　　　　　　　8 000
　　　　　　　　——供水车间　　　　　　　　　8 000
　　　　贷：应付职工薪酬　　　　　　　　　　　56 000

③ 借：制造费用——供电车间　　　　　　　　　20 000
　　　　　　　　——供水车间　　　　　　　　　16 000
　　　　贷：累计折旧　　　　　　　　　　　　　36 000

④ 借：制造费用——供电车间　　　　　　　　　2 600
　　　　　　　　——供水车间　　　　　　　　　2 400
　　　　贷：银行存款　　　　　　　　　　　　　5 000

⑤ 借：制造费用——供电车间　　　　　　　　　2 000
　　　　　　　　——供水车间　　　　　　　　　1 200
　　　　贷：银行存款　　　　　　　　　　　　　3 200

⑥ 借：生产成本——辅助生产成本——供电车间　35 600
　　　　　　　　　　　　　　　　——供水车间　29 600
　　　　贷：制造费用——供电车间　　　　　　　35 600
　　　　　　　　　　——供水车间　　　　　　　29 600

**（2）根据上述经济业务，登记"辅助生产成本"明细账，如表4-1和表4-2所示。**

表 4-1　辅助生产成本明细账

车间名称：供电车间　　　　　　　　　　　　　　　　　　　　　　　　　　　　　　单位：元

| 2017年 月 | 2017年 日 | 凭证号数 | 摘　要 | 直接材料 | 直接人工 | 制造费用 | 合　计 |
|---|---|---|---|---|---|---|---|
| | | 略 | 领用材料 | 26 400 | | | 26 400 |
| | | 略 | 薪酬 | | 18 000 | | 18 000 |
| | | 略 | 结转制造费用 | | | 35 600 | 35 600 |
| | | | 合计 | 26 400 | 18 000 | 35 600 | 80 000 |
| | | | | | | | |
| | | | | | | | |

表 4-2　辅助生产成本明细账

车间名称：供水车间　　　　　　　　　　　　　　　　　　　　　　　　　　　　　　单位：元

| 2017年 月 | 2017年 日 | 凭证号数 | 摘　要 | 直接材料 | 直接人工 | 制造费用 | 合　计 |
|---|---|---|---|---|---|---|---|
| | | 略 | 领用材料 | 18 400 | | | 18 400 |
| | | 略 | 薪酬 | | 22 000 | | 22 000 |
| | | 略 | 结转制造费用 | | | 29 600 | 29 600 |
| | | | 合计 | 18 400 | 22 000 | 29 600 | 70 000 |
| | | | | | | | |
| | | | | | | | |

（注：表 4-1 和表 4-2 中辅助生产费用分配数尚未登记。）

假定辅助生产车间的制造费用不通过"制造费用"账户核算，则编制的会计分录和登记辅助生产成本明细账如下。

　　借：生产成本——辅助生产成本——供电车间　　　　29 400
　　　　　　　　　　　　　　　　——供水车间　　　　20 400
　　　贷：原材料　　　　　　　　　　　　　　　　　　49 800
　　借：生产成本——辅助生产成本——供电车间　　　　26 000
　　　　　　　　　　　　　　　　——供水车间　　　　30 000
　　　贷：应付职工薪酬　　　　　　　　　　　　　　　56 000
　　借：生产成本——辅助生产成本——供电车间　　　　20 000
　　　　　　　　　　　　　　　　——供水车间　　　　16 000
　　　贷：累计折旧　　　　　　　　　　　　　　　　　36 000
　　借：生产成本——辅助生产成本——供电车间　　　　2 600
　　　　　　　　　　　　　　　　——供水车间　　　　2 400

贷：银行存款 5 000
借：生产成本——辅助生产成本——供电车间 2 000
　　　　　　　　　　　　　　　——供水车间 1 200
　　贷：银行存款 3 200

登记"辅助生产成本"明细账，如表4-3和表4-4所示。

表4-3　辅助生产成本明细账

车间名称：供电车间　　　　　　　　　　　　　　　　　　　　　　　单位：元

| 2017年 | | 凭证号数 | 摘　要 | 材料费 | 薪　酬 | 办公费 | 运输费 | 折旧费 | 其他费 | 合　计 |
|---|---|---|---|---|---|---|---|---|---|---|
| 月 | 日 | | | | | | | | | |
| | | 略 | 领用材料 | 29 400 | | | | | | 29 400 |
| | | 略 | 薪酬 | | 26 000 | | | | | 26 000 |
| | | 略 | 计提折旧 | | | | | 20 000 | | 20 000 |
| | | 略 | 付维护费 | | | | | | 2 600 | 2 600 |
| | | 略 | 付办公费 | | | 2 000 | | | | 2 000 |
| | | | 合计 | 31 000 | 26 000 | 2 000 | | 20 000 | 2 600 | 80 000 |
| | | | | | | | | | | |
| | | | | | | | | | | |

表4-4　辅助生产成本明细账

车间名称：供水车间　　　　　　　　　　　　　　　　　　　　　　　单位：元

| 2017年 | | 凭证号数 | 摘　要 | 材料费 | 薪　酬 | 办公费 | 运输费 | 折旧费 | 其他费 | 合　计 |
|---|---|---|---|---|---|---|---|---|---|---|
| 月 | 日 | | | | | | | | | |
| | | 略 | 领用材料 | 20 400 | | | | | | 20 400 |
| | | 略 | 薪酬 | | 30 000 | | | | | 30 000 |
| | | 略 | 计提折旧 | | | | | 16 000 | | 16 000 |
| | | 略 | 付维护费 | | | | | | 2 400 | 2 400 |
| | | 略 | 付办公费 | | | 1 200 | | | | 1 200 |
| | | | 合计 | 17 000 | 30 000 | 1 200 | | 16 000 | 2 400 | 70 000 |
| | | | | | | | | | | |
| | | | | | | | | | | |

**（3）归集本月辅助生产费用总额**

从上述表4-1、表4-2、表4-3、表4-4辅助生产成本明细账中的"合计"栏可以看出，湘中机械厂供电车间和供水车间8月份归集的辅助生产费用总额分别为80 000元和70 000元。

企业辅助生产费用是通过"辅助生产成本"账户进行归集的,不论采用哪一种程序归集辅助生产费用,通常于月末在各受益单位之间按照一定的标准和方法进行分配。

## 任务二　辅助生产费用的分配

【情景资料4-2】

根据【情景资料4-1】,湘中机械厂设有供电、供水两个辅助生产车间,2017年8月供电车间发生生产费用总额为80 000元,供水车间发生生产费用总额为70 000元,辅助车间提供的劳务数量如表4-5所示(假设辅助生产车间的制造费用不通过"制造费用——辅助生产车间"核算)。该厂基本生产车间生产甲、乙两种产品,辅助生产车间主要为基本生产车间和企业行政管理等部门提供劳务和服务。

要求:对该企业辅助生产费用进行分配。

表4-5　辅助生产车间发生的费用及提供的劳务量

| 车间/部门 | 供电数量/度 | 供水数量/吨 |
|---|---|---|
| 供电 |  | 8 000 |
| 供水 | 70 000 |  |
| 基本生产车间(甲产品) | 120 000 |  |
| 基本生产车间(乙产品) | 65 000 |  |
| 基本生产车间(一般耗用) | 12 000 | 30 000 |
| 管理部门 | 3 000 | 5 000 |
| 合　　计 | 270 000 | 43 000 |

辅助生产费用的分配就是将辅助生产成本明细账归集的费用按照一定的标准和方法分配给各受益对象。

辅助生产费用的分配,取决于辅助生产车间生产产品或提供劳务的性质。若辅助生产所生产的产品,如工具、模具、修理用备件等,应在产品完工时,从"辅助生产成本"账户的贷方分别转入"周转材料""原材料"等账户的借方,其他部门领用时计入相应的成本费用。对于只提供一种劳务的辅助车间或部门,如车队提供运输、供电车间提供电等,辅助生产提供劳务与受益部门耗用劳务是同时发生的,不存在产品入库问题,期末也没有在产品,因此,应将提供劳务所发生的辅助生产费用,按照受益部门的耗用量,全数分配给各受益部门,从"辅助生产成本"账户的贷方,转入"基本生产成本""制造费用""管理费用""销售费用""在建工程"等有关账户的借方,一般不得留待下月分配;如果企业有若干个辅助生产车间,而且互相提供劳务,则受益部门还应包括受益的辅助生产车间。这样辅助生产车间互相提供的劳务成本,也应采用合理的方法进行交互分配。辅助生产费用分配的方法有多种,应根据不同的情况,采用不同的方法。辅助生产费用分配的方法通常有直接分配法、一次交互分配法、计划成本分配法。

## 子任务一　直接分配法

**【情景资料 4-3】** 同【情景资料 4-2】

要求：

（1）采用直接分配法分配辅助生产费用，并编制辅助生产费用分配表；

（2）编制辅助生产费用分配的会计分录。

直接分配法是将各辅助生产成本明细账中归集的生产费用总额，不考虑辅助生产车间之间相互提供的劳务（或产品），直接分配给辅助生产部门以外的各受益产品、车间、部门的方法。直接分配法的核算程序如下所述。

（1）计算费用分配率，然后根据各对象受益的劳务数量计算应分配的辅助生产费用。计算公式如下：

$$某辅助生产费用分配率（即单位成本）=\frac{该辅助生产车间待分配费用总额}{该辅助生产车间对外提供劳务量}$$

某受益对象应负担的辅助生产费用=该受益部门耗用辅助生产劳务量×辅助生产费用分配率

（2）编制辅助生产费用分配表。

（3）编制辅助生产分配的会计分录。

借：生产成本——基本生产成本
　　制造费用
　　管理费用
　贷：生产成本——辅助生产成本

## 任务实施

根据【情景资料 4-3】，实施任务如下。

**（1）采用直接分配法分配辅助生产费用，并编制辅助生产费用分配表**

在直接分配法下，供应劳务的数量不应包括辅助生产内部相互供应劳务的数量。计算费用分配率和分配额如下：

供电车间费用分配率=80 000÷（120 000+65 000+12 000+3 000）=0.4

甲产品应分配电费=120 000×0.4=48 000（元）

乙产品应分配电费=65 000×0.4=26 000（元）

基本生产车间应分配电费=12 000×0.4=4 800（元）

行政管理部门应分配电费=3 000×0.4=1 200（元）

供水车间费用分配率=70 000÷（30 000+5 000）=2
基本生产车间应分配水费=30 000×2=60 000（元）
行政管理部门应分配水费=5 000×2=10 000（元）
编制辅助生产费用分配表，如表4-6所示。

表4-6　辅助生产费用分配表(直接分配法)

单位：元

| 项目 | | 供电车间 | | 供水车间 | | 合计 |
|---|---|---|---|---|---|---|
| | | 耗用量/度 | 分配额 | 耗用量/吨 | 分配额 | |
| 待分配辅助生产费用 | | | 80 000 | | 70 000 | 150 000 |
| 供应辅助生产以外的劳务量 | | 200 000 | | 35 000 | | |
| 分配率 | | | 0.4 | | 2 | |
| 基本生产产品 | 甲产品 | 120 000 | 48 000 | | | 48 000 |
| | 乙产品 | 65 000 | 26 000 | | | 26 000 |
| 基本生产车间一般耗用 | | 12 000 | 4 800 | 30 000 | 60 000 | 64 800 |
| 行政管理部门 | | 3 000 | 1 200 | 5 000 | 10 000 | 11 200 |
| 合计 | | 200 000 | 80 000 | 35 000 | 70 000 | 150 000 |

（2）根据分配结果，编制会计分录

借：生产成本——基本生产成本——甲产品　　48 000
　　　　　　　　　　　　　　　——乙产品　　26 000
　　制造费用　　　　　　　　　　　　　　　64 800
　　管理费用　　　　　　　　　　　　　　　11 200
　贷：生产成本——辅助生产成本——供电车间　80 000
　　　　　　　　　　　　　　　——供水车间　70 000

直接分配法，其优点是各辅助生产车间的待分配费用只对辅助生产车间以外的车间和部门分配一次，计算工作简便；其缺点是各辅助生产车间发生的费用是不完全的，因为这种计算没有包括辅助生产车间之间相互提供的劳务成本。因此，分配给各受益部门的费用是不准确的，也不便于考核辅助生产车间的耗用水平。这种方法一般适用于在辅助生产车间之间相互提供的劳务不多、不进行费用的交互分配，以及对辅助生产成本和企业产品影响不大的情况下采用。

## 子任务二　一次交互分配法

【情景资料 4-4】同【情景资料 4-2】
要求：
(1) 采用一次交互分配法分配辅助生产费用，并编制辅助生产费用分配表；
(2) 编制辅助生产费用分配的会计分录。

一次交互分配法是指辅助生产车间先进行一次相互分配，然后再将辅助生产费用分配给辅助生产车间以外的各受益产品、车间、部门的方法。采用一次交互分配法，需要进行两次分配。

### 1．对内交互分配

计算公式如下：

$$某辅助生产交互分配率=\frac{该辅助生产交互分配前发生的费用}{该辅助生产车间提供劳务总量}$$

某辅助生产车间交互分入的费用＝该辅助生产车间受益的劳务量×相应的交互分配率

某辅助生产车间交互分出的费用＝提供给其他辅助生产车间受益的劳务量×相应的交互分配率

某辅助生产车间交互分配后的费用＝该辅助生产交互分配前发生的费用＋交互分入的辅助生产费用－交互分出的辅助生产费用

### 2．对外分配

计算公式如下：

$$某辅助生产车间对外分配率=\frac{该辅助生产车间交互分配后的费用}{该辅助生产车间对外提供劳务量}$$

某受益对象应负担的辅助生产费用＝该对象受益的劳务量×相应的对外费用分配率

### 3．编制会计分录

(1) 对内交互分配的会计分录
借：生产成本——辅助生产成本——供电车间
　　　　　　　　　　　　　　——供水车间
　　贷：生产成本——辅助生产成本——供水车间
　　　　　　　　　　　　　　——供电车间

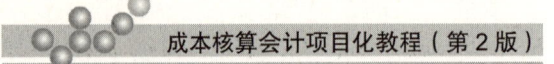

（2）对外交互分配的会计分录

借：生产成本——基本生产成本
　　　制造费用
　　　管理费用
　　贷：生产成本——辅助生产成本

## 任务实施

根据【情景资料4-4】，实施任务如下。

**（1）采用一次交互分配法分配辅助生产费用，并编制辅助生产费用分配表**

① 首先，应进行交互分配：

交互分配的供电费用分配率=80 000÷270 000=0.2963

供电车间应分配供水车间电费=70 000×0.2963=20 741（元）

交互分配的供水费用分配率=70 000÷43 000=1.6279

供水车间应分配供电车间水费=8 000×1.6279=13 023.2（元）

② 然后，再对外分配：

对外分配的待分配费用计算如下：

供电车间对外待分配费用=80 000+13 023.2-20 741=72 282.2（元）

供水车间对外待分配费用=70 000+20 741-13 023.2=77 717.8（元）

对外分配所依据的供应劳务总量计算如下：

供电车间对外供应劳务总量=120 000+65 000+12 000+3 000=200 000（度）

供水车间对外供应劳务总量=30 000+5 000=35 000（吨）

对外分配费用：

供电车间对外分配费用分配率=72 282.2÷200 000=0.3614

供水车间对外分配费用分配率=77 717.8÷35 000=2.2205

甲产品应分配供电车间电费=120 000×0.3614=43 368（元）

乙产品应分配供电车间电费=65 000×0.3614=23 491（元）

基本生产车间一般耗用应分配供电车间电费=12 000×0.3614=4 336.8（元）

行政管理部门应分配供电车间电费=72282.2-43 368-23 491-4 336.8=1 086.40（元）

基本生产车间一般耗用应分配供水车间水费=30 000×2.2205=66 615（元）

行政管理部门应分配供水车间水费=77 717.8-66 615=11 102.80（元）

编制辅助生产费用分配表，如表4-7所示。

表 4-7 辅助生产费用分配表（一次交互分配法）

单位：元

| 项 目 | 供电车间 || 供水车间 || 合 计 |
|---|---|---|---|---|---|
| | 耗用量/度 | 分配额 | 耗用量/吨 | 分配额 | |
| 发生辅助生产费用 | | 80 000 | | 70 000 | 150 000 |
| 提供的劳务总量 | 270 000 | | 43 000 | | |
| 交互分配 | | | | | |
| 交互分配率 | | 0.2963 | | 1.6279 | |
| 辅助生产　供电车间 | | | 8 000 | 13 023.2 | 13 023.2 |
| 　　　　　供水车间 | 70 000 | 20 741 | | | 20 741 |
| 对外分配 | | | | | |
| 对外分配辅助生产费用 | | 72 282.2 | | 77 717.8 | 150 000 |
| 分配率 | | 0.3614 | | 2.2205 | |
| 基本生产　甲产品 | 120 000 | 43 368 | | | 43 368 |
| 产品　　　乙产品 | 65 000 | 23 491 | | | 23 491 |
| 基本生产车间一般耗用 | 12 000 | 4 336.8 | 30 000 | 66 615 | 70 951.8 |
| 行政管理部门 | 3 000 | 1 086.4 | 5 000 | 11 102.8 | 12 189.2 |
| 对外分配合计 | 200 000 | 72 282.2 | 35 000 | 77 717.8 | 150 000 |

**（2）根据分配结果，编制会计分录**

交互分配：

借：生产成本——辅助生产成本——供电车间　　13 023.2
　　　　　　　　　　　　　　——供水车间　　20 741
　贷：生产成本——辅助生产成本——供电车间　　20 741
　　　　　　　　　　　　　　——供水车间　　13 023.2

对外分配：

借：生产成本——基本生产成本——甲产品　　43 368
　　　　　　　　　　　　　　——乙产品　　23 491
　　制造费用　　　　　　　　　　　　　　70 951.8
　　管理费用　　　　　　　　　　　　　　12 189.2
　贷：生产成本——辅助生产成本——供电车间　　72 282.2
　　　　　　　　　　　　　　——供水车间　　77 717.8

交互分配其优点是，由于辅助生产车间内部相互提供劳务全部进行了交互分配，因而提高了分配结果的正确性。其缺点是，由于各种辅助生产费用都要计算两个费用分配率，进行两次分配，因而增加了核算工作量；由于交互分配的费用分配率（单位成本）是根据交互分配前的待分配费用计算的,据此计算的分配结果不是十分精确。这种方法一般适用于各月辅助生产费用水平相差不大的情况。

## 子任务三  计划成本分配法

> 【情景资料 4-5】
> 根据【情景资料 4-2】,企业确定的辅助生产劳务的计划单位成本为:供电车间每度电的计划单位成本为 0.35 元,供水车间每吨水的计划单位成本为 2.2 元。
> 要求:
> (1) 按计划成本分配法分配辅助生产费用,并编制辅助生产费用分配表;
> (2) 编制辅助生产费用分配的会计分录。

### 1. 计划成本分配法的概念

计划成本分配法是指辅助生产车间为各受益单位（包括受益的其他辅助生产车间）提供的劳务,按照劳务的实际耗用量和劳务的计划单位成本进行分配;辅助生产车间实际发生的费用（包括辅助生产内部交互分配转入的费用）与按计划单位成本分配转出的费用之间的差额,即辅助生产劳务的成本差异,可以再分配给辅助生产车间以外的各受益单位的方法。但为了简化计算工作,一般全部调整计入管理费用。

### 2. 计划成本分配法计算公式

某受益单位应分配劳务费用=该受益对象的受益数量×单位计划成本

某辅助生产车间已分配的计划总成本=该辅助生产车间提供的劳务总数量×计划单位成本

某辅助生产车间实际总成本=该辅助生产车间直接发生的费用+其他辅助车间转入的计划成本

某辅助生产车间成本差异=该辅助车间实际总成本−该辅助车间已分配的计划总成本

## 任务实施

根据【情景资料 4-5】,实施任务如下。

**(1) 按计划成本分配法分配辅助生产费用,并编制辅助生产费用分配表**

① 计算各受益部门应负担的计划成本费用:

供电车间应负担水费=8 000×2.2=17 600（元）

供水车间应负担电费=70 000×0.35=24 500（元）

甲产品应分配供电车间电费=120 000×0.35=42 000（元）

乙产品应分配供电车间电费=65 000×0.35=22 750（元）
基本生产车间应分配供电车间电费=12 000×0.35=4 200（元）
行政管理部门应分配供电车间电费=3 000×0.35=1 050（元）
基本生产车间应分配供水车间水费=30 000×2.2=66 000（元）
行政管理部门应分配供水车间水费=5 000×2.2=11 000（元）

② 计算辅助生产车间实际发生的费用：

供电车间实际总成本=80 000+17 600=97 600（元）
供水车间实际总成本=70 000+24 500=94 500（元）

上列辅助生产的实际成本由于转入的费用 17 600 元和 24 500 元是按计划单位成本计算的，因而不是"纯粹"的实际成本，只是近似计算。

③ 辅助生产成本差异：

供电车间辅助生产成本差异=97 600-（24 500+42 000+22 750+4 200+1 050）
　　　　　　　　　　　　=3 100（元）

供水车间辅助生产成本差异=94 500-（17 600+66 000+11 000）=-100（元）

④ 编制辅助生产费用分配表，如表 4-8 所示。

表 4-8　辅助生产费用分配表(计划分配法)

单位：元

| 项目 | | 供电车间 | | 供水车间 | | 合计 |
|---|---|---|---|---|---|---|
| | | 耗用量/度 | 分配额 | 耗用量/吨 | 分配额 | |
| 发生辅助生产费用 | | | 80 000 | | 70 000 | 150 000 |
| 提供的劳务量 | | 270 000 | | 43 000 | | |
| 计划分配率 | | | 0.35 | | 2.2 | |
| 辅助生产 | 供电车间 | | | 8 000 | 17 600 | 17 600 |
| | 供水车间 | 70 000 | 24 500 | | | 24 500 |
| 基本生产产品 | 甲产品 | 120 000 | 42 000 | | | 42 000 |
| | 乙产品 | 65 000 | 22 750 | | | 22 750 |
| 基本生产车间一般耗用 | | 12 000 | 4 200 | 30 000 | 66 000 | 70 200 |
| 行政管理部门 | | 3 000 | 1 050 | 5 000 | 11 000 | 12 050 |
| 按计划成本分配合计 | | 94 500 | 35 000 | 94 600 | | 189 100 |
| 辅助生产实际成本 | | | 97 600 | | 94 500 | 192 100 |
| 辅助生产成本差异 | | | 3 100 | | -100 | 3 000 |

（2）根据上述分配结果编制会计分录

① 按计划单位成本分配电费：

借：生产成本——辅助生产成本——供水车间　　24 500
　　生产成本——基本生产成本——甲产品　　　42 000

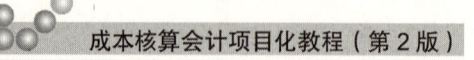

　　　　　　　　　　——乙产品　　　　　22 750
　　　制造费用　　　　　　　　　　　　4 200
　　　管理费用　　　　　　　　　　　　1 050
　　　贷：生产成本——辅助生产成本——供电车间　94 500
② 按计划单位成本分配水费：
借：生产成本——辅助生产成本——供电车间　17 600
　　　制造费用　　　　　　　　　　　　66 000
　　　管理费用　　　　　　　　　　　　11 000
　　　贷：生产成本——辅助生产成本——供水车间　94 600
③ 结转辅助生产成本差异：
借：管理费用　　　　　　　　　　　　3 000
　　　贷：生产成本——辅助生产成本——供电车间　3 100
　　　　　　　　　　　　　　　　——供水车间　100

由于此会计分录是调整分录，因而不论成本差异是超支还是节约，科目对应关系都相同。但超支用蓝字补加，节约用红字冲减。

计划成本分配法，其优点是各种辅助生产费用只分配一次，而且劳务的计划单位成本是早已确定的，不必单独计算费用分配率，因而简化了计算工作。通过辅助生产成本差异的计算，还能反映和考核辅助生产成本计划的执行情况。由于辅助生产的成本差异一般全部计入管理费用，各受益单位所负担的劳务费用都不包括辅助生产成本差异因素，因而还便于考核和分析各受益单位的成本，有利于分清企业内部各单位的经济责任。但是采用这种分配方法，辅助生产劳务的计划单位成本必须比较正确。

## 项目总结

辅助生产费用的核算，包括辅助生产费用归集的核算和辅助生产费用分配的核算。辅助生产费用的归集是为辅助生产费用的分配做准备。辅助生产费用的分配，是指按照一定的标准和方法，将辅助生产费用分配到各受益单位或产品上的过程。辅助生产费用分配的核算，是辅助生产费用核算的重点。

在实际工作中，辅助生产费用的分配是通过编制辅助生产费用分配表进行的。通常采用的分配方法有直接分配法、一次交互分配法、计划成本分配法。直接分配法是将各辅助生产车间的实际成本，只在基本生产车间和管理部门之间按其受益数量进行分配，对各辅助车间相互提供的产品或劳务则不进行分配的一种方法。一次交互分配法是指按各个辅助生产车间相互耗用劳务进行一次相互分配费用，然后再按提供的劳务数量向辅助生产车间以外的各受益单位分配费用的方法。计划成本分配法是指辅助生产车间生产的产品和劳务，按照劳务的计划单位成本和各受益单位的受益数量计算分配辅助生产费用的方法。

## 项目四 辅助生产费用的核算

### 知识拓展

#### 辅助生产费用的分配——代数分配法

【资料】 某企业设机修、供电两个辅助生产车间。两车间本月发生消耗如下。

机修车间：耗用材料 2 000 元，职工薪酬 5 000 元，用电 500 度。供电车间：耗用材料 4 000 元，职工薪酬 3 000 元，修理 100 小时。

机修车间提供劳务：基本车间 500 小时，行政部门 125 小时，供电车间 100 小时，共计 725 小时。供电车间提供电量：基本车间 12 500 度，行政部门 3 000 度，机修车间 500 度，共计 16 000 度。

【提问】 对于上述机修和供电车间的费用和劳务供应情况，如图 4-1 所示，我们应如何进行辅助生产费用的分配呢？

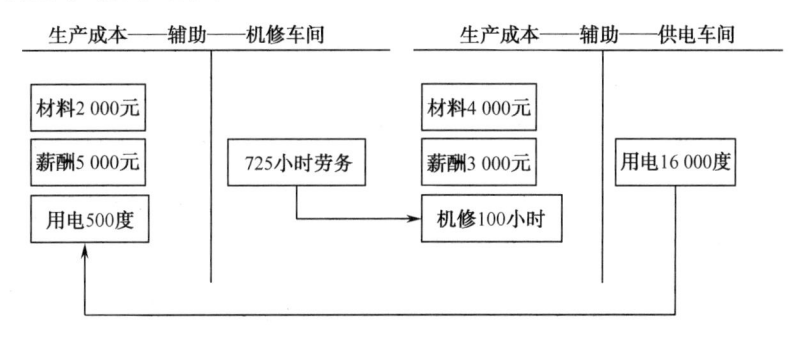

图 4-1 机修车间和供电车间费用和劳务供应图

【分析】 当企业存在两个辅助车间且它们之间存在业务往来时，就会出现两车间借方费用无法完全归集，进而无法顺利进行贷方费用分配的局面，整个分配过程陷入死循环状态。

【对策】 既然我们分配的瓶颈在于借方部分费用的缺失，那我们就"按图索骥"，把缺失的部分设为未知数，通过寻找等式关系确定方程，并进行求解。

对于上述机修和供电车间，分别设电量单价为 $X$ 元/度，机修劳务单价为 $Y$ 元/小时，根据各车间借方归集总数等于贷方转出金额的关系，画出关系图，如图 4-2 所示。

设立方程：

机修车间：$\begin{cases} 2\,000+5\,000+500X=725Y \\ 4\,000+3\,000+100Y=16\,000X \end{cases}$
供电车间：

将以上方程联立求解，就能求出两辅助车间劳务或产品的单价，再进行辅助生产费用的分配就非常容易了：

$\begin{cases} X=0.5 \\ Y=10 \end{cases}$

```
生产成本——辅助——机修车间          生产成本——辅助——供电车间

  ┌──────────┐                        ┌──────────┐
  │材料 2 000元│                        │材料 4 000元│
  ├──────────┤   ┌──────────┐          ├──────────┤   ┌──────────┐
  │薪酬 5 000元│   │725Y小时  │          │薪酬 3 000元│   │用电16 000X度│
  ├──────────┤   └──────────┘          ├──────────┤   └──────────┘
  │用电500X度 │                        │机修100Y小时│
  └──────────┘                        └──────────┘
```

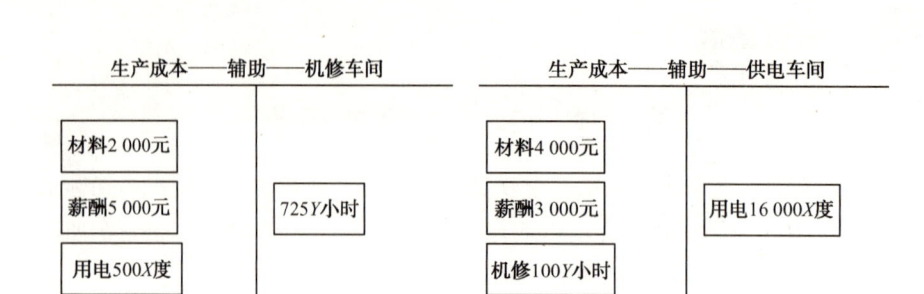

图 4-2　机修车间和供电车间借方归集总数等于贷方转出金额的关系图

这说明供电车间电量的单价为 0.5 元，机修车间劳务的单价为 10 元。根据单价确定各受益单位承担费用的情况，如表 4-9 所示。

表 4-9　辅助生产费用分配表(代数分配法)

单位：元

| 项　　目 | 供电车间 耗用量/度 | 供电车间 分配额 | 机修车间 耗用量/度 | 机修车间 分配额 | 合　　计 |
|---|---|---|---|---|---|
| 发生费用 |  | 7 000 |  | 7 000 | 15 000 |
| 分配率 |  | 0.5 |  | 10 |  |
| 机修车间 | 500 | 250 |  |  | 250 |
| 供电车间 |  |  | 100 | 1 000 | 1 000 |
| 基本生产车间 | 12 500 | 6 250 | 500 | 5 000 | 11 250 |
| 行政部门 | 3 000 | 1 500 | 125 | 1 250 | 2 750 |
| 合计 | 16 000 | 8 000 | 725 | 7 250 | 15 250 |

根据表 4-9，编制会计分录如下：

机修车间：

借：生产成本——辅助生产成本——供电车间　　1 000
　　制造费用　　　　　　　　　　　　　　　　5 000
　　管理费用　　　　　　　　　　　　　　　　1 250
　　贷：生产成本——辅助生产成本——机修车间　　7 250

供电车间：

借：制造费用　　　　　　　　　　　　　　　　6 250
　　管理费用　　　　　　　　　　　　　　　　1 500
　　生产成本——辅助生产成本——机修车间　　　250
　　贷：生产成本——辅助生产成本——供电车间　　8 000

【方法小结】 当我们面对两个辅助车间的分配问题时,往往由于车间之间的相互制约而无法进行。在此,我们借助数学上的计算技巧,把不知道而又想知道的部分设为未知数,设立方程并对其求解,以完成最终的分配工作,这就是——代数分配法。

代数分配法的优点在于核算的结果最为准确,但在辅助生产车间较多的情况下,未知数较多,计算较烦琐。因此这种方法不适合辅助生产车间较多的企业使用,而适合已实现电算化的企业使用。

# 项目五 制造费用的核算

## 项目导言

制造费用的核算主要是核算企业生产车间(部门)为生产产品和提供劳务而发生的各项间接费用,主要包括企业各个生产单位(车间、分厂)为组织和管理生产所发生的一切费用。

制造费用一般是间接计入成本,当制造费用发生时一般无法直接判定它所归属的成本计算对象,因而不能直接计入所生产的产品成本中去,而需按费用发生的地点先进行归集,月末时必须采用一定的方法在各成本计算对象间进行分配,计入各成本计算对象的成本。

## 项目目标

1. 知识目标:理解制造费用的含义,明确制造费用的核算内容。
2. 能力目标:能设置并登记制造费用明细账并归集制造费用;能运用生产工时比例分配法、机器工时比例分配法、生产工人工资比例分配法、产品产量比例分配法、年度计划分配率分配法对制造费用进行分配。
3. 拓展目标:编制制造费用明细表。

## 任务一 制造费用的归集

【情景资料5-1】

湘中机械厂2017年8月份基本生产铸造车间发生间接生产费用如下:
(1)8月5日,车间购买办公用品1 000元,用现金支付;
(2)8月15日,车间发放工人工作服、手套等劳保用品费用,计1 200元;
(3)8月31日,通过银行转账,支付车间水电费1 000元;
(4)8月31日,分配车间管理人员工资3 986元,福利费1 714元;
(5)8月31日,计提车间固定资产折旧费600元;
(6)8月31日,分配转入辅助生产机修车间费用500元。

## 项目五 制造费用的核算

> 要求：
> （1）请根据上述业务编制记账凭证；
> （2）根据记账凭证登记制造费用明细账；
> （3）归集本月制造费用总额。

### 一、制造费用核算内容

制造费用是指企业各生产单位为组织和管理生产活动而发生的各项间接费用。具体项目包括：各个生产单位管理人员的工资、职工福利费，生产单位房屋建筑物、机器设备折旧费、劳动保护费、设计制图费、季节性生产和修理期间的停工损失等。

### 二、制造费用账户的设置

企业制造费用账户的设置包括制造费用总账和制造费用明细账的设置。

#### （一）制造费用总账的设置

为了反映企业在一定时期内发生的制造费用的归集和分配情况，企业应设置"制造费用"总分类账户，该账户借方反映一定时期内发生的全部制造费用，贷方反映制造费用的分配转出数，分配结转后月末一般无余额。

#### （二）制造费用明细账的设置

企业为了有利于对各生产车间和分厂发生的制造费用进行监督和控制，应按各生产车间设置制造费用明细账，并采用多栏式账页，账页内再按制造费用项目设专栏，用以归集各费用项目的发生数额，具体格式可参见表5-1。

## 任务实施

根据【情景资料5-1】，实施任务如下。

（1）编制记账凭证

借：制造费用——铸造车间　　　　　　10 000
　　贷：库存现金　　　　　　　　　　　1 000
　　　　周转材料　　　　　　　　　　　1 200
　　　　银行存款　　　　　　　　　　　1 000
　　　　应付职工薪酬　　　　　　　　　5 700
　　　　累计折旧　　　　　　　　　　　　600
　　　　生产成本——辅助生产成本——机修车间 500

（2）根据上述记账凭证登记制造费用明细账
（3）归集本月发生的制造费用总额

从表 5-1 制造费用明细账中的"合计"栏可以看出，湘中机械厂铸造车间 8 月份归集的制造费用总额应为 10 000 元。

表 5-1　铸造车间制造费用明细账

单位：元

| 2017年 | | 凭证字号 | 摘　要 | 办公费 | 劳动保护费 | 水电费 | 工资 | 福利费 | 折旧费 | 修理费 | 合　计 |
|---|---|---|---|---|---|---|---|---|---|---|---|
| 月 | 日 | | | | | | | | | | |
| 8 | 5 | | 购买办公用品 | 1 000 | | | | | | | 1 000 |
| 8 | 15 | | 发放劳保用品 | | 1 200 | | | | | | 1 200 |
| 8 | 31 | | 支付水电费 | | | 1 000 | | | | | 1 000 |
| | 31 | | 分配工资 | | | | 3 986 | | | | 3 986 |
| | 31 | | 计提附加费 | | | | | 1 714 | | | 1 714 |
| | 31 | | 计提折旧 | | | | | | 600 | | 600 |
| | 31 | | 分配辅助生产费用 | | | | | | | 500 | 500 |
| | | | 合计 | 1 000 | 1 200 | 1 000 | 5 000 | 700 | 600 | 500 | 10 000 |
| | 31 | | 分配结转 | -1 000 | -1 200 | -1 000 | -5 000 | -700 | -600 | -500 | -10 000 |

企业制造费用是通过"制造费用"总账及明细账进行归集的，某一期间归集的制造费用总额应该为该期间"制造费用"总账和明细账的借方发生额合计数。

在每个会计期末，为了正确计算产品生产成本，必须将制造费用合理地分配到有关产品的成本中去，即应从"制造费用"账户的贷方全部分配转出，分配结转后，"制造费用"账户月末一般没有余额。分配结转时，假设该车间只生产一种产品，制造费用则可以全部计入该产品的成本；假设该车间生产的是多种产品，制造费用则应当采用适当的分配方法分别计入各种产品的成本，即分配转入"生产成本——基本生产成本"总账即明细账的"制造费用"成本项目。

## 任务二　制造费用的分配

### 子任务一　实际分配率分配法

【情景资料 5-2】

根据【情景资料 5-1】，湘中机械厂 2017 年 8 月铸造车间制造费用明细账归集的制造费用总额为 10 000 元，假设该车间生产 A、B 两种产品。现假设 A、B 两种产品的相关资料如表 5-2 所示。

表 5-2　A 产品和 B 产品相关资料

| 分配标准 | A 产品 | B 产品 |
|---|---|---|
| 生产工人工时/小时 | 2 000 | 3 000 |
| 机器生产工时/小时 | 3 000 | 7 000 |
| 生产工人工资/元 | 3 000 | 5 000 |
| 产品产量/件 | 9 000 | 11 000 |

要求：
（1）请采用生产工时比例分配法分配该车间制造费用；
（2）请采用生产工人工资比例分配法分配该车间制造费用；
（3）请采用机器工时比例分配法分配该车间制造费用；
（4）请采用产品产量比例分配法分配该车间制造费用。

1．制造费用分配标准的选择

企业由于各生产车间的制造费用水平不同，所以制造费用应该按车间分别进行分配，不得将各车间制造费用统一起来在整个企业范围内进行分配。月末，在生产多种产品的车间，制造费用应该采用既合理又简便的分配方法，分配计入各种产品的生产成本。

在分配各车间制造费用时，其分配方法的选择尤其重要，制造费用的分配方法可分为两大类方法，即实际分配率分配法和计划分配率分配法。实际分配率分配法主要有：生产工时比例分配法、机器工时比例分配法、生产工人工资比例分配法、产品产量比例分配法等。

2．实际分配率分配法

实际分配率分配法是根据当期实际发生的制造费用和实际的分配标准总量计算出本期的制造费用实际分配率，再根据各产品的实际分配标准量与实际分配率的乘积计算出各产品应承担的制造费用数额。具体计算公式如下：

$$制造费用实际分配率=\frac{实际制造费用总额}{实际分配标准总量}$$

某产品应分配的制造费用＝该产品的分配标准×制造费用实际分配率

以上分配标准可以是：产品生产工时、机器工时、生产工人工资、产品产量等分配标准。

# 任务实施

根据【情景资料 5-2】，实施任务如下。

**（1）按生产工时比例分配法分配该车间制造费用**

按生产工时比例分配法分配制造费用，如表5-3所示。

表5-3 制造费用分配表（生产工时比例分配法）

| 产品名称 | 分配标准（生产工时） | 分配率 | 分配金额/元 |
| --- | --- | --- | --- |
| A产品 | 2 000 小时 |  | 4 000 |
| B产品 | 3 000 小时 |  | 6 000 |
| 合　计 | 5 000 小时 | 2 元/小时 | 10 000 |

计算过程如下：

制造费用分配率=10 000÷5 000＝2（元/小时）

A产品应分配的制造费用=2 000×2＝4 000（元）

B产品应分配的制造费用=3 000×2＝6 000（元）

根据"制造费用分配表"编制会计分录如下：

借：生产成本——基本生产成本——A产品　　4 000

　　　　　　　　　　　　　　——B产品　　6 000

　贷：制造费用　　　　　　　　　　　　　10 000

生产工时比例分配法是分配制造费用的一种常用方法，其生产工时可以采用实际生产工时，也可以采用定额生产工时。这种分配方法可以将产品负担的制造费用与产品生产的劳动生产率结合起来，如果劳动生产率高，则单位产品耗用的生产工时少，所分配的制造费用就低，分配的结果就比较合理，因此在实际工作中用得较多。但运用这种方法必须组织好产品生产工时的核算与记录，以保证分配结果的正确性。

**（2）按机器工时比例分配法分配该车间制造费用**

按机器工时比例分配法分配该车间制造费用，如表5-4所示。

表5-4 制造费用分配表（机器工时比例法）

| 产品名称 | 分配标准（机器工时） | 分配率 | 分配金额/元 |
| --- | --- | --- | --- |
| A产品 | 3 000 小时 |  | 3 000 |
| B产品 | 7 000 小时 |  | 7 000 |
| 合　计 | 10 000 小时 | 1 元/小时 | 10 000 |

计算过程如下：

制造费用分配率=10 000÷10 000＝1（元/小时）

A产品应分配的制造费用=3 000×1＝3 000（元）

B产品应分配的制造费用=7 000×1＝7 000（元）

根据"制造费用分配表"编制会计分录如下：

借：生产成本——基本生产成本——A产品　　3 000

————B产品　　　7 000
　　贷：制造费用　　　　　　　　　　　　　10 000

机器工时比例分配法是以各种产品的机器设备工作时间为标准来分配制造费用的方法。当产品生产的机械化程度较高，即生产该产品发生的制造费用中包含的机器设备的折旧费和修理费比重较大时，采用该方法比较合理。但采用这种方法，必须正确组织各种产品所耗用机器工时的记录工作，以保证分配的正确性。

**（3）按生产工人工资比例分配法分配该车间制造费用**

按生产工人工资比例分配法分配该车间制造费用，如表5-5所示。

表5-5　制造费用分配表（生产工人工资比例法）

| 产品名称 | 分配标准（生产工人工资/元） | 分配率 | 分配金额/元 |
| --- | --- | --- | --- |
| A产品 | 3 000 | | 3 750 |
| B产品 | 5 000 | | 6 250 |
| 合　　计 | 8 000 | 1.25 | 10 000 |

计算过程如下：

制造费用分配率=10 000÷8 000 = 1.25

A产品应分配的制造费用=3 000×1.25 = 3 750（元）

B产品应分配的制造费用=5 000×1.25 = 6 250（元）

根据"制造费用分配表"编制会计分录如下：

　　借：生产成本——基本生产成本——A产品　　3 750
　　　　　　　　　　　　　　　　　　——B产品　　6 000
　　贷：制造费用　　　　　　　　　　　　　10 000

生产工人工资比例分配法是以各种产品的生产工人工资为标准来分配制造费用的方法。采用这种分配方法，生产工人工资的资料可以从工资表中直接获取，因而核算工作相对比较简单，但这种方法仅适用于各种产品生产机械化程度大致相同的情况，否则会影响制造费用分配的合理性。

**（4）按产品产量比例分配法分配该车间制造费用**

按产品产量比例分配法分配该车间制造费用，如表5-6所示。

表5-6　制造费用分配表（产品产量比例法）

| 产品名称 | 分配标准（产品产量） | 分配率 | 分配金额/元 |
| --- | --- | --- | --- |
| A产品 | 9 000 件 | | 4 500 |
| B产品 | 11 000 件 | | 5 500 |
| 合　　计 | 20 000 件 | 0.5 元/件 | 10 000 |

计算过程如下：

制造费用分配率=10 000÷20 000 = 0.5（元/件）

A产品应分配的制造费用=9 000×0.5＝4 500（元）
B产品应分配的制造费用=5 000×1.25＝5 500（元）
根据"制造费用分配表"编制会计分录如下：
借：生产成本——基本生产成本——A产品　　4 500
　　　　　　　　　　　　　　——B产品　　5 500
　　贷：制造费用　　　　　　　　　　　　　　10 000

产品产量比例分配法是以各种产品的产品产量为标准来分配制造费用的方法。采用这种分配方法核算也相对简单，但应注意产品产量数据的正确性，该方法主要适用于各单位产品在生产过程中发生的制造费用比较接近的情况。

制造费用的实际分配率分配法的运用，最关键在于应选择既简单又合理的分配标准。一个生产车间或企业到底选择何种分配方法、选择哪种分配标准，必须根据企业的生产特点、制造费用的组成内容及其比重，以及企业成本管理的要求来确定。制造费用的分配标准一旦确定，不应随意变更。

## 子任务二　计划分配率分配法

【情景资料5-3】
　　红星公司为一季节性茶叶加工企业，该厂第一车间生产甲、乙、丙三种产品，2017年制造费用预算总额为392 000元；三种产品计划产量分别为4 000件、5 000件、6 000件，单位产品定额工时分别为30小时、50小时、20小时。本年8月份实际生产甲产品400件，乙产品500件，丙产品700件，实际发生制造费用32 000元。并且假设该企业到年末，全年按年度计划分配率分配的制造费用累计金额为400 000元，其中甲、乙、丙产品分别为110 000元、140 000元、150 000元，而全年实际发生的制造费用为396 000元，即全年制造费用累计多分配了4 000元，即制造费用年末出现了累计贷方余额4 000元。
　　要求：
　　(1) 采用年度计划分配率分配法分配该企业8月份制造费用；
　　(2) 对该企业年末"制造费用"账户累计余额进行调整。

### 1. 计划分配率分配法的含义

计划分配率分配法是按年度之前确定的全年适用的计划分配率来分配制造费用的方法，因此称为年度计划分配率分配法。其中年度计划分配率是根据企业正常生产经营条件下各分厂或各车间制造费用年度预算总额和年度计划产量的定额分配标准量计算出来的。采用这种方法，无论每个月实际发生的制造费用是多少，每月各产品成本中的制造费用都按年度计划分配率进行分配。年度计划分配率因分配标准的选择不同而有所区别，但一经确定，年度内一般不随意变动。但实际发生的制造费用与预算或实际产量与计划产量差距太大，应及时调整制造费用年度计划分配率。

### 2. 计算公式

$$制造费用年度分配率=\frac{该生产车间年度制造费用预算总额}{该生产车间年度计划产量下的定额分配标准总量}$$

其中，年度计划产量下的定额分配标准总量可以是计划产量下的生产工人工时总数，也可以是机器工时总数，还可以是生产工人工资总数，企业应根据实际情况选择合适的计算标准。

$$某月某产品应分配的制造费用=\frac{该月该种产品}{实际产量下的定额标准量}\times 制造费用年度计划分配率$$

### 3. 年末"制造费用"账户余额的调整

采用年度计划分配率分配法，"制造费用"总账及明细账户平时月末一般有余额，有可能是借方余额，也可能是贷方余额，在资产负债表中的存货项目反映。借方余额则表示实际发生的制造费用大于按计划分配率分配的制造费用，贷方余额则表示实际发生的制造费用小于按计划分配率分配的制造费用。对于这些差额，平时（即1~11月份）一般不处理，逐月累计到年终（即12月份），再将所有差额采用一定的方法一次计入12月份该产品的制造费用中去。12月份制造费用的具体计入方法有两种：一是按各产品全年已经累计承担的制造费用金额比例追加分配，该方法下实际全年12个月制造费用都采用了计划分配率分配法；二是将1~11月份制造费用累计余额再加上12月份实际发生的制造费用合并到一起，然后再采用实际分配率分配法分配12月份制造费用，即1~11月份制造费用采用的是年度计划分配率分配法，而12月份采用的是实际分配率分配法。

## 任务实施

根据【情景资料5-3】，实施任务如下。

**（1）采用年度计划分配率分配法分配该企业8月份制造费用**

分配过程如下：

年度计划分配率=392 000÷（4 000×30+5 000×50+6 000×20）=0.8（元/小时）

本月甲产品应分配的制造费用=400×30×0.8=9 600（元）

本月乙产品应分配的制造费用=500×50×0.8=20 000（元）

本月丙产品应分配的制造费用=700×20×0.8=11 200（元）

则本月按年度计划分配率分配的制造费用=9 600+20 000+11 200=31 296（元）

该企业8月份实际发生的"制造费用"借方发生额为32 000元，而贷方发生额按年度计划分配率分配转出的金额为31 296元，借方余额704元为少分配数，平时不处理，体现在"制造费用"账户的累计余额中。

(2)调整该企业年末"制造费用"账户余额

调整分配率=(396 000-400 000)÷400 000=-4 000÷400 000=-0.01(元/小时)

甲产品应冲回分配的制造费用=110 000×(-0.01)=-1 100(元)

乙产品应冲回分配的制造费用=140 000×(-0.01)=-1 400(元)

丙产品应冲回分配的制造费用=150 000×(-0.01)=-1 500(元)

多分配的制造费用调整冲回时应编制红字的会计分录,即以下分录中的金额为红字。调整冲回后,"制造费用"账户余额调平。调整分录为:

借:生产成本——基本生产成本——甲产品　　1 100
　　　　　　　　　　　　　　——乙产品　　1 400
　　　　　　　　　　　　　　——丙产品　　1 500
　　贷:制造费用　　　　　　　　　　　　　4 000

如果"制造费用"账户是借方余额,则年终应进行追加调整,应编制蓝字会计分录。年末制造费用的差额分配结转完毕后,"制造费用"总账及所属明细账应无余额。

采用年度计划分配率分配法分配制造费用,平时各月份都只要按年度计划分配率分配制造费用,不仅分配计算比较简单,还有利于成本费用的日常控制。但是,年度计划分配率的确定必须接近实际,如果年度制造费用预算总额与实际差距较大,或者计划生产量与实际相差较大,都会影响成本计算的正确性,因此要求企业有较高的计划管理水平。该方法主要适用于季节性生产企业,因为在这样的企业,每月实际发生制造费用相差不多,但生产旺季和淡季产量却悬殊很大。如果按照实际费用分配,各月单位产品成本中制造费用将或高或低,波动太大不利于进行成本分析,而采用年度计划分配率分配法则可较好地避免这一问题。

## 项目总结

制造费用的核算主要包括制造费用的归集和分配两大环节。在制造费用的归集环节,要重点掌握其归集的过程,在制造费用的分配环节,要重点掌握其分配的方法,即生产工时比例分配法、机器工时比例分配法、生产工人工资比例分配法、产品产量比例分配法、年度计划分配率分配法,并在实际工作中能根据产品的生产特点而选择合适的分配方法。

## 知识拓展

### 企业职工工资均衡发放的节税技巧

我国现行个人所得税税法将个人的11项所得作为课税对象,如工资、薪金所得,个体工商户的生产、经营所得,承包经营、承租经营所得,劳务报酬所得,稿酬所得,特许权使用费所得,利息、股息、红利所得,财产租赁所得,财产转让所得,偶然所得等。这些项目分别规定了不同的费用扣除标准,使用不同的税率和不同的计税方法。工资薪金所得税涉及面广,如何根据税法的要求,选择最佳的节税方案,是广大企业和职工,尤其是工薪族最关心的事情。

因为个人所得税计税是按7级超额累进税率按月计算的,收入低税率就低,收入高税率就高,纳税也就越多。因此,要尽量避免一次性累计发放奖金和补助。不少企业内部业绩考核时,多是年终一次性兑现奖金及福利补助。这样,势必出现发放月份税收增多的现象。如果将按年考核改为按季度考核甚至按月考核,并按季度或按月兑现收入,那么,职工缴纳的税费就会下降,在企业不增加支出的情况下,职工的收入会增多。

案例5.1

甲企业为季节性生产企业,其一年只有4个月生产,其间张超每月工资为6 000元,则在4个月中,张超每月应纳税额=(6 000-3 500)×10%-105=145(元),4个月应纳税额为580元。也就是说年纳税额为580元。

若张超工资24 000元(6 000元×4)平均分摊到各月,即不生产月份照发工资,每月2 000元(24 000元÷12),则张超工资收入达不到起征点,其应纳税额为0元。

案例5.2

刘先生为国有企业职工,月工资收入3 000元(包括各类津贴和奖金),因其企业经营得好,又在3月份发给其7 000元奖励金。刘先生可在3月份一次性领取,也可分两次在3、4月份分别领取。工资、薪金所得,以每月收入额减除费用3 500元后的余额,作为应纳税所得额,税率实行的是超额累进税率,即对工薪所得实行3%~45%的7级超额累进税率,按月计征。由于收入减除3 500元后应纳税所得额,因此省于3 500元/月不纳税。而超出部分则分段使用不同的税率,收入越高部分,适用税率越高。

方案一:3月份一次性领取。3月应纳个人所得税:(3 000+7 000-3 500)×20%-555=745(元)。4月份应纳所得税额为0元,两个月共纳税745元。

方案二:分两次在3、4月份支取。那么每月应纳个人所得税:(3 500+3 000-3 500)×10%-105=195(元),两个月应纳个人所得税390元。

相比较,方案二在这两个月可节税745-390=355(元)。该例通过将收入均衡摊入各月的做法使适用税率档次降低,从而达到了减轻税负的目的。

特定行业的工资薪金所得应纳的税款,可以实行按年计算,分月预缴的方式计征。因此这些行业的纳税人可以利用这项政策使其税负合理化。其他行业纳税人遇到每月工资变化幅度较大的情况时,也可以借鉴该项政策的做法。

可见,纳税人在一定时期内收入总额既定的情况下,使分摊到各个纳税期内的收入尽量均衡,从而达到降低计税基数或使适用税率档次降低,最后实现降低税收负担的目的。

# 项目六 损失性费用的核算

## 项目导言

在生产过程中，除了常见的材料、工酬等消耗外，还有一些消耗是我们并不想遇见的，如废品、停工等情况带来的损失，为了严格成本核算，这些消耗也应计入产品成本。

损失性费用是指产品生产过程中所发生的各种损失费用，包括废品损失、停工损失、在产品盘亏毁损等。我们这里讲的损失性费用的核算，主要包括废品损失和停工损失两个方面的核算。损失性费用在不同的企业里，数额的大小是不一样的，因而其会计处理也会不一样。

## 项目目标

1. 知识目标：了解损失性费用的含义和种类；理解废品损失和停工损失的概念、内容；掌握废品损失和停工损失的核算。
2. 能力目标：废品损失和停工损失的归集、分配方法和账务处理。
3. 拓展目标：对废品损失和停工损失能根据企业的实际情况选择最恰当的方法进行归集和分配。

## 任务一 废品损失的核算

**【情景资料6-1】**

1. 假定某企业3月生产的丙产品经质检部门检验发现，有10件产品出现不同程度的质量问题，这些问题产品经过修复后可以销售，因此确认为可修复废品。修复丙产品领用材料600元，耗用工时100小时。企业人工费用分配率为5.5元/小时，制造费用分配率为2.5元/件。收复过程中收回残料价值20元，责任人赔偿150元。

要求：
(1) 归集和分配可修复废品损失；
(2) 编制可修复废品损失的会计分录。

2. 某企业一车间本月生产甲产品 328 件，验收入库时发现不可修复废品 8 件，予以报废。合格品生产工时为 4 800 小时，废品生产工时为 120 小时，全部生产工时 4 920 小时。甲产品成本明细账所记录的合格品和废品共同发生的生产费用为：直接材料 17 056 元，直接人工 12 792 元，制造费用 13 530 元，合计 43 378 元。废品残料入库作价 96 元。原材料是生产开始一次投入。直接材料费用按合格品数量和废品数量的比例分配；其他费用按生产工时比例分配。

要求：
(1) 归集和分配不可修复废品损失；
(2) 编制不可修复废品损失的会计分录。

## 一、废品与废品损失的概念

### （一）废品的含义

废品是指不符合规定的技术标准，不能按照原定用途使用，或者需要加工修理才能使用的在产品、半成品或产成品。不论是在生产过程中发现的废品，还是在入库后发现（由于生产加工过程造成）的废品，都应包括在内。

### （二）废品的种类

废品按其修复技术的可能性和修复费用的经济合理性，分为可修复废品和不可修复废品两种。可修复废品是指经过修理可以使用，而且所花费的修复费用在经济上划算的废品；经济上修复划算是指发生的修复费用低于重新制造同一产品发生的支出。不可修复废品是指在技术上不能修复或者在技术上可修复但所花费的修复费用在经济上不划算的废品。

### （三）废品损失的含义

废品损失包括在生产过程中发现的和入库后发现的不可修复废品的生产成本，以及可修复废品的修复费用，扣除回收的废品残料价值和应由过失单位或个人赔款后的损失。

要特别注意废品损失的范围：
（1）经过质量检验部门鉴定不需要返修、可以降价出售的不合格品的成本与合格品的成本相同，其降价损失，应在计算销售损益时体现，不应作为废品损失处理。
（2）产成品入库后，由于保管不善等原因而损坏变质的损失，属于管理问题上的，应作为管理费用处理；属于责任人造成的、责成其赔偿；因自然灾害等形成的，应计入营业外支出，不作为废品损失处理。
（3）实行包退、包修、包换的"三包"企业，在产品出售后发现的废品，其所发生的一切损失，也应计入管理费用，不包括在废品损失内。

质量检验部门发现废品时，应该填制废品通知单，列明废品的种类、数量、生产废品的原因和过失人等。成本会计人员应该会同检验人员对废品通知单所列废品生产的原因和过失人等项目加强审核。只有经过审核的废品通知单，才能作为废品损失核算的根据。

废品损失的核算有两种情况：一种是不单独计算废品损失，另一种是单独计算废品损失。

在不单独核算废品损失的企业中，可修复废品的修复费用，应直接计入产品成本的有关成本项目；不可修复而报废的废品只扣除产量，不结转成本；废品的残料价值可直接从基本生产成本明细账的"直接材料"成本项目中扣除。下面介绍单独核算废品损失的处理。

## 二、废品损失的归集和分配

### （一）核算账户的设置

为了单独核算废品损失，在会计账户中应增设"废品损失"账户；在成本项目中应增设"废品损失"项目。

"废品损失"账户是为了归集和分配废品损失而设立的，不可修复废品的生产成本和可修复废品的修复费用，都应在"废品损失"账户的借方进行归集。该账户应按车间设立明细账，账内按产品品种分设专户，并按成本项目分设专栏，如下所示。

废品损失

| 借方 | 贷方 |
| --- | --- |
| ① 可修复废品的修复费用<br>② 不可修复废品的生产成本 | ① 回收的废品残值<br>② 收到责任人赔款<br>③ 结转废品净损失，转入"基本生产成本"账户 |
| 结转后无余额 | |

具体账务处理为：

（1）可修复废品的修复费用，应根据各种费用分配表：

借：废品损失
　　贷：原材料
　　　　应付职工薪酬
　　　　制造费用

（2）不可修复废品的生产成本，应根据不可修复废品计算表：

借：废品损失
　　贷：生产成本——基本生产成本

（3）废品残料的回收价值和应收的赔款，应从"废品损失"科目的贷方转出。
借：原材料（或其他应收款）
　　贷：废品损失
（4）"废品损失"账户中上述借方发生额大于贷方发生额的差额，就是废品损失，分配转由本月同种产品的成本负担，在通常情况下，期末在产品不负担废品损失，废品损失全部由本期完工产品负担。
借：生产成本——基本生产成本
　　贷：废品损失
通过上述归集和分配，"废品损失"科目月末没有余额。

### （二）可修复废品损失的归集与分配

可修复废品损失是指在修复过程中所发生的各项修复费用（一般包括修复期间发生的直接材料、直接人工和应分摊的制造费用），扣除回收的残料价值和应收的各项赔款后的净损失。

可修复废品返修前发生的生产费用不是废品损失，应留在"生产成本"相关的明细账户中。根据各种分配率计算得出的返修过程中发生的生产费用，应记入"废品损失"账户的借方。如果有回收的残料价值和应收的赔偿款，则应记入"废品损失"账户贷方。废品返修费用减去残料和赔款后的废品净损失，应从"废品损失"账户的贷方转入"生产成本"账户的借方，在所属有关的产品成本明细账中记入"废品损失"成本项目。

### （三）不可修复废品损失的归集与分配

不可修复废品损失是指不可修复废品的生产成本，扣除回收的废品残料价值和应由过失单位或个人赔款后的净损失。不可修复废品的成本与同种合格产品成本是同时发生的，并已归集记入该种产品的生产成本明细账。进行不可修复废品损失的核算，先应计算截至报废时已经发生的废品生产成本，将其从该种产品总成本中分离出来；然后扣除残值和应收赔款，算出废品损失。不可修复废品的生产成本，可按废品所耗实际费用计算，也可按废品所耗定额费用计算。

**1．按废品所耗实际费用计算**

在按废品所耗实际费用计算不可修复废品的生产成本时，由于废品报废以前发生的各项费用是与合格产品一起计算的，因而要将废品报废以前与合格品计算在一起的各项费用，采用适当的分配方法，在合格品与废品之间进行分配，计算出废品的实际成本。

如果废品是在完工以后发现的，这时单位废品负担的各项生产费用应与单位合格品完全相同，可按合格品产量和废品的数量比例分配各项生产费用，计算废品的实际成本。按废品的实际费用计算和分配废品损失，虽符合实际，但核算工作量较大。

## 2. 按废品所耗定额费用计算

在按废品所耗定额费用计算不可修复废品的成本时，废品的生产成本则按废品的数量和各项费用的定额计算，不考虑废品实际发生的生产费用是多少。

按废品所耗定额费用计算废品的定额成本，由于费用定额是事先规定的，不仅计算工作比较简便，而且还可以使计入产品成本的废品损失数额不受废品实际费用水平高低的影响。也就是说，废品损失大小只受废品数量差异（差量）的影响，不受废品成本差异（价差）的影响，从而有利于废品损失和产品成本的分析和考核。但是，采用这一方法计算废品生产成本，必须具备准确的消耗定额和费用定额资料。

计算得出废品的生产成本，应从"生产成本"账户的贷方转出，转入"废品损失"账户的借方。如果有回收的残料价值和应收的赔偿款，则应记入"废品损失"账户贷方。废品生产成本减去残料和赔款后的废品净损失，应从"废品损失"账户的贷方转入"生产成本"账户的借方，在所属有关的产品成本明细账中记入"废品损失"成本项目。

## 任务实施

根据【情景资料6-1】，实施任务如下。

### 1. 归集分配可修复废品损失，并编制会计分录

（1）计算可修复废品损失

材料费用=600（元）

人工费用=100×5.5=550（元）

制造费用=100×2.5=250（元）

修复费用总额=600+550+250=1 400（元）

废品净损失=1 400-20-150=1230（元）

实际工作中归集的分配废品损失是通过编制"废品损失计算表"的形式进行的，【情景资料6-1】中废品损失的归集和分配情况如表6-1所示。

表6-1 废品损失计算表

| 项 目 | 废品数量/件 | 直接材料 分配率 | 直接材料 分配额/元 | 生产工时 /小时 | 直接人工 分配率 | 直接人工 分配额/元 | 制造费用 分配率 | 制造费用 分配额/元 | 合计 /元 |
|---|---|---|---|---|---|---|---|---|---|
| 废品成本 | 10 | | 600 | 100 | 5.5 元/小时 | 550 | 2.5 元/件 | 250 | 1 400 |
| 收回残值 | | | 20 | | | | | | 20 |
| 责任人赔偿 | | | | | | | | | 150 |
| 废品净损失 | | | | | | | | | 1 230 |

（2）根据以上废品损失计算表资料，编制可修复废品损失的会计分录：

① 归集废品返修费用：

借：废品损失——丙产品　　　　1 400
　　贷：原材料　　　　　　　　　　　600
　　　　应付职工薪酬　　　　　　　　550
　　　　制造费用　　　　　　　　　　250
② 收回残料价值：
借：原材料　　　　　　　　　　　　20
　　贷：废品损失——丙产品　　　　　20
③ 对责任人赔款的处理：
借：其他应收款　　　　　　　　　 150
　　贷：废品损失——丙产品　　　　 150
④ 结转废品损失：
借：生产成本——基本生产成本——丙产品　1 230
　　贷：废品损失——丙产品　　　　　　　　1 230

## 2. 归集分配不可修复废品损失，并编制会计分录

（1）计算不可修复废品损失：
① 计算废品实际成本应负担的材料费用：
材料费用分配率=17 056÷(320+8)=52（元/件）
废品应负担的材料费用=8×52=416（元）
② 计算废品应负担的直接人工费：
直接人工费用分配率=12 792÷(4 800+120)=2.6（元/小时）
废品应负担的直接人工费用=120×2.6=312（元）
③ 计算废品应负担的制造费用：
制造费用分配率=13 530÷(4 800+120)=2.75（元/小时）
废品应负担的制造费用=120×2.75=330（元）
计算废品实际成本：
废品实际成本=416+312+330=1 058（元）
④ 计算废品净损失：
废品损失=1 058-96=962（元）

【情景资料6-1】中废品损失的归集和分配情况如表6-2所示。

表6-2　废品损失计算表

| 项　目 | 产量/件 | 直接材料/元 | 生产工时/小时 | 直接人工/元 | 制造费用/元 | 合计/元 |
| --- | --- | --- | --- | --- | --- | --- |
| 费用总额 | 328 | 17 056 | 4 920 | 12 792 | 13 530 | 43 378 |
| 费用分配率 |  | 52 元/件 |  | 2.6 | 2.75 元/小时 |  |
| 废品成本 | 8 | 416 | 120 | 312 | 330 | 1 058 |
| 减：废品残值 |  | 96 |  |  |  | 96 |
| 废品损失 |  | 320 |  | 312 | 330 | 962 |

（2）编制不可修复废品损失的会计分录：
① 结转废品实际成本：
借：废品损失——甲产品　　　　　　　　　　1 058
　　贷：生产成本——基本生产成本——甲产品　1 058
② 结转废品残料价值：
借：原材料　　　　　　　　　　　　　　　　96
　　贷：废品损失　　　　　　　　　　　　　　96
③ 结转废品损失：
借：生产成本——基本生产成本——甲产品　　962
　　贷：废品损失——甲产品　　　　　　　　　962

废品损失可分为可修复废品损失和不可修复废品损失，两者存在很大差异。可修复废品返修前发生的生产费用不是废品损失，在修复过程中所发生的各项修复费用，扣除回收的残料价值和应收的各项赔款后的净损失才是废品损失。不可修复废品的生产成本与同种合格产品成本是同时发生的，为了归集和分配不可修复废品损失，必须首先计算废品的成本，将其从该种产品总成本中分离出来；然后扣除残值和应收赔款，算出废品损失。不可修复废品的生产成本，既可按废品所耗实际费用计算，也可按废品所耗定额费用计算。在实际工作中，为了简便，往往按照定额成本计算，有利于及时考核和分析废品损失和产品成本。

## 任务二　停工损失的核算

【情景资料6-2】
某企业第一车间由于设备大修停工7天，停工期间应支付工人工资5 840元，停工期间应负担制造费用1 500元。第二车间由于供电原因停工3天，停工期间应支付工人工资4 060元，停工期间应负担制造费用700元。经查明，第一车间设备大修为正常停工，停工损失应计入成本；第二车间停工为非正常损失，应计入营业外支出，其中供电公司同意赔偿4 000元，计入其他应收款。
要求：
（1）计算各车间停工净损失；
（2）编制归集和分配停工损失会计分录。

### 一、停工损失的概念

停工损失是指企业生产单位（分厂、车间或车间内某个班组）在停工期间发生的各项费用，包括停工期间发生的原材料费用、燃料动力费、应支付的生产工人的工资及提取的工资附加费和应负担的制造费用等。由过失人、过失单位或保险公司负担的赔款，应从停工损失中扣除。

企业发生停工的时间有长有短，停工的原因多种多样，如停电、待料、机械故障或者进行机械修理，发生非常灾害，以及计划压缩产量等。因此，对发生的停工损失，应根据不同情况做出相应的分配处理。由于自然灾害引起的停工损失，转作营业外支出；由于原材料供应不足、机器设备发生故障及计划减产等原因发生的停工损失，在规定的期限内（全厂连续停产十天以内、生产车间连续停产一个月以内）计入制造费用，再转入产品的成本；超过上述期限的转作营业外支出。

为了简化核算工作，停工不满一个工作日的，可以不计算停工损失。季节性生产的企业在停工期内发生的费用，应采用待摊、预提的方法由开工期内的生产产品承担，不作为停工损失。

## 二、停工损失的归集与分配

为了单独核算停工损失，在会计账户中应增设"停工损失"账户。

"停工损失"账户是为了归集和分配停工损失而设立的。该账户应按车间设立明细账，账内按成本项目分设专栏或专行，进行明细核算。

停工期间发生、应该计入停工损失的各种费用，都应在该科目的借方归集，根据停工报告单和相应费用分配表等有关凭证，应做如下会计分录：

借：停工损失
　　贷：原材料
　　　　应付职工薪酬
　　　　制造费用

归集在"停工损失"账户借方的停工损失，其中应取得赔偿的损失和应计入营业外支出的损失，应做如下会计分录：

借：其他应收款
　　营业外支出
　　贷：停工损失

应计入产品成本的损失，应做如下会计分录：

借：制造费用
　　贷：停工损失

不单独核算停工损失的企业，不设"停工损失"账户。停工期内发生的属于停工损失的各项费用，分别记入"制造费用"和"营业外支出"等账户。

# 任务实施

根据【情景资料6-2】，实施任务如下。

**（1）计算各车间停工净损失**

第一车间停工净损失：5 840+1 500=7 340（元）

第二车间停工净损失：4 060+700-4 000=760（元）

**（2）编制归集和分配停工损失额会计分录**

归集停工损失时：

借：停工损失——第一车间　　　　7 340
　　　　　　——第二车间　　　　4 760
　贷：应付职工薪酬　　　　　　　9 900
　　　制造费用——第一车间　　　1 500
　　　　　　——第二车间　　　　　700

分配停工损失时：

借：制造费用——第一车间　　　　7 340
　　其他应收款——供电公司　　　4 000
　　营业外支出——停工损失　　　　760
　贷：停工损失——第一车间　　　7 340
　　　　　　——第二车间　　　　4 760

停工损失的归集和分配应按车间进行，对发生的停工损失，应根据不同的情况做出相应的分配处理。

## 项目总结

在现有的生产条件下，企业发生一定的损失性费用是不可避免的，可以理解成为获得合格品而连带发生的一些费用，所以，损失性费用绝大多数构成生产性支出，并由产品成本负担。损失性费用越多，产品成本就越高，企业的经济效益就越低，因此，必须加强对损失性费用的控制，及时分析产生损失性费用的原因，并加以防范。

## 知识拓展

某电器制造公司生产一批电风扇，电风扇型号有ZA10、ZA20、ZA30 3种。其中由小王负责生产管理，由小李负责对生产费用的核算。一天，小王匆匆找到小李，说："快帮我出出主意，这次我肯定要挨罚，你是会计，能否让损失降到最小化？"原来，由小王负责生产的电风扇，在完工检测时没有一台是合格品，而且故障现象一致。经技术员反复检查，故障缘故是电风扇线路板中有一个1kΩ电阻全部被错误焊接为10kΩ电阻。公司有规定，出现废品要追究责任人的责任。作为会计小李有什么妙计可将损失降到最小呢？经过核算，电风扇生产费用资料如表6-3所示。

表 6-3　电风扇生产费用表

| 产品型号 | 直接材料/（元/件） | 职工薪酬费用/（元/件） | 制造费用/（元/件） | 产品数量/件 | 可修复废品数量/件 | 完工程度 |
|---|---|---|---|---|---|---|
| ZA10 | 80 | 30 | 10 | 300 | 300 | 100% |
| ZA20 | 120 | 38 | 22 | 800 | 800 | 100% |
| ZA30 | 200 | 50 | 30 | 500 | 500 | 100% |

经过技术人员研究，所有不合格品如果重新焊接电阻，可以修理为合格品，但修理过程需要一定的加工技术和加工工时。修理费用初步预算为：单位产品原材料费用为10元，单位产品耗用工时为1小时，小时职工薪酬费用为8元，小时制造费用为5元。

【要求】

(1) 根据以上资料分析应采取什么措施可使该电器制造公司的生产损失降到最小？

(2) 应如何计算废品损失和编制会计分录？

# 项目七 完工产品与在产品成本的计算

## 项目导言

通过将各项发生的要素费用、制造费用、损失性费用等的归集和分配，基本生产车间在生产过程中发生的各项费用，已经按成本项目集中反映在"生产成本——基本生产成本"各有关明细账中。月末，如果企业或车间没有在产品或不计算在产品成本，则这些费用就是完工产品的总成本；如果本月生产的产品全部没有完工，则这些费用就是月末在产品的成本；如果月末既有完工产品又有在产品，那么应由本月产品负担的费用（包括月初在产品成本加上本月发生的应由本月产品负担的生产费用）就应当在本月完工产品和月末在产品之间进行分配，以求得本月完工产品和在产品成本。本项目针对第三种情况，即生产费用在完工产品和在产品之间的分配方法进行具体阐述。

在实际工作中，确定完工产品成本的方法有两种：一是先计算确定月末在产品成本，然后计算出完工产品成本；二是将总成本按一定标准在完工产品和月末在产品之间进行分配，同时求得完工产品成本和在产品成本。

## 项目目标

1. 知识目标：使学生了解在产品和完工产品的含义；理解生产费用在完工产品与在产品之间分配的基本原理；掌握各种费用分配方法的特点、适用范围和计算方法等。

2. 能力目标：能分别运用不计算在产品成本法、在产品按年初数固定计算法、在产品按原材料费用计算法、在产品按完工产品成本计算法、在产品按定额成本计算法、约当产量比例法、定额比例法将生产费用在完工产品和在产品之间进行分配，并能将分配结果填入产品成本计算单；能对完工产品成本进行结转。

3. 拓展目标：了解在产品成本核算差错对企业损益及纳税的影响。

# 任务一　完工产品与在产品成本计算方法

## 子任务一　确定在产品成本计算法

### 一、不计算在产品成本法

【情景资料7-1】
　　某工厂大量生产A产品，因为A产品每月在产品数量较少，且每月变化不大。本月A产品发生的生产费用分别为：直接材料32 000元，直接人工18 000元，制造费用5 000元。A产品本月完工入库4 000件，在产品200件。
　　**要求**：采用不计算在产品成本法计算本月完工产品成本，并编制产品成本计算单。

#### （一）在产品与完工产品关系

**1. 在产品的含义**

在产品有广义和狭义之分。广义的在产品是就企业整体而言的，是指没有完成全部生产过程、不能作为商品销售的产品，包括各生产阶段正在加工中的在产品、需要继续加工的半成品、已经生产完工等待验收入库的产成品，以及正在返修和等待返修的可修复废品等。但已经验收入库、准备对外销售的自制半成品属于商品产品，已报废的不可修复废品属于原材料，不属于在产品的范围。狭义的在产品仅针对某一车间或某一生产步骤而言，是指各车间或各生产步骤正在加工中的那部分产品，完工的半成品则不包括在内。本项目所提到的在产品是指狭义的在产品。

**2. 完工产品的含义**

完工产品也有广义和狭义之分。已经完成全部生产过程并验收入库，可以作为商品销售的产品是狭义的完工产品。广义的完工产品不仅包括产成品，还包括已在某一生产步骤完工，继续交由下步骤加工或交半成品仓库的半成品。

**3. 在产品与完工产品的计算关系**

本期完工产品与期末在产品的关系，是指本期完工产品与期末在产品在划分费用方面的关系。企业通常需按月计算产品成本，本期完工产品与期末在产品一般指本月完工产品与月末在产品。其中，本月完工产品及月末在产品成本之间的关系，用公式表示为：

月初在产品成本+本月生产费用=完工产品成本+月末在产品成本

在上述四要素中，等式左边是已知的，如何来确定等式右边的金额，是本项目核算的关键问题。

### （二）不计算在产品成本法计算公式

不计算在产品成本法是指虽然月末有结存在产品，但月末在产品数量很小，价值很低，且各月在产品数量比较稳定的情况下，为简化产品成本计算工作，根据重要性原则，对月末在产品成本忽略不计，将本月各产品发生的生产耗费全部由完工产品负担。用公式表示为：

本月完工产品成本=本月生产费用

## 任务实施

根据【情景资料7-1】，按不计算在产品成本法计算本月完工产品成本，可以编制"产品成本计算单"如表7-1所示。

表7-1　产品成本计算单

产品名称：A产品　　　　　　　　2017年×月　　　　　　　　单位：元

| 摘　要 | 直接材料 | 直接人工 | 制造费用 | 合　计 |
| --- | --- | --- | --- | --- |
| 本月生产费用 | 32 000 | 18 000 | 5 000 | 55 000 |
| 完工产品成本 | 32 000 | 18 000 | 5 000 | 55 000 |
| 完工产品单位成本 | 8 | 4.5 | 1.25 | 13.75 |

采用不计算在产品成本法，本月完工产品成本等于本月生产费用，并且基本生产成本明细账的账面上没有月末在产品费用。这种方法适用于各月月末在产品数量都很小的产品，且每月月末在产品数量差异不大，是否计算在产品成本对计算完工产品成本影响不大的情况采用。

### 二、在产品按年初数固定计算法

【情景资料7-2】

某工厂生产的B产品月末在产品数量较大，且数量稳定，该产品年初在产品成本为50 000元，其中，直接材料30 000元，直接人工14 000元，制造费用6 000元。3月份发生生产费用300 000元，其中，直接材料186 000元，直接人工85 600元，制造费用28 400元，B产品本月完工6 000件。

要求：采用在产品按年初数固定计算法计算本月完工产品成本，并编制产品成本计算单。

## 项目七 完工产品与在产品成本的计算

在产品按年初数固定计算法，是对各月月末在产品成本按年初在产品成本计价的。采用这种方法，由于各月月末在产品可按年初在产品成本计价，这样各月月末在产品成本不变，月初月末在产品成本相等，某种产品当月发生的生产费用就是当月完工产品的成本。用公式表示为：

$$本月完工产品成本=本月生产费用$$

采用这种方法，每年年终时，应根据实际盘点的在产品数量重新调整计算，确定12月份在产品的实际成本，通常以此作为下一年度各月固定的在产品成本。12月份完工产品成本的计算公式为：

$$本月完工产品成本=月初（即年初）在产品成本+本月生产费用-月末盘点确认的在产品成本$$

### 任务实施

根据【情景资料 7-2】，采用期末在产品成本按年初数固定计算的方法计算本月完工产品成本，可以编制"产品成本计算单"如表7-2所示。

表7-2　产品成本计算单

产品名称：B产品　　　　　　2017年×月　　　　　　单位：元

| 摘　要 | 直接材料 | 直接人工 | 制造费用 | 合　计 |
|---|---|---|---|---|
| 月初在产品成本 | 30 000 | 14 000 | 6 000 | 50 000 |
| 本月生产费用 | 186 000 | 85 600 | 28 400 | 300 000 |
| 生产费用合计 | 216 000 | 99 600 | 34 400 | 350 000 |
| 完工产品成本 | 186 000 | 85 600 | 28 400 | 300 000 |
| 月末在产品成本 | 30 000 | 14 000 | 6 000 | 50 000 |

在产品按年初数固定计算法只在年末以实际盘存数为基础重新确定年末在产品成本，次年的1～11月份不论在产品数量是否发生变化，都以年初固定成本计算，各月月末在产品成本是固定不变的。这种方法适用于各月月末在产品数量较小，或者在产品数量虽大，但各月之间变化不大的产品。因为在这种情况下，月初、月末在产品成本的差额很小，对完工产品成本的影响不大，为了简化核算工作，各月在产品成本可按年初数固定计算。

## 三、在产品按原材料费用计算法

【情景资料 7-3】

某企业生产 C 产品,本月费用资料如表 7-3 所示,C 产品本月完工 1 600 件,月末在产品 400 件,原材料于生产开始时一次投入。

表 7-3　月初在产品成本和本月生产费用

单位:元

| 摘　要 | 直接材料 | 直接人工 | 制造费用 | 合　计 |
|---|---|---|---|---|
| 月初在产品成本 | 2 000 | | | 2 000 |
| 本月生产费用 | 10 000 | 1 000 | 1 600 | 12 600 |

要求:采用在产品按原材料费用计算法计算完工产品和在产品成本,并编制产品成本计算单。

在产品按原材料费用计算法是指每月月末只将原材料费用在完工产品与月末在产品之间进行分配,而直接人工费用、制造费用等全部由完工产品承担。采用这种方法,该产品的全部基本生产费用(包括月初在产品的原材料费用),减去按所耗原材料费用计算的在产品成本,就是该完工产品的成本。计算公式为(假定原材料在生产开始时一次投入):

$$某产品单位材料成本 = \frac{原材料费用总额}{完工产品数量 + 月末在产品数量}$$

月末在产品成本 = 月末在产品数量 × 该产品单位材料成本

本月完工产品成本 = 月初在产品成本 + 本月生产费用 − 月末在产品成本
　　　　　　　　　　(材料费用)　　　　　　　　　　　　(材料费用)

### 任务实施

根据【情景资料 7-3】,采用在产品按原材料费用计算法计算本月完工产品和在产品成本。

直接材料费用分配率 =(2 000+10 000)÷(1 600+400)= 6(元/件)

完工产品材料费用 = 1 600×6 = 9 600(元)

月末在产品总成本 = 400×6 = 2 400(元)

根据上述计算,可以编制"产品成本计算单"如表 7-4 所示。

表 7-4  产品成本计算单

产品名称：C 产品　　　　　　　　　2017 年×月　　　　　　　　　　　　单位：元

| 摘　要 | 直接材料 | 直接人工 | 制造费用 | 合　计 |
|---|---|---|---|---|
| 月初在产品成本 | 2 000 |  |  | 2 000 |
| 本月生产费用 | 10 000 | 1 000 | 1 600 | 12 600 |
| 生产费用合计 | 12 000 | 1 000 | 1 600 | 14 600 |
| 完工产品成本 | 9 600 | 1 000 | 1 600 | 12 200 |
| 月末在产品成本 | 2 400 |  |  | 2 400 |

在产品按原材料费用计算法下，月末在产品成本只计算直接材料费用，其他成本项目费用全部由完工产品负担。这种方法适用于各月在产品数量较多，各月在产品数量变化较大，且原材料费用在产品成本中所占比重较大的产品。纺织、造纸、酿酒等生产工业的产品，原材料费用比重较大，都可以采用这种方法。由于不同企业在投料方式、投料时间上的不一致，因此计算月末在产品所消耗的材料费用的方法也不同，可以比照约当产量比例法进行处理。

### 四、在产品按完工产品成本计算法

【情景资料 7-4】

某工厂生产 D 产品，本月完工 400 件，月末在产品 100 件，在产品接近完工。生产费用资料如表 7-5 所示。

表 7-5  月初在产品成本和本月生产费用

单位：元

| 摘　要 | 直接材料 | 直接人工 | 制造费用 | 合　计 |
|---|---|---|---|---|
| 月初在产品成本 | 45 000 | 28 000 | 7 000 | 80 000 |
| 本月生产费用 | 78 000 | 38 000 | 12 000 | 128 000 |

要求：采用在产品按完工产品成本计算法计算完工产品和在产品成本，并编制产品成本计算单。

在产品按完工产品成本计算法，是指将月末在产品视同完工产品，根据月末在产品数量与本月完工产品数量比例来分配生产费用。

## 任务实施

根据【情景资料 7-4】，采用期末在产品按完工产品成本计算的方法计算本月完工产品成本，可以编制"产品成本计算单"如表7-6所示。

表7-6  产品成本计算单

产品名称：D产品　　　　　　　　　　2017年×月　　　　　　　　　　　　单位：元

| 摘　要 | 直接材料 | 直接人工 | 制造费用 | 合　计 |
| --- | --- | --- | --- | --- |
| 月初在产品成本 | 45 000 | 28 000 | 7 000 | 80 000 |
| 本月生产费用 | 78 000 | 38 000 | 12 000 | 128 000 |
| 生产费用合计 | 123 000 | 66 000 | 19 000 | 208 000 |
| 完工产品数量/件 | 400 | 400 | 400 | |
| 月末在产品数量/件 | 100 | 100 | 100 | |
| 生产量合计/件 | 500 | 500 | 500 | |
| 单位成本 | 246 | 132 | 38 | 416 |
| 完工产品成本 | 98 400 | 52 800 | 15 200 | 166 400 |
| 月末在产品成本 | 24 600 | 13 200 | 3 800 | 41 600 |

在产品按完工产品成本计算法下，一件在产品与一件完工产品承担同样的生产费用。这种方法适用于在产品接近完工或在产品已经完工但尚未验收入库的产品。因为这种情况下的在产品成本已经接近完工产品成本，为了简化产品成本计算工作，在产品可以视同完工产品。

### 五、在产品按定额成本计算法

【情景资料7-5】

某工厂生产E产品，原材料于生产开始时一次投入，本月完工产品600件，月末在产品200件，单件E产品的原材料消耗定额为20千克，材料的计划单价为16元/千克，单位在产品的工时定额为4小时，人工费用定额为9元/小时，制造费用定额为2.3元/小时。生产费用资料如表7-7所示。

表7-7  月初在产品成本和本月生产费用

单位：元

| 项　目 | 直接材料 | 直接人工 | 制造费用 | 合　计 |
| --- | --- | --- | --- | --- |
| 月初在产品成本 | 60 000 | 8 000 | 2 000 | 70 000 |
| 本月生产费用 | 120 000 | 17 000 | 6 000 | 143 000 |

要求：采用在产品定额成本计算法分配完工产品和月末在产品成本，并编制产品成本计算单。

## 项目七 完工产品与在产品成本的计算

在产品按定额成本计算法，是指根据月末在产品实际结存数量和单位定额成本，计算出月末在产品的定额成本，以在产品的定额成本代替在产品的实际成本，对月末在产品进行计价。产品的月初在产品成本加本月生产费用，减月末在产品的定额成本，其余额作为完工产品成本。采用这种方法，应根据在产品有关定额资料及月末在产品的数量，计算月末在产品的定额成本，计算公式为：

月末在产品直接材料定额成本＝月末在产品数量×材料消耗定额×材料计划单价
　　或＝月末在产品数量×单位在产品定额材料费用

月末在产品直接人工定额成本＝月末在产品数量×工时定额×计划小时工资率
　　或＝月末在产品定额工时×单位在产品定额人工费用

月末在产品制造费用定额成本＝月末在产品数量×工时定额×计划小时费用率
　　或＝月末在产品定额工时×单位在产品定额制造费用

月末在产品定额成本＝直接材料定额成本＋直接人工定额成本＋制造费用定额成本
　　或＝月末在产品数量×在产品定额单位成本

本月完工产品成本＝月初在产品成本＋本月发生的生产费用－月末在产品定额成本

## 任务实施

根据【情景资料 7-5】，采用在产品按定额成本计算的方法计算本月完工产品和在产品成本。

月末在产品定额成本：
月末在产品直接材料定额成本＝200×20×16＝64 000（元）
月末在产品直接人工定额成本＝200×4×9＝7 200（元）
月末在产品制造费用定额成本＝200×4×2.3＝1 840（元）
月末在产品定额总成本＝64 000＋7 200＋1 840＝73 040（元）

本月完工产品成本：
完工产品直接材料成本＝180 000－64 000＝116 000（元）
完工产品直接人工成本＝25 000－7 200＝17 800（元）
完工产品制造费用＝8 000－1 840＝6 160（元）
本月完工产品总成本＝70 000＋143 000－73 040＝139 960（元）

根据上述计算，可以编制"产品成本计算单"如表7-8所示。

表7-8　产品成本计算单

产品名称：E产品　　　　　　　　　　2017年×月　　　　　　　　　　单位：元

| 摘　要 | 直接材料 | 直接人工 | 制造费用 | 合　计 |
| --- | --- | --- | --- | --- |
| 月初在产品成本 | 60 000 | 8 000 | 2 000 | 70 000 |

续表

| 摘　要 | 直接材料 | 直接人工 | 制造费用 | 合　计 |
|---|---|---|---|---|
| 本月生产费用 | 120 000 | 17 000 | 6 000 | 143 000 |
| 生产费用合计 | 180 000 | 25 000 | 8 000 | 213 000 |
| 完工产品成本 | 116 000 | 17 800 | 6 160 | 139 960 |
| 月末在产品成本 | 64 000 | 7 200 | 1 840 | 73 040 |

在产品按定额成本计算法简化了生产费用在月末在产品和完工产品之间的分配,但是它将每月实际生产费用脱离定额的差异,全部计入了当月完工产品成本,因此该方法适用于定额管理基础较好,各项消耗定额和费用定额制定的比较准确,并且定额比较稳定,各月在产品数量变化不大的产品。

### 子任务二　按一定标准将总成本在完工产品和在产品之间分配计算法

#### 一、约当产量比例法

【情景资料7-6】

一、2017年3月份湘中某企业生产甲、乙两种产品,有关资料如下。

1. 本月产品产量资料如下所述。

(1) 甲产品本月完工1 800件,月末在产品200件,原材料于生产开始时一次投入,月末在产品完工程度为50%。

(2) 乙产品按顺序经过三道加工工序,各工序月末在产品完工程度均为50%,本月完工验收入库的数量为1 000件,月末在产品数量为500件,在产品数量及定额资料如表7-9所示。

表7-9　在产品数量及定额资料

| 工　序 | 在产品数量/件 | 材料消耗定额/千克 | 工时消耗定额/小时 |
|---|---|---|---|
| 第一工序 | 200 | 60 | 5 |
| 第二工序 | 200 | 20 | 3 |
| 第三工序 | 100 | 20 | 2 |
| 合计 | 500 | 100 | 10 |

2. 本月有关费用资料如下。

(1) 两种产品月初在产品成本如表7-10所示。

表7-10　月初在产品成本

单位：元

| 成本项目 | 直接材料 | 直接人工 | 制造费用 | 合　计 |
|---|---|---|---|---|
| 甲产品 | 40 000 | 6 200 | 2 680 | 48 880 |
| 乙产品 | 14 650 | 8 375 | 3 700 | 26 725 |

（2）两种产品本月生产费用资料如表7-11所示。

表7-11　本月生产费用

单位：元

| 成本项目 | 直接材料 | 直接人工 | 制造费用 | 合　计 |
|---|---|---|---|---|
| 甲产品 | 180 000 | 120 150 | 42 000 | 342 150 |
| 乙产品 | 28 130 | 18 930 | 8 047.5 | 55 107.5 |

要求：

（1）采用约当产量比例法计算甲产品完工产品和月末在产品成本，并编制产品成本计算单；

（2）采用约当产量比例法计算乙产品成本：

① 若乙产品的原材料于每道工序开始时一次投入；

② 若乙产品的原材料于每道工序开始后陆续投入。

约当产量，是指月末在产品数量按其完工程度折合为相当于完工产品的数量。约当产量比例法是指根据完工产品产量与月末在产品约当产量的比例来分配生产费用，以确定完工产品和月末在产品成本的方法。采用约当产量比例法计算完工产品和在产品成本，通常分为以下三个步骤。

### （一）计算在产品约当产量

月末，企业应根据产品交库单确定本月完工产品数量，通过实地盘点法（或"在产品收发结存明细账"）确定月末在产品数量，并根据月末在产品的完工程度确定在产品约当产量。计算公式为：

月末在产品约当产量=月末在产品数量×在产品完工程度（或投料程度）

需要注意的是，按约当产量比例法划分完工产品成本与月末在产品成本时，由于在产品在生产加工过程中加工程度和投料情况的不同，必须分别对不同成本项目计算在产品的约当产量。对直接材料费用进行分配时，在产品约当产量的确定取决于生产过程中的投料程度（方式）；对直接人工和制造费用等加工费用进行分配时，在产品约当产量的确定取决于在产品的加工程度。可见,成本项目不同,计算产品约当产量所采用的折算标准也有所不同。下面分别对不同成本项目加以说明。

**1. 分配直接材料成本项目时在产品约当产量的计算**

分配直接材料成本项目的在产品约当量一般是按生产过程中的投料程度确定的。在产品投料程度是指在产品已投入材料(通常用各工序材料的消耗定额)占完工产品应投入材料(通常用完工产品材料的消耗定额)的百分比,也称投料百分比或投料率。在实际工作中,不同产品的原材料投料方式不同,因此,确定各工序在产品投料程度时,应分别采用不同的方法进行计算,其确定的方法主要有以下两种。

(1)原材料在生产开始时一次投入。如果某种产品所耗原材料是在生产开始时一次投入,不论哪一道工序的在产品,其所耗的原材料均和完工产品相同,投料程度达到100%。因此,在这种情况下,原材料费用可按照完工产品产量和月末在产品数量的比例进行分配。计算公式为:

$$月末在产品约当产量=月末在产品数量×100\%$$

(2)原材料逐步投入。原材料逐步投入是指产品所用原材料随生产进度陆续投入或在每道工序分次投入。由于原材料在生产过程中陆续投入或分次投入,在产品尚未完全投料,所以一件在产品与一件完工产品所承担的材料费用是不相同的,在这种情况下,需要先根据在产品的投料程度,将在产品折合成约当产量,具体分为以下三种情况。

① 直接材料的投入程度随生产进度陆续投入,即投料程度与该产品的完工程度基本一致时,在产品的约当产量可按完工程度折算(完工程度计算见下)。计算公式为:

$$月末在产品约当产量 = 月末在产品数量×在产品完工程度$$

② 直接材料于每道工序开始时一次投入,在这种情况下,由于各工序所用的原材料是在本工序开始时一次投入,同一工序内所有产品不论其是否完工,所耗用的原材料是相同的。计算公式为:

$$某工序投料程度=\frac{在产品上道工序累计投入材料+在产品本工序投入材料}{单位完工产品应投入材料费用}×100\%$$

$$某工序在产品约当产量=该工序在产品数量×该工序在产品的投料程度$$

③ 直接材料于每道工序开始后逐步投入,计算公式为:

$$某工序投料程度=\frac{在产品上道工序累计投入材料+在产品本工序投入材料×50\%}{单位完工产品应投入材料费用}×100\%$$

为了简化核算,在企业陆续均衡投料的情况下,可以将各工序结存的在产品在本工序的投料程度按50%计算。

例如，某产品经过三道工序加工完成，月末在产品数量及原材料消耗定额资料如表 7-12 所示。

表 7-12 在产品数量及原材料消耗定额

| 工　　序 | 月末在产品数量/件 | 单位产品原材料消耗定额/千克 |
|---|---|---|
| 第一道工序 | 100 | 70 |
| 第二道工序 | 100 | 80 |
| 第三道工序 | 200 | 100 |
| 合　　计 | 400 | 250 |

要求：

① 若原材料于每道工序开始时一次投入，计算各工序在产品的投料率及月末在产品直接材料成本项目的约当产量。

② 若原材料于每道工序开始后逐步投入，计算各工序在产品的投料率及月末在产品直接材料成本项目的约当产量。

原材料于每道工序开始时一次投入，月末在产品直接材料约当产量计算如下：

各工序在产品的投料率：

第一道工序在产品的投料率=70÷250×100%=28%

第二道工序在产品的投料率=（70+80）÷250×100%=60%

第三道工序在产品的投料率=（70+80+100）÷250×100%=100%

在产品约当产量：

第一道工序在产品的约当产量=100×28%=28（件）

第二道工序在产品的约当产量=100×60%=60（件）

第三道工序在产品的约当产量=200×100%=200（件）

在产品约当量=28+60+200=288（件）

原材料于每道工序开始后逐步投入，月末在产品直接材料约当产量计算如下：

各工序在产品的投料率：

第一道工序在产品的投料率=（70×50%）÷250×100%=14%

第二道工序在产品的投料率=（70+80×50%）÷250×100%=44%

第三道工序在产品的投料率=（70+80+100×50%）÷250×100%=80%

在产品约当产量：

第一道工序在产品的约当产量=100×14%=14（件）

第二道工序在产品的约当产量=100×44%=44（件）

第三道工序在产品的约当产量=200×80%=160（件）

在产品约当产量=14+44+160=218（件）

## 2. 分配直接材料成本项目以外的其他成本项目（即直接人工和制造费用）时在产品约当产量的计算

对于直接材料成本项目以外的其他成本项目，如直接人工、制造费用等生产费用会随着生产工艺过程的进行而逐步增加，即与完工程度密切相关，因此对直接人工和制造费用等加工费用进行分配时，在产品约当产量的确定取决于在产品的完工程度。在产品完工程度的测定方法一般有以下两种。

（1）平均计算完工率。在产品生产为单步骤均衡生产时，完工程度在不特指时一律按50%作为各工序在产品的完工程度。月末在产品约当产量计算公式为：

月末在产品约当产量 = 月末在产品数量 × 在产品完工程度（一般为50%）

（2）各工序分别测定加工程度。在产品生产为多步骤连续生产时，由于各工序中各件在产品的完工程度不同，在各工序月末在产品的完工程度可以按照各工序的累计工时定额占完工产品工时定额的比率计算，事前确定各工序在产品的完工率，其计算公式为：

$$某工序在产品完工率 = \frac{以前各工序工时定额之和 + 本工序工时定额 \times 在产品在该工序的加工程度}{完工产品工时定额} \times 100\%$$

上式中，在产品在该工序的加工程度一般为50%，因为该工序各件在产品的完工程度不同，为简化完工率的测算工作，所以在本工序一律按平均完工率50%计算。而在产品在上一道工序转入下一道工序时，因为上一道工序已完工，所以前面各工序的工时定额应按100%计算。

例如，某产品需要经三道工序加工制成，其工时定额为200小时，各工序工时如表7-13所示。

表7-13 工时定额

| 工　序 | 月末在产品数量/件 | 单位产品工时定额/小时 |
| --- | --- | --- |
| 第一道工序 | 100 | 80 |
| 第二道工序 | 100 | 80 |
| 第三道工序 | 200 | 40 |
| 合计 | 400 | 200 |

要求：
测算各工序在产品完工程度，计算在产品的约当产量。
各工序在产品的完工程度：
第一道工序在产品的完工程度 =（80×50%）÷200×100% = 20%
第二道工序在产品的完工程度 =（80+80×50%）÷200×100% = 60%
第三道工序在产品的完工程度 =（80+80+40×50%）÷200×100% = 90%

在产品约当产量：

第一道工序在产品的约当产量=100×20%=20（件）

第二道工序在产品的约当产量=100×60%=60（件）

第三道工序在产品的约当产量=200×90%=180（件）

在产品约当量=20+60+180=260（件）

### （二）计算某项费用的分配率（约当产量单位成本）

采用约当产量比例法，生产费用在本月完工产品和月末在产品之间分配的标准是折合的生产总量，即本月完工产品数量与月末在产品约当产量之和。由于各成本项目月末生产费用的不同，在产品约当产量的计算方法有异，费用分配率应当分成本项目分别计算。计算公式为：

$$直接材料费用分配率=\frac{月初在产品直接材料费用+本月实际发生直接材料费用}{完工产品产量+月末在产品直接材料约当产量}$$

$$直接人工费用分配率=\frac{月初在产品直接人工费用+本月实际发生直接人工费用}{完工产品产量+月末在产品直接人工约当产量}$$

$$制造费用项目分配率=\frac{月初在产品制造费用+本月实际发生制造费用}{完工产品产量+月末在产品制造费用约当产量}$$

### （三）计算本月完工产品成本与月末在产品成本（分成本项目）

本月完工产品某成本项目应分配的费用=本月完工产品数量×该成本项目的费用分配率

月末在产品某成本项目应分配的费用=月末产品约当产量×该成本项目的费用分配率

或=某成本项目月初在产品成本+该成本项目本月发生的生产成本-完工产品分配的该项成本

## 任务实施

根据【情景资料7-6】，实施任务如下。

**1. 采用约当产量比例法计算甲产品完工产品和在产品成本，并编制产品成本计算单**

（1）计算甲产品完工产品成本和在产品成本：

① 直接材料费用的分配：

月末在产品直接材料项目约当产量=200×100%=100（件）

原材料费用分配率=（40 000+180 000）÷（1 800+200）=110（元/件）

本月完工产品应分配的原材料费用=1 800×110=198 000（元）

月末在产品应分配的原材料费用=200×110=22 000（元）
② 直接人工费用的分配：
月末在产品直接人工项目约当产量=200×50%=100（件）
直接人工费用分配率=（6 200+120 150）÷（1 800+100）=66.5（元/件）
本月完工产品应分配的直接人工费用=1800×66.5=119 700（元）
月末在产品应分配的直接人工费用=100×66.5=6 650（元）
③ 制造费用的分配：
月末在产品制造费用项目约当产量=200×50%=100（件）
制造费用分配率=（2 680+42 000）÷（1 800+100）=23.52（元/件）
本月完工产品应分配的制造费用=1 800×23.52=42 336（元）
月末在产品应分配的制造费用=2 680+42 000-42 336=2 344（元）
④ 归集本月完工产品和月末在产品成本：
本月完工产品成本=198 000+119 700+42 336=360 036（元）
月末在产品成本=22 000+6 650+2 344=30 994（元）
（2）根据上述计算结果，编制甲产品"产品成本计算单"如表7-14所示。

表7-14 产品成本计算单

产品名称：甲产品　　　　　　2017年3月　　　　　　　　单位：元

| 摘　要 | 直接材料 | 直接人工 | 制造费用 | 合　计 |
| --- | --- | --- | --- | --- |
| 月初在产品成本 | 40 000 | 6 200 | 2 680 | 48 880 |
| 本月生产费用 | 180 000 | 120 150 | 42 000 | 342 150 |
| 生产费用合计 | 220 000 | 126 350 | 44 680 | 391 030 |
| 本月完工产品产量/件 | 1 800 | 1 800 | 1 800 | |
| 月末在产品约当量/件 | 200 | 100 | 100 | |
| 约当总量/件 | 2 000 | 1 900 | 1 900 | |
| 费用分配率（完工产品单位成本）/（元/件） | 110 | 66.5 | 23.52 | 200.02 |
| 完工产品成本 | 198 000 | 119 700 | 42 336 | 360 036 |
| 月末在产品成本 | 22 000 | 6 650 | 2 344 | 30 994 |

**2. 采用约当产量法计算乙产品完工产品和在产品成本**

（1）若乙产品的原材料于每道工序开始时一次投入：
① 计算月末在产品约当产量：
各工序直接材料约当产量：

第一道工序在产品直接材料约当产量 $= 200 \times \dfrac{60}{100} \times 100\% = 120$（件）

第二道工序在产品直接材料约当产量 $= 200 \times \dfrac{60+20}{100} \times 100\% = 160$（件）

第三道工序在产品直接材料约当产量 $=100\times\dfrac{60+20+20}{100}\times100\%=100$（件）

分配直接材料费用约当产量=120+160+100=380（件）

各工序直接人工、制造费用等加工费用约当产量：

第一道工序在产品加工费用约当产量 $=200\times\dfrac{5\times50\%}{10}\times100\%=50$（件）

第二道工序在产品加工费用约当产量 $=200\times\dfrac{5+3\times50\%}{10}\times100\%=130$（件）

第三道工序在产品加工费用约当产量 $=100\times\dfrac{5+3+2\times50\%}{10}\times100\%=90$（件）

分配加工费用约当产量=50+130+90=270（件）

② 计算费用分配率：

直接材料费用分配率=（14 650+28 130）÷（1 000+380）=31（元/件）

直接人工费用分配率=（8 375+18 930）÷（1 000+270）=21.5（元/件）

制造费用分配率=（3 700+8 047.5）÷（1 000+270）=9.25（元/件）

③ 计算完工产品和在产品成本：

完工产品成本：

完工产品应分配的直接材料费用=1 000×31=31 000（元）

完工产品应分配的直接人工费用=1 000×21.5=21 500（元）

完工产品应分配的制造费用=1 000×9.25=9 250（元）

乙产品本月完工产品成本=31 000+21 500+9 250=61 750（元）

月末在产品成本：

月末在产品应分配的直接材料费用=380×31=11 780（元）

月末在产品应分配的直接人工费用=270×21.5=5 805（元）

月末在产品应分配的制造费用=270×9.25=2497.5（元）

乙产品月末在产品成本=11 780+5 805+2 497.5=20 082.5（元）

或=（42 780+27 305+11 747.5）-61 750 = 20 082.5（元）

④ 根据上述计算结果，编制乙产品"产品成本计算单"如表7-15所示。

表7-15 产品成本计算单

产品名称：乙产品　　　　　　2017年3月　　　　　　　　单位：元

| 摘　要 | 直接材料 | 直接人工 | 制造费用 | 合　计 |
| --- | --- | --- | --- | --- |
| 月初在产品成本 | 14 650 | 8 375 | 3 700 | 26 725 |
| 本月生产费用 | 28 130 | 18 930 | 8 047.5 | 55 107.5 |
| 生产费用合计 | 42 780 | 27 305 | 11 747.5 | 81 832.5 |
| 本月完工产品产量/件 | 1 000 | 1 000 | 1 000 | |

续表

| 摘 要 | 直接材料 | 直接人工 | 制造费用 | 合 计 |
|---|---|---|---|---|
| 月末在产品约当量/件 | 380 | 270 | 270 | |
| 生产量合计/件 | 1 380 | 1 270 | 1 270 | |
| 费用分配率（完工产品单位成本）/（元/件） | 31 | 21.5 | 9.25 | 61.75 |
| 完工产品成本 | 31 000 | 21 500 | 9 250 | 61 750 |
| 月末在产品成本 | 11 780 | 5 805 | 2 497.5 | 20 082.5 |

（2）若乙产品的原材料于每道工序后陆续投入：

① 计算月末在产品约当产量：

各工序直接材料约当产量：

第一道工序在产品材料约当产量=$200 \times \dfrac{60 \times 50\%}{100} \times 100\%=60$（件）

第二道工序在产品材料约当产量=$200 \times \dfrac{60+20 \times 50\%}{100} \times 100\%=140$（件）

第三道工序在产品材料约当产量=$100 \times \dfrac{60+20+20 \times 50\%}{100} \times 100\%=90$（件）

分配直接材料费用约当产量=60+140+90=290（件）

加工费用约当量计算过程与上例完全相同，加工费用约当产量270件。

② 计算费用分配率：

直接材料费用分配率=（14 650+28 130）÷（1 000+290）=33.16（元/件）

直接人工费用分配率=（8 375+18 930）÷（1 000+270）=21.5（元/件）

制造费用分配率=（3 700+8 047.5）÷（1 000+270）=9.25（元/件）

③ 计算完工产品和在产品成本：

完工产品成本：

完工产品应分配的直接材料费用=1 000×33.16=33 160（元）

完工产品应分配的直接人工费用=1 000×21.5=21 500（元）

完工产品应分配的制造费用=1 000×9.25=9 250（元）

乙产品本月完工产品成本=33 160+21 500+9 250=63 910（元）

月末在产品成本：

月末在产品应分配的直接材料费用=14 650+28 130-33 160=9 620（元）

月末在产品应分配的直接人工费用=270×21.5=5 805（元）

月末在产品应分配的制造费用=270×9.25=2 497.5（元）

乙产品月末在产品成本=9 620+5 805+2 497.5=17 922.5（元）

或=（42 780+27 305+11 747.5）-63 910 = 17 922.5（元）

④ 根据上述计算结果，编制乙产品"产品成本计算单"如表7-16所示。

### 表 7-16　产品成本计算单

产品名称：乙产品　　　　　2016 年 3 月　　　　　　　　　　单位：元

| 摘　要 | 直接材料 | 直接人工 | 制造费用 | 合　计 |
|---|---|---|---|---|
| 月初在产品成本 | 14 650 | 8 375 | 3 700 | 26 725 |
| 本月生产费用 | 28 130 | 18 930 | 8 047.5 | 55 107.5 |
| 生产费用合计 | 42 780 | 27 305 | 11 747.5 | 81 832.5 |
| 本月完工产品产量/件 | 1 000 | 1 000 | 1 000 | |
| 月末在产品约当量/件 | 290 | 270 | 270 | |
| 生产量合计/件 | 1 290 | 1 270 | 1 270 | |
| 费用分配率（完工产品单位成本）/（元/件） | 33.16 | 21.5 | 9.25 | 63.91 |
| 完工产品成本 | 33 160 | 21 500 | 9 250 | 63 910 |
| 月末在产品成本 | 9 620 | 5 805 | 2 497.5 | 17 922.5 |

约当产量比例法将生产费用按成本项目在完工产品数量与月末在产品约当产量的比例来分配。只要在正确统计月末在产品结存数量和正确估计月末在产品完工程度的前提下，就可以比较客观、简便地划分完工产品与月末在产品的成本。因此，约当产量比例法适用范围较广，特别适用于月末在产品数量很大，且各月在产品数量变化也较大，各成本项目费用比重相差不大的产品。

## 二、定额比例法

**【情景资料 7-7】**

某工厂生产丙产品，本月完工产品 6 000 件，月末在产品 1 000 件，丙产品生产费用及定额资料如表 7-17 所示。

### 表 7-17　生产费用及定额资料

单位：元

| 项　目 | 直接材料 | 直接人工 | 制造费用 | 合　计 |
|---|---|---|---|---|
| 月初在产品成本 | 90 000 | 39 000 | 39 300 | 168 300 |
| 本月生产费用 | 190 000 | 75 000 | 65 200 | 330 200 |
| 单位完工产品定额 | 30 | 15 小时 | | |
| 单位在产品定额 | 30 | 10 小时 | | |

要求：
(1) 采用定额比例法分配完工产品和月末在产品成本；
(2) 编制产品成本计算单。

定额比例法是指将产品的生产费用按成本项目在完工产品和月末在产品之间按两者的定额消耗量或定额费用的比例来分配，以计算完工产品成本和月末在产品成本的方法。与定额成本法相比，定额比例法要求为完工产品和在产品制定比较准确的消耗定额，因此，完工产品和月末在产品的实际成本可以根据定额消耗量、定额费用或定额工时比例进行分配。其中，直接材料费用一般按照定额消耗量或定额费用比例进行分配；直接人工及制造费用等加工费用，可以按定额工时的比例进行分配，也可以按定额费用比例进行分配。

### 1. 直接材料费用的分配

$$直接材料费用分配率 = \frac{月初在产品直接材料费用 + 本月实际发生直接材料费用}{完工产品定额材料费用（耗用量）+ 月末在产品定额材料费用（耗用量）}$$

完工产品实际直接材料费用 = 完工产品定额直接材料费用（耗用量）× 直接材料费用分配率

月末在产品实际直接材料费用 = 月末在产品定额直接材料费用（耗用量）× 直接材料费用分配率

或 = 月初在产品实际直接材料费用 + 本月实际直接材料费用 − 完工产品实际直接材料费用

### 2. 直接人工费用的分配

$$直接人工费用分配率 = \frac{月初在产品直接人工费用 + 本月实际发生直接人工费用}{完工产品定额工时 + 月末在产品定额工时}$$

完工产品实际直接人工费用 = 完工产品定额工时 × 直接人工分配率

月末在产品实际直接人工费用 = 月末在产品定额工时 × 直接人工分配率

或 = 月初在产品实际直接人工费用 + 本月实际发生直接人工费用 − 完工产品实际直接人工费用

### 3. 制造费用的分配

$$制造费用分配率 = \frac{月初在产品制造费用 + 本月实际发生制造费用}{完工产品定额工时 + 月末在产品定额工时}$$

完工产品实际制造费用 = 完工产品定额工时 × 制造费用分配率

月末在产品实际制造费用 = 月末在产品定额工时 × 制造费用分配率

或 = 月初在产品实际制造费用 + 本月实际发生制造费用 − 完工产品实际制造费用

### 4. 分别计算完工产品和在产品总成本

完工产品总成本 = 完工产品直接材料费用 + 完工产品直接人工费用 + 完工产品制造费用

在产品总成本 = 在产品直接材料费用 + 在产品直接人工费用 + 在产品制造费用

## 任务实施

根据【情景资料7-7】，实施任务如下。

**（1）采用定额比例法计算丙产品本月完工产品和月末在产品成本**

完工产品的直接材料定额费用=6 000×30=180 000（元）

月末在产品直接材料定额费用=1 000×30=30 000（元）

直接材料费用分配率=（90 000+190 000）÷（180 000+30 000）=1.33

完工产品实际直接材料费用=180 000×1.33=239 400（元）

月末在产品应分配直接材料费用=（90 000+190 000）-239 400=40 600（元）

完工产品直接人工定额费用=6 000×15=90 000（元）

月末在产品直接人工定额费用=1 000×10=10 000（元）

直接人工费用分配率=（39 000+75 000）÷（90 000+10 000）=1.14

完工产品实际直接人工费用=90 000×1.14=102 600（元）

月末在产品应分配原材料费用=10 000×1.14=11 400（元）

完工产品制造费用定额费用=6 000×15=90 000（元）

月末在产品制造费用定额费用=1 000×10=10 000（元）

制造费用分配率=（39 300+65 200）÷（90 000+10 000）=1.045

完工产品实际制造费用费用=90 000×1.045=94 050（元）

月末在产品应分配制造费用=10 000×1.045=10 450（元）

**（2）根据上述计算结果，编制丙产品产品成本计算单**

丙产品产品成本计算单如表7-18所示。

表7-18 产品成本计算单

产品名称：丙产品　　　　　　　　　2017年×月　　　　　　　　　　　单位：元

| 项　目 | 直接材料 | 直接人工 | 制造费用 | 合　计 |
|---|---|---|---|---|
| 月初在产品成本 | 90 000 | 39 000 | 39 300 | 168 300 |
| 本月发生生产费用 | 190 000 | 75 000 | 65 200 | 330 200 |
| 生产费用合计 | 280 000 | 114 000 | 104 500 | 498 500 |
| 完工产品定额 | 180 000 | 90 000 | 90 000 | |
| 月末在产品定额 | 30 000 | 10 000 | 10 000 | |
| 费用分配率 | 1.33 | 1.14 | 1.045 | |
| 完工产品成本 | 239 400 | 102 600 | 94 050 | 436 050 |
| 月末在产品成本 | 40 600 | 11 400 | 10 450 | 62 450 |

定额比例法是将生产费用按月末在产品和本期完工产品的定额成本比例进行分配，以确定各自应负担的生产费用。每月实际生产费用脱离定额的差异，由完工产品和月末在产品共同负担。它适用于定额管理基础较好、各项消耗定额或费用定额比较准确、稳定、各月末在产品数量变动较大的产品。

## 任务二　完工产品成本的结转

【情景资料7-8】

根据【情景资料7-5】、【情景资料7-7】的相关资料，甲产品完工1 800件，丙产品完工1 000件。

要求：

（1）编制完工产品成本汇总表；

（2）编制结转完工产品成本的会计分录。

企业发生的各项生产费用，通过在各成本核算对象之间，以及在同一成本核算对象的完工产品与月末在产品之间进行归集和分配后，就可以计算出各种完工产品的总成本和单位成本。计算出完工产品成本后，应根据产品成本明细账将完工产品成本从"生产成本——基本生产成本"账户中转出，根据不同情况转入有关账户：验收入库的产成品成本，转入"库存商品"账户的借方；验收入库的自制半成品成本，转入"自制半成品"账户的借方；验收入库的自制材料、工具、模具或包装物成本，分别转入"周转材料"账户的借方；生产完工后未入库而直接销售的产品成本，转入"发出商品"或"销售成本"等账户的借方。

实际工作中，为了便于管理和核算，对于验收入库的产成品成本，会计部门应根据产品成本计算单，按照产品类别、品种、规格进行汇总，编制完工产品成本汇总表。

### 任务实施

根据【情景资料7-8】，实施任务如下。

（1）编制完工产品成本汇总表

完工产品成本汇总表如表7-19所示。

（2）编制结转完工产品成本的会计分录

借：库存商品——甲产品　　　　　　　　　　360 036
　　　　　　——丙产品　　　　　　　　　　436 050
　　贷：生产成本——基本生产成本——甲产品　360 036
　　　　　　　　　　　　　　　——丙产品　436 050

表 7-19　完工产品成本汇总表

单位：元

| 应借科目 | 产品名称 | 产 量/件 | 成　　本 | 直接材料 | 直接人工 | 制造费用 | 成本合计 |
|---|---|---|---|---|---|---|---|
| 库存商品 | 甲产品 | 1 800 | 总成本 | 198 000 | 119 700 | 42 336 | 360 036 |
| | | | 单位成本 | 110 | 66.5 | 23.52 | 200.02 |
| | 丙产品 | 1 000 | 总成本 | 239 400 | 102 600 | 94 050 | 436 050 |
| | | | 单位成本 | 239.4 | 102.6 | 94.05 | 436.05 |
| 总成本合计 | | | | 437 400 | 222 300 | 136 386 | 796 086 |

完工产品成本结转后，"生产成本——基本生产成本"账户的借方余额，即为月末在产品的成本，也就是企业在生产过程中实际占用的生产资金。

## 项目总结

生产费用在完工产品与月末在产品之间的分配，在成本计算工作中是一个重要且复杂的问题。前面我们介绍了 7 种方法，学生要重点掌握各方法的特点及适用范围，要能根据企业产品的生产特点，考虑企业的管理要求和条件（如定额管理基础的好坏等），选择既合理又简便的分配方法，以确定完工产品和月末在产品成本。只有在符合应用条件时应用，才能保证成本核算的准确性。

## 知识拓展

### 在产品成本核算差错的纳税调整

【一】甲公司为某生产性股份有限公司，注册税务师于 2017 年 2 月 4 日受托代理审查甲企业 2016 年企业所得税纳税情况。该企业核算生产费用在完工产品与在产品之间的分配采用"约当产量比例法"。注册税务师在纳税审查时发现，该企业年末库存商品单位成本异常，于是对×产品 12 月份生产费用在完工产品与在产品之间的分配进行重点抽查。该公司×产品需经过 3 道工序完成，原材料按加工程度逐步投料，完工产品定额工时为 60 小时，其中，第一道工序 10 小时，第二道工序 30 小时，第三道工序 20 小时。12 月末完工产品 1 500 件，在产品 1 500 件，其中，第一道工序 400 件，第二道工序 500 件，第三道工序 600 件。×产品的基本生产明细账如表 7-20 所示。

表 7-20　生产成本——基本生产明细账

产品名称：×产品　　　　　　　　　　　　　　本月完工产品产量：1 500 件

单位产量：件　　　　　　　　　　　　　　月末在产品约当产量：200 件　　　　单位：元

| 摘　　要 | 直接材料 | 直接人工 | 制造费用 | 合　　计 |
|---|---|---|---|---|
| 上月结存 | 235 000 | 56 000 | 32 000 | 323 000 |

续表

| 摘　　要 | 直接材料 | 直接人工 | 制造费用 | 合　　计 |
|---|---|---|---|---|
| 本月生产费用 | 950 000 | 270 000 | 126 000 | 1 346 000 |
| 合　　计 | 1 185 000 | 326 000 | 158 000 | 1 669 000 |
| 结转完工产品成本 | 1 045 588.24 | 287 647.06 | 139 411.76 | 1 472 647.06 |
| 完工产品单位成本 | 697.06 | 191.76 | 92.94 | 981.76 |
| 月末结余 | 139 411.76 | 38 352.94 | 18 588.24 | 196 352.94 |

经查，车间月末存有已领未耗材料 80 000 元，未办理退库手续，全部计入了生产成本。"库存商品——×产品"账户借方余额 600 000 元，贷方结转已销售产品成本为 1 400 000 元。

假设甲公司 2016 年度盈利，企业已按账面利润计算并交纳了企业所得税，除所给资料外，无其他纳税调整项目。

【要求】请根据上述资料，指出存在的问题，并计算甲公司应补缴的所得税。

【分析解答】

约当产量比例法一般适用于在产品数量较多，各月在产品数量变动较大，同时产品成本中各项费用的比重又相差不多的企业。采用这种方法分配费用应按成本项目进行，在分配直接材料费用时，应按产品生产时原材料的不同投料方式采用不同的分配程序。如果原材料是生产开工时一次投入，那么在产品无论完工程度如何，都应负担全部原材料费用，即按在产品实际数量与完工产品产量的比例直接分配材料费用；如果原材料是分次投入，则在产品的直接材料费用负担额应按完工程度确定，此时，在产品应按完工程度折合为约当产量与完工产品产量的比例进行分配。对于加工费用采用与材料费用相同的分配方法。

甲公司的×产品平时单位成本在 780 元左右，12 月单位成本突然增加到 981.76 元，显然不正常。×产品基本生产成本明细账各项结转金额计算正确，可以初步断定该企业对在产品约当产量的计算有误。

$$某道工序在产品完工率 = \frac{工序累计定额工时 + 本工序工时定额 \times 50\%}{单位产品工时定额} \times 100\%$$

第一道工序完工率 = 10×50%÷60×100% = 8.33%

第二道工序完工率 = (10+30×50%)÷60×100% = 41.67%

第三道工序完工率 = (10+30+20×50%)÷60×100% = 83.33%

在产品约当产量 = 400×8.33% + 500×41.67% + 600×83.33% = 33.32+208.35+499.98 = 741.65 ≈ 742（件）

该企业×产品约当产量为 200 件，少计 542 件。

本月实际耗用直接材料费用 = 1 185 000 - 80 000（已领未耗材料）= 1 105 000（元）

完工产品直接材料费用 = 1 105 000÷(1 500+742)×1 500 = 739 295.27（元）

在产品直接材料费用 = 1 105 000÷(1 500+742)×742 = 365 704.73（元）

完工产品直接人工费用 = 326 000÷(1 500+742)×1 500 = 218 108.82（元）

在产品直接人工费用=326 000÷（1 500+742）×742=107 891.18（元）
完工产品制造费用=158 000÷（1 500+742）×1 500=105 709.18（元）
在产品制造费用=158 000÷（1 500+742）×742=52 290.82（元）
应结转完工产品成本=739 295.27+218 108.82+105 709.18=1 063 113.27（元）
期末在产品成本=365 704.73+107 891.18+52 290.82=525 886.73（元）
多转完工产品成本=1 472 647.06-1 063 113.27=409 533.79（元）
期末库存产品应分摊金额=600 000÷（600 000+1 400 000）×409 533.79=122 860.13（元）
已销产品应分摊金额=1 400 000÷（600 000+1400 000）×409 533.79=286 673.66（元）
应补交企业所得税=286 673.66×25%=71 668.42（元）
因此，该企业"生产成本——基本生产成本"明细账上正确的记录如表 7-21 所示。

表 7-21  生产成本——基本生产明细账

产品名称：×产品                                本月完工产品产量：1 500 件
单位产量：件                                  月末在产品约当产量：200 件    单位：元

| 摘　　要 | 直接材料 | 直接人工 | 制造费用 | 合　　计 |
| --- | --- | --- | --- | --- |
| 上月结存 | 235 000 | 56 000 | 32 000 | 323 000 |
| 本月生产费用 | 870 000 | 270 000 | 126 000 | 1 266 000 |
| 合　　计 | 1 105 000 | 326 000 | 158 000 | 1 589 000 |
| 结转完工产品成本 | 739 295.27 | 218 108.82 | 105 709.18 | 1 063 113.27 |
| 完工产品单位成本 | 492.86 | 145.41 | 70.47 | 708.74 |
| 月末结余 | 365 704.73 | 107 891.18 | 52 290.82 | 525 886.73 |

【二】某公司为国有独资公司，主营纺织机构配件制造和销售，注册税务师王某于2017年2月4日受托代理审查甲企业2016年企业所得税纳税情况。该企业核算生产费用在完工产品和期末在产品成本之间的分配采用"定额比例法"。注册税务师在审查过程中发现，年末库存商品的单位成本比以前月份高出许多，于是对甲产品年末生产费用在完工产品与在产品成本之间的分配进行重点抽查。12月末甲产品在产品数量为200件，完工产品300件，上月结转材料费用20 000元，本月材料费用30 000元，共50 000元，原材料每月一次投料，产品消耗定额为60元/件，企业保留的月末在产品直接材料费用为5 000元。通过审查年末企业"库存商品盘点表"和"库存商品"明细账，得知2016年年末"库存商品——甲产品"账户借方余额为80 000元，"库存商品——甲产品"账户贷方结转销售成本120 000元。

该公司2000年账面盈利，企业按账面利润提取并交纳了企业所得税，除所给资料外，再无其他纳税调整项目。

【要求】请根据上述资料，指出存在的问题，并计算甲公司应补交的所得税，并进行账项调整。

【分析解答】
定额比例法一般适用于各月在产品数量变动较大，而且各项消耗定额比较准确、稳定的情况。采用定额比例法时，直接材料一般按定额消耗量或定额费用比例进行分配，加工费用一般按定额工时比例进行分配。本例中假设人工费用核算准确。

甲公司采用"定额比例法"将生产费用在完工产品和期末在产品成本之间进行分配，2017年年末账面保留的在产品成本为5 000元。金额是否准确，复核如下：

$$定额比例（费用分配率）=\frac{月初在产品实际费用+本月实际费用}{完工产品定额消耗量+月末在产品定额消耗量}$$

$$=\frac{20\,000+30\,000}{200\times60+300\times60}$$

$$=\frac{50\,000}{12\,000+18\,000}=\frac{50\,000}{30\,000}=\frac{5}{3}$$

完工产品实际费用=完工产品定额消耗量(定额费用)×费用分配率=$18\,000\times\frac{5}{3}$=30 000(元)

月末在产品实际费用=月末在产品定额消耗量（定额费用）×费用分配率

$$=12\,000\times\frac{5}{3}=20\,000（元）$$

经过计算得知，公司甲产品年末在产品直接材料费用应为20 000元，而企业账面实际材料费用为5 000元，在产品成本少计15 000元（20 000元-5 000元），即为企业多结转的完工产品的成本。

库存产品多计的成本=8 000÷（80 000+120 000）×15 000=6 000（元）

已销产品多计的成本=120 000÷（80 000+120 000）×15 000=9 000（元）

应补交企业所得税=9 000×25%=2 250（元）

调账分录如下：

| | | |
|---|---|---|
| 借：生产成本 | 15 000 | |
|   贷：库存商品 | | 6 000 |
|     以前年度损益调整 | | 9 000 |
| 借：以前年度损益调整 | 2 250 | |
|   贷：应交税金——应交所得税 | | 2 250 |
| 借：以前年度损益调整 | 6 750 | |
|   贷：利润分配——未分配利润 | | 6 750 |

# 项目八 品种法的运用

## 项目导言

产品成本计算的品种法,是以产品品种作为成本核算对象来归集生产费用、计算产品成本的一种方法。不论什么类型的产品生产,也不论管理要求如何,各种产品成本计算方法最终都必须计算出各种产品品种的实际总成本和单位成本。按照产品品种计算产品成本是成本计算的最起码要求,因此,品种法是产品成本计算最基本的方法。

## 项目目标

1. 知识目标:理解品种法的成本计算程序。
2. 能力目标:能按产品品种开设生产成本明细账,归集和分配本月发生的各项要素费用,分配辅助生产费用和基本生产单位制造费用,会计算完工产品实际总成本和单位成本,结转完工产品成本。
3. 拓展目标:产品生产成本报表的编制。

## 任务一 认知品种法

### 一、品种法的含义、特点

#### (一)品种法的含义

产品成本计算的品种法是以产品品种作为成本计算对象,归集和分配生产费用,计算产品成本的一种方法。企业无论是何种生产类型,生产何种产品,也不论企业成本管理要求如何,各种产品成本计算方法最终都必须计算出各个产品的实际总成本和单位成本。按照产品品种计算产品成本是成本计算的最起码的要求。因此,品种法是产品成本计算的最基本方法。

## （二）品种法的特点

1. 成本计算对象

产品品种是品种法的成本计算对象。如果企业生产的产品不止一种，就需要以每种产品作为成本计算对象，分别设置产品成本明细账。

2. 成本计算期

由于大量大批的生产是不间断的连续生产，无法按照产品的生产周期来归集生产费用，计算产品成本，因而只能定期按月计算产品成本，从而将本月的销售收入与产品生产成本进行配比，计算本月损益。因此，产品成本是定期按月计算的，与会计报告期一致，与产品生产周期不一致。

3. 生产费用是否需要在完工产品和在产品之间进行分配

如果大量大批的简单生产采用品种法计算产品成本，由于简单生产是一个生产步骤就完成了整个生产过程，所以月末（或者任何时点）一般没有在产品，因此，计算产品成本时不需要将生产费用在完工产品和在产品之间进行分配；如果是管理上不要求分步骤计算产品成本的大量大批的复杂生产采用品种法计算产品成本，由于复杂生产是需要经过多个生产步骤的生产，所以月末（或者任何时点）一般生产线上都会有在产品，因此，计算产品成本时就需要将生产费用在完工产品和在产品之间进行分配。根据具体情况，可将生产费用在完工产品和在产品之间进行分配，并且选择合适的方法进行分配。

## 二、品种法的适用范围

品种法主要适用于大量大批的单步骤生产企业。因为在大量大批的单步骤生产企业中，从产品生产流程来看，产品的生产工艺过程不能从生产技术上划分生产步骤；另外，从其生产组织方式来看，大量大批生产企业，在不断地重复生产着同品种的产品，品种少且稳定，也就不必按批次计算产品成本，如发电、供水、采掘等企业。

品种法还适用于大量大批多步骤的生产企业。如果企业规模较小，而且管理上又不要求提供各步骤的成本资料，可以采用品种法来计算产品成本。在大量大批多步骤生产企业中，如果生产规模较小，产品生产从原材料投入到产品产出的全部生产过程都在一个车间内完成，或者是流水生产线，各步骤的半成品只要求满足各步骤生产的需要，而管理上不要求分步骤计算半成品成本，只要求按产品品种计算产品成本，则企业就可以采用品种法计算产品成本，如小型水泥厂、糖果厂、砖瓦厂等。

## 三、品种法的成本计算程序

### （一）按产品品种开设生产成本明细账

企业在"生产成本"总账下，一般按生产单位（分厂、车间）性质不同，设置"基本生产成本"和"辅助生产成本"二级账；同时，按企业确定的成本核算对象（即产品品种）设置基本生产成本明细账，按辅助生产单位提供的产品（劳务）品种设置辅助生产成本明细账；在"制造费用"总账下，按生产单位设置明细账。基本生产成本明细账和辅助生产成本明细账应按成本项目设专栏，制造费用明细账应按费用项目设专栏。

### （二）归集和分配本月发生的各项要素费用

月末根据各项要素费用发生的原始凭证和其他有关资料，归集和分配材料费用、工资费用和其他各项费用。在分配各项费用时，应根据费用发生的地点和用途编制费用分配表，进行费用分配，并编制相应的会计分录。凡是各产品发生的直接费用，应直接记入各产品生产成本明细账相应的成本项目中。基本生产单位为组织和管理生产发生的各项制造费用，先通过制造费用明细账归集，记入有关制造费用明细账。

### （三）分配辅助生产费用

根据辅助生产成本明细账中归集的本月辅助生产费用，按企业确定的辅助生产费用分配方法，分别编制各辅助生产单位的"辅助生产费用分配表"分配辅助生产费用。根据分配结果，编制会计分录，将应计入产品成本的辅助生产费用分别记入各产品生产成本明细账中相应成本项目和基本生产单位制造费用明细账。

辅助生产单位发生的制造费用，如果通过制造费用明细账核算，则应在分配辅助生产费用前，分别转入各辅助生产成本明细账，计入该辅助生产单位本期费用总额。

### （四）分配基本生产单位制造费用

根据各基本生产单位制造费用明细账中归集的制造费用本期发生额，按照企业确定的分配方法，分别编制各基本生产单位的"制造费用分配表"分配制造费用。根据分配结果，编制会计分录，分别记入各产品生产成本明细账中的"制造费用"成本项目。

### （五）计算完工产品实际总成本和单位成本

根据各产品生产成本明细账中归集的生产费用合计数（月初在产品成本加上本月发生生产费用），采用适当的方法，在完工产品与月末在产品之间进行分配，计算出完工产品的实际总成本和月末在产品成本。将各产品完工产品总成本分别除以其实际产量，即为该产品本月实际单位成本。

## （六）结转完工产品成本

根据各产品成本计算结果，编制本月"完工产品成本汇总表"，编制结转本月完工验收入库产品成本的会计分录，并分别记入有关产品生产成本明细账和库存商品明细账。

品种法的成本计算程序如图 8-1 所示。

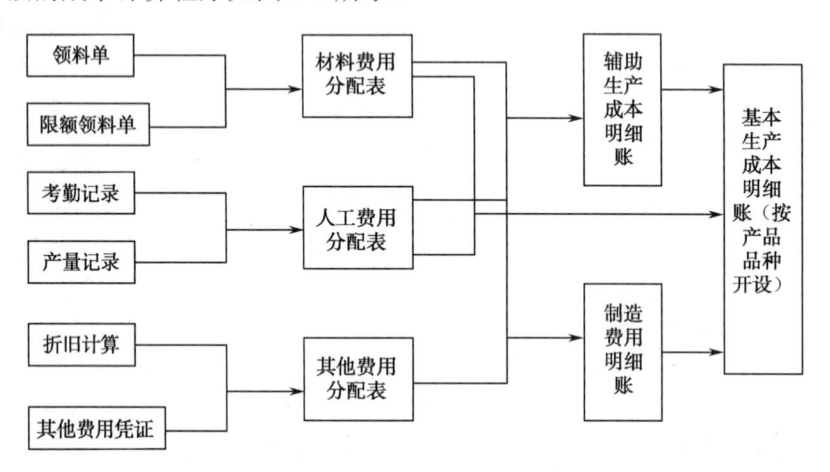

图 8-1　品种法的成本计算程序

# 任务二　品种法实例

【情景资料 8-1】

红星工厂设有一个基本生产车间，大量生产甲、乙两种产品，工艺过程属于单步骤生产。根据生产特点和管理要求，确定采用品种法计算产品成本。成本项目有"直接材料""直接人工""制造费用"。该企业另设运输车间，为基本生产车间和厂部提供运输服务。运输车间的制造费用不单独核算。现以该企业 2016 年 12 月份的资料为例，说明品种法的成本计算程序和账务处理。

1. 该厂 2016 年 12 月份有关产品成本核算资料如表 8-1 和表 8-2 所示。

表 8-1　产量资料

单位：件

| 产品名称 | 月初在产品 | 本月投产 | 完工产品 | 月末在产品 | 月末在产品完工率 |
| --- | --- | --- | --- | --- | --- |
| 甲产品 | 400 | 6 600 | 5 000 | 2 000 | 60% |
| 乙产品 | 300 | 4 700 | 4 000 | 1 000 | 40% |

表 8-2　月初在产品成本资料

单位：元

| 产品名称 | 直接材料 | 直接人工 | 制造费用 | 合　　计 |
|---|---|---|---|---|
| 甲产品 | 4 160 | 2 198 | 2 951.52 | 9 309.52 |
| 乙产品 | 3 550 | 462 | 1 994.28 | 6 006.28 |

2. 本月发生的生产费用如下所述。

（1）材料费用。根据本月领料凭证汇总表，本月生产甲产品耗用材料 5 100 元，生产乙产品耗用材料 3 700 元，生产甲、乙产品共同耗用材料 8 000 元。运输车间耗用材料 900 元，基本生产车间耗用消耗性材料 1 900 元，行政管理部门领用价值 600 元的材料作修理用。

（2）工资费用。根据本月工资结算汇总表，本月基本生产车间生产工人工资 12 000 元，其管理人员工资 1 400 元；运输车间人员工资 600 元；行政管理部门人员工资 3 000 元，职工五险一金按工资总额的 43%提取。

（3）其他费用。基本生产车间厂房、机器设备折旧费 3 400 元，水电费 280 元，办公费 360 元。运输车间固定资产折旧费 300 元，水电费 160 元，办公费 40 元。行政管理部门固定资产折旧费 1 600 元，水电费 400 元，办公费 900 元。

3. 工时记录。甲产品实际耗用工时 1 800 小时，乙产品实际耗用工时 2 200 小时。

4. 本月运输车间共完成 2 000 千米运输工作量，其中，基本生产车间耗用 1 800 千米，行政管理部门耗用 200 千米。

5. 有关费用分配方法如下。

（1）甲、乙产品共同耗用材料按定额耗用量比例分配。甲产品材料定额耗用量为 2 500 千克，乙产品材料定额耗用量为 1 500 千克。

（2）基本生产车间生产工人工资按甲、乙产品工时比例分配。

（3）辅助生产费用按运输千米比例分配。

（4）制造费用按甲、乙产品工时比例分配。

（5）按约当产量法计算甲、乙完工产品和月末在产品成本。甲产品耗用的材料随加工程度陆续投入，乙产品耗用的材料于生产开始时一次投入。

要求：

（1）根据上述任务情景资料，按产品品种开设"产品成本计算单"，并登记月初在产品成本；

（2）归集和分配本月发生的各项要素费用；

（3）归集辅助生产成本并编制辅助生产费用分配表和相应的会计分录；

(4）归集基本生产车间制造费用并编制制造费用分配表和相应的会计分录；

(5）编制产品成本计算单；

(6）编制完工产品成本汇总表和结转完工产品成本的会计分录。

## 任务实施

根据【情景资料8-2】，实施任务如下。

**1. 按产品品种开设"产品成本计算单"，并登记月初在产品成本**

**2. 归集和分配本月发生的各项要素费用**

（1）编制材料费用分配表（见表8-3）和相应的会计分录。

表8-3  材料费用分配表

单位：元

| 应借账户 | | 成本或费用项目 | 直接计入 | 分配计入 | | | 合计 |
|---|---|---|---|---|---|---|---|
| | | | | 分配标准 | 分配率 | 分配金额 | |
| 生产成本——基本生产成本 | 甲产品 | 直接材料 | 5 100 | 2 500 千克 | 2元/千克 | 5 000 | 10 100 |
| | 乙产品 | 直接材料 | 3 700 | 1 500 千克 | | 3 000 | 6 700 |
| | 小计 | | 8 800 | 4 000 千克 | | 8 000 | 16 800 |
| 生产成本——辅助生产成本——运输车间 | | 机物料 | 900 | | | | 900 |
| 制造费用 | | 机物料 | 1 900 | | | | 1 900 |
| 管理费用 | | 材料 | 600 | | | | 600 |
| 合计 | | | 12 200 | | | 8 000 | 20 200 |

分配材料费用的会计分录如下：

借：生产成本——基本生产成本——甲产品　　10 100
　　　　　　　　　　　　　　　——乙产品　　6 700
　　　　　　　——辅助生产成本——运输车间　　900
　　制造费用　　1 900
　　管理费用　　600
　　贷：原材料　　20 200

（2）编制工资及五险一金分配表（见表8-4）和相应的会计分录。

### 表 8-4　工资及五险一金分配表

单位：元

| 应借账户 | | 成本或费用项目 | 应付工资 | | | 五险一金 | 合　计 |
|---|---|---|---|---|---|---|---|
| | | | 分配标准 | 分配率 | 分配额 | | |
| 生产成本——基本生产成本 | 甲产品 | 直接人工 | 1 800 小时 | 3 元/小时 | 5 400 | 2 322 | 7 722 |
| | 乙产品 | 直接人工 | 2 200 小时 | | 6 600 | 2 838 | 9 438 |
| | 小计 | | 4 000 小时 | | 12 000 | 5 160 | 17 160 |
| 生产成本——辅助生产成本——运输车间 | | 工资、五险一金 | | | 600 | 258 | 858 |
| 制造费用 | | 工资、五险一金 | | | 1 400 | 602 | 2 002 |
| 管理费用 | | 工资、五险一金 | | | 3 000 | 1 290 | 4 290 |
| 合计 | | | | | 17 000 | 7 310 | 24 310 |

分配工资的会计分录如下：

借：生产成本——基本生产成本——甲产品　　　　5 400
　　　　　　　　　　　　　　　　——乙产品　　　　6 600
　　　　　　——辅助生产成本——运输车间　　　　600
　　制造费用　　　　　　　　　　　　　　　　　1 400
　　管理费用　　　　　　　　　　　　　　　　　3 000
　贷：应付职工薪酬——工资　　　　　　　　　　17 000

计提五险一金的会计分录如下：

借：生产成本——基本生产成本——甲产品　　　　2 322
　　　　　　　　　　　　　　　　——乙产品　　　　2 838
　　　　　　——辅助生产成本——运输车间　　　　258
　　制造费用　　　　　　　　　　　　　　　　　602
　　管理费用　　　　　　　　　　　　　　　　　1290
　贷：应付职工薪酬——五险一金　　　　　　　　7 310

（3）编制固定资产折旧费分配表（见表 8-5）和相应的会计分录。

### 表 8-5　折旧费分配表

单位：元

| 应借账户 | 费用项目 | 累计折旧 |
|---|---|---|
| 生产成本——辅助生产成本——运输车间 | 折旧费 | 300 |
| 制造费用 | 折旧费 | 3 400 |

续表

| 应借账户 | 费用项目 | 累计折旧 |
|---|---|---|
| 管理费用 | 折旧费 | 1 600 |
| 合　　计 |  | 5 300 |

分配折旧费的会计分录如下：

借：生产成本——辅助生产成本——运输车间　　　　　300
　　　制造费用　　　　　　　　　　　　　　　　　　3 400
　　　管理费用　　　　　　　　　　　　　　　　　　1 600
　　贷：累计折旧　　　　　　　　　　　　　　　　　5 300

（4）编制其他费用汇总表（见表8-6）和相应的会计分录。

表8-6　其他费用汇总表

单位：元

| 应借账户 | 水电费 | 办公费 | 合计 |
|---|---|---|---|
| 生产成本——辅助生产成本——运输车间 | 160 | 40 | 200 |
| 制造费用 | 280 | 360 | 640 |
| 管理费用 | 400 | 900 | 1 300 |
| 合计 | 840 | 1 300 | 2 140 |

分配（支付）其他费用的会计分录如下：

借：生产成本——辅助生产成本——运输车间　　　　　200
　　　制造费用　　　　　　　　　　　　　　　　　　640
　　　管理费用　　　　　　　　　　　　　　　　　　1 300
　　贷：银行存款　　　　　　　　　　　　　　　　　2 140

3. 归集辅助生产成本（见表8-7）并编制辅助生产费用分配表（见表8-8）和相应的会计分录

表8-7　辅助生产成本明细账

车间：运输车间　　　　　　　　　　2016年12月　　　　　　　　　　单位：元

| 月 | 日 | 摘要 | 机物料 | 工资 | 五险一金 | 折旧费 | 水电费 | 办公费 | 合计 |
|---|---|---|---|---|---|---|---|---|---|
|  |  | 材料费用分配表 | 900 |  |  |  |  |  | 900 |
|  |  | 工资及五险一金分配表 |  | 600 | 258 |  |  |  | 858 |
|  |  | 折旧费用分配表 |  |  |  | 300 |  |  | 300 |
|  |  | 其他费用汇总表 |  |  |  |  | 160 | 40 | 200 |
|  |  | 合　　计 | 900 | 600 | 258 | 300 | 160 | 40 | 2 258 |
|  |  | 辅助生产费用分配表 | 900 | 600 | 258 | 300 | 160 | 40 | 2 258 |

表 8-8　辅助生产费用分配表

车间：运输车间　　　　　　　　　　　　　　　　　　　　　　　　　　　　　　　单位：元

| 应借账户 | 费用项目 | 耗用量/千米 | 分配率 | 分配额 |
| --- | --- | --- | --- | --- |
| 制造费用 | 运输费 | 1 800 | 1.129 元/千米 | 2 032.2 |
| 管理费用 | 运输费 | 200 |  | 225.8 |
| 合计 |  | 2 000 |  | 2 258 |

分配辅助生产费用的会计分录如下：

借：制造费用　　　　　　　　　　　　　　　　　　2 032.2
　　管理费用　　　　　　　　　　　　　　　　　　　225.8
　　贷：生产成本——辅助生产成本——运输车间　　2 258

**4. 归集基本生产车间制造费用（见表 8-9）并编制制造费用分配表（见表 8-10）和相应的会计分录**

表 8-9　制造费用明细账

车间：基本生产车间　　　　　　2016 年 12 月　　　　　　　　　　　　　单位：元

| 月 | 日 | 摘　要 | 机物料 | 工资 | 五险一金 | 折旧费 | 水电费 | 办公费 | 运输费 | 合　计 |
| --- | --- | --- | --- | --- | --- | --- | --- | --- | --- | --- |
|  |  | 材料费用分配表 | 1 900 |  |  |  |  |  |  | 1 900 |
|  |  | 工资及五险一金分配表 |  | 1 400 | 602 |  |  |  |  | 2 002 |
|  |  | 折旧费用分配表 |  |  |  | 3 400 |  |  |  | 3 400 |
|  |  | 其他费用汇总表 |  |  |  |  | 280 | 360 |  | 640 |
|  |  | 辅助生产费用分配表 |  |  |  |  |  |  | 2 032.2 | 2 032.2 |
|  |  | 制造费用分配 | 1 900 | 1 400 | 602 | 3 400 | 280 | 360 | 2032.2 | 9 974.2 |

表 8-10　制造费用分配表

　　　　　　　　　　　　　　　　　　　　　　　　　　　　　　　　　　　　　单位：元

| 应借账户 |  | 成本项目 | 分配标准（生产工时） | 分配率 | 分配额 |
| --- | --- | --- | --- | --- | --- |
| 生产成本—— | 甲产品 | 制造费用 | 1 800 小时 | 2.4936 元/小时 | 4 488.48 |
| 基本生产成本 | 乙产品 | 制造费用 | 2 200 小时 |  | 5 485.72 |
| 合　计 |  |  | 4 000 小时 |  | 9974.2 |

分配制造费用会计分录如下：

借：生产成本——基本生产成本——甲产品　　　　4 488.48
　　　　　　　　　　　　　　　——乙产品　　　　5 485.72
　　贷：制造费用　　　　　　　　　　　　　　　　9 974.2

**5. 编制产品成本计算单（见表 8-11 和表 8-12）**

表 8-11　产品成本计算单

产品：甲产品　　　　　　　　　　2016 年 12 月　　　　　　　　　　　　单位：元

| 摘　要 | 直接材料 | 直接人工 | 制造费用 | 合　计 |
|---|---|---|---|---|
| 月初在产品成本 | 4 160 | 2 198 | 2 951.52 | 9 309.52 |
| 本月发生生产费用 | 10 100 | 7 702 | 4 488.48 | 22 310.48 |
| 合　计 | 14 260 | 9 920 | 7 440 | 31 620 |
| 完工产品数量/件 | 5 000 | 5 000 | 5 000 | — |
| 在产品约当产量/件 | 1 200 | 1 200 | 1 200 | — |
| 约当产量合计/件 | 6 200 | 6 200 | 6 200 | — |
| 费用分配率/（元/件） | 2.3 | 1.6 | 1.2 | 5.1 |
| 完工产品成本 | 11 500 | 8 000 | 6 000 | 25 500 |
| 月末在产品成本 | 2 760 | 1 920 | 1 440 | 6 120 |

表 8-12　产品成本计算单

产品：乙产品　　　　　　　　　　2016 年 12 月　　　　　　　　　　　　单位：元

| 摘　要 | 直接材料 | 直接人工 | 制造费用 | 合　计 |
|---|---|---|---|---|
| 月初在产品成本 | 3 550 | 462 | 1 994.28 | 6 006.28 |
| 本月发生生产费用 | 6 700 | 9 438 | 5 485.72 | 21 623.72 |
| 合　计 | 10 250 | 9 900 | 7 480 | 27 630 |
| 完工产品数量/件 | 4 000 | 4 000 | 4 000 | — |
| 在产品约当产量/件 | 1 000 | 400 | 400 | — |
| 约当产量合计/件 | 5 000 | 4 400 | 4 400 | — |
| 费用分配率/（元/件） | 2.05 | 2.25 | 1.7 | 6 |
| 完工产品成本 | 8 200 | 9 000 | 6 800 | 24 000 |
| 月末在产品成本 | 2 050 | 900 | 680 | 3 630 |

**6. 编制完工产品成本汇总表（见表 8-13）和结转完工产品成本的会计分录**

表 8-13　产品成本汇总表

　　　　　　　　　　　　　　　　2016 年 12 月　　　　　　　　　　　　单位：元

| 产品名称 | 产量/件 | 成　本 | 直接材料 | 直接人工 | 制造费用 | 合　计 |
|---|---|---|---|---|---|---|
| 甲产品 | 5 000 | 总成本 | 11 500 | 8 000 | 6 000 | 25 500 |
|  |  | 单位成本 | 2.30 | 1.60 | 1.20 | 5.10 |
| 乙产品 | 4 000 | 总成本 | 8 200 | 9 000 | 6 800 | 24 000 |
|  |  | 单位成本 | 2.05 | 2.25 | 1.70 | 6.00 |

结转完工产品成本的会计分录如下：
借：库存商品——甲产品 25 500
　　　　　——乙产品 24 000
　　贷：生产成本——基本生产成本——甲产品 25 500
　　　　　　　　　　　　　　　　　——乙产品 24 000

## 项目总结

品种法是最基本的产品成本计算方法。品种法体现了产品成本核算的基本程序，品种法的核算程序包含一切成本计算方法的基本原理，其他各种成本计算方法都是在品种法的基础上，结合生产特点和管理要求进行简化、组合或发展而成的。品种法是以产品品种为成本计算对象，以会计报告期为产品成本计算期，生产费用一般需要在完工产品和月末在产品之间进行分配的方法。品种法主要适用于大量大批单步骤生产企业。

## 知识拓展

### 企业职工的工资薪金涉税筹划

我国现行个人所得税税法将个人的 11 项所得作为课税对象，如工资、薪金所得，个体工商户的生产、经营所得，承包经营、承租经营所得，劳务报酬所得，稿酬所得，特许权使用费所得，利息、股息、红利所得，财产租赁所得，财产转让所得，偶然所得等。这些项目分别规定了不同的费用扣除标准、不同的税率和不同的计税方法。工资薪金所得税涉及面广，如何根据税法的要求，选择最佳的节税方案，是广大企业和职工尤其是工薪族最关心的事情。

在日常生活中，常常听到有人抱怨说拿到了一笔外快，但在扣税后，就感觉少了一大笔钱。因此，如何对个人所得税进行筹划，怎样合理避税、节税成了不少市民关心的话题之一。如企业一味地增加员工现金收入，从税收的角度来看并不完全可取。企业可以通过提高员工的福利水平，降低其名义工资，通过减少员工的税金支出，达到增加实际收入的目的。常用的方法有以下几种。

1. 为员工提供交通设施

员工上、下班一般都要花费一定的交通费，企业可以通过提供免费的接送服务，或者将单位的车租给员工使用，再相应地从员工的工资中扣除部分予以调整。对企业而言，当职工支付的税金影响其消费水平时，就要考虑采取加薪措施，但增薪必然会引起税收变化，会导致企业支付量的扩大。因此，由企业承担部分费用的做法，往往会使职工、企业双方受益。

### 2. 为员工提供免费工作餐

企业为员工提供免费的工作餐，必须具有不可变现性，即不可转让，不能兑换现金。

### 3. 为员工提供培训机会

随着知识更新速度的加快，参加各种培训已经成为个人获取知识的重要途径。如果企业每年给予员工一定费用额度的培训机会，职工在考虑个人的报酬总额时，一般也会把这些考虑进去。这样职工也可以在一定程度减少税收负担。

### 4. 为员工提供旅游机会

随着人民生活水平的提高，旅游开支已经成为许多家庭必不可少的支出项目。个人支付的旅游支出同样不能抵减个人所得税。但企业在制定年度员工福利计划时，可以给部分员工及其家属提供一次旅游机会，而把相应的费用从原打算支付给职工的货币工资及奖励中扣除。在员工维持同等消费水平的基础上，减少个人所得税的税金支出。当然，企业支付的职工旅游费用不能在税前扣除，可以考虑从工会会费、公益金中支出。

### 5. 为员工提供住房

随着人才流动的加剧，首先要解决的便是住房问题。如果由企业给予职工一定货币性的住户补贴，由员工自己来负担房租的相应费用，由于个人住房相应的支出不能在税前扣除，而货币性住房补贴则是要加入工资总额来计征个人所得税的，则扣除个人所得税及房屋租赁费用后的实际收入就降低了。

如果企业不把货币性住房补贴发放给职工个人，而是由企业统一购买或者租赁住房，然后提供给职工居住，则住房补贴这部分收入就不必征收个人所得税。在个人支出相同的情况下，减少了个人所得税的税金支出。

小案例1

张先生每月从单位获得薪金10 000元，但是由于单位不能提供住房，不得不每月花费1 500元在外租房居住，同时由于单位没有班车，每月上下班的交通费用为600元。张先生应交个人所得税为：

(10 000 − 3 500) × 20% − 555 = 745（元）

张先生的净报酬额为 = 10000 − 745 − 1500 − 600 = 7 155（元）

如果单位为张先生提供宿舍，并且在宿舍与单位之间开通班车，同时张先生每月的工资调整为7 900元，则张先生每月应交个人所得税为：

(7 900 − 3 500) × 10% − 105 = 335（元）

张先生的净报酬额 = 7 900 − 335 = 7 565（元）

这样张先生每月可以少交纳个人所得税410元(745元 − 335元)，净报酬额增加410元。

小案例 2

为了招聘高新技术人才,某国家级高新技术开发区内的一家高新技术开发公司欲以月薪 2 万元人民币的报酬招聘一名税收筹划部经理。假设该公司在所在城市租赁一套三室二厅、设备齐全的住宅,每月租金为 4 000 元,个人支付的旅游费用和培训费用分别为 6 000 元。如果公司给予职工的全部是货币工资,则该经理全年需要交纳的个人所得税为:

月薪应交纳的个人所得税 =(20 000 - 3 500)× 25% - 1 005 = 3 120(元)

全年税后净收入 = 240 000 - 3 120 × 12 = 202 560(元)

该经营经理的年收入扣除税金、房租、旅游支出、培训支出等,个人可支配收入为:

202 560 - 4 000 × 12 - 6 000 - 6 000 = 142 560(元)

如果该公司在招聘经理时将报酬条件改为月薪 1.5 万元,由公司提供一套设备齐全的三室二厅的住宅,每年结合外出促销活动提供一次总额为 6 000 元的双人旅游机会,每年结合市场营销会议给予个人额度为 6 000 元的培训费用(根据员工需要,由公司直接为员工支付费用),则该经理全年需要交纳的个人所得税为:

[(15 000 - 3 500)× 20% - 375]× 12 = 23 100(元)

在保持同样的消费水平的情况下,扣除了税金支出后个人可支配收入为:180 000 - 23 100 = 156 900(元)

很明显,这样可以减少税金 14 340 元。也就是说,这位经理通过税收筹划实际得到的比原来增加了 14 340 元。

假如该公司的招待费用等项目都未超过列支的标准,以上有关的费用都可以在企业所得税前开支的话,以上税收筹划又可以使公司节约企业所得税:

(4 000 × 12 + 6 000 + 6 000)× 25% = 15 000(元)

# 项目九 分批法的运用

## 项目导言

分批法是按产品批别或订单作为成本计算对象来归集生产费用并计算产品成本的一种方法。分批法适用于小批单件生产企业。分批法的特点有三点：①以产品批别（订单或生产通知单）作为成本计算对象，设置基本生产成本明细账，开设产品成本计算单；②成本计算期与会计报告期不一致而与产品生产周期一致；③一般不需在完工产品和月末在产品之间分配生产费用。

## 项目目标

1. 知识目标：理解分批法的含义，了解分批法的特点和适用范围，熟悉分批法的计算程序。
2. 能力目标：能用一般的分批法和简化的分批法计算产品成本，设置并登记成本明细账。
3. 拓展目标：编制主要产品单位成本报表。

## 任务一 认知分批法

### 一、分批法的含义和特点

#### （一）分批法的含义

分批法是以产品批别或订单作为成本计算对象来归集生产费用并计算产品成本的方法。在小批单件生产的企业中，企业的生产活动基本上是根据订货单位的订单签发工作号来组织生产的，按产品批别计算产品成本，往往与按订单计算产品成本相一致，因而分批法也叫订单法。

值得注意的是：客户的订单与厂内的工作批号可以相同也可以不同，一张订单可以分为几个工作批号，几张相同的订单也可以并为一个工作批号。分批法是以厂内的工作批号为准的。例如，①如果一张订单中要求生产好几种产品，为了便于考核分析各种产品的成本计划执行情况,加强生产管理,就要将该订单按照产品的品种划分成几个批号组织生产;②如果一张订单中只要求生产一种产品,但数量极大,超过企业的生产负荷能力,或者购货单位要求分批交货的,也可将该订单分为几个批号组织生产;③如果一张订单中只要求生产一种产品,但该产品属于价值高、生产周期长的大型复杂产品(如万吨轮),也可将该订单按产品的零部件分为几个批号组织生产;④如果在同一时期接到的几张订单要求生产的都是同一种产品,为了更经济、合理地组织生产,也可将这几张订单合为一批进行组织生产。

(二)分批法的特点

### 1. 成本计算对象是产品批别或工作批号

分批法下直接材料和直接工资都必须按工作批号归集,领料单上要标明工作批号,工资汇总分配表中凡属于生产工人工资均应分清生产的工作批号。制造费用应选择合适的标准,分配记入本月生产的工作号中。一旦产品完工,该工作批号就不能再列支任何费用了。

### 2. 以产品的生产周期作为成本计算期

采用分批法计算产品成本的企业,虽然各批产品的成本计算单仍按月归集生产费用,但是只有在该批产品全部完工时才能计算其实际成本。由于各批产品的生产复杂程度不同、质量数量要求不同,生产周期也就各不相同。有的批次当月投产,当月完工;有的批次要经过数月甚至数年才能完工。可见完工产品的成本计算因各批次的生产周期而异,是不定期的。所以,分批法的成本计算期与产品的生产周期一致,而与会计报告期不一致。

### 3. 生产费用一般不需要在完工产品和在产品之间进行分配

单件或小批生产企业,在购货单位要求一次交货的情况下,每批产品要求同时完工。这样该批产品完工前的成本明细账上所归集的生产费用,即为在产品成本;完工后的成本明细账上所归集的生产费用,即为完工产品成本。因此,生产费用不需要在完工产品和在产品之间进行分配。

但是如果产品批量较大、购货单位要求分次交货时,就会出现批内产品跨月陆续完工的情况,这时应采用适当的方法将生产费用在完工产品和月末在产品之间分配。采用的分配方法视批内产品跨月陆续完工的数量占批量的比重大小而定。

## 二、分批法的适用范围

产品成本计算的分批法,是按照产品批别归集生产费用、计算产品成本的一种方法。这种方法适用于小批生产和单件生产,如精密仪器、专用设备、重型机械和船舶的制造,某些特殊或精密铸件的熔铸,新产品的试制和机器设备的修理,以及辅助生产的工具模具制造等。适用于分批法的工厂或车间通常有下列几种:①根据购买者订单生产的企业;

②产品种类经常变动的小规模制造厂;③专门进行修理业务的工厂;④新产品试制车间。这些企业的一个共同特点是,一批产品通常不重复生产,即使重复生产也是不定期的。

### 三、分批法的成本计算程序

#### (一)按产品批别设置产品明细账

在分批法下计算产品成本,企业通常按产品批别组织生产,生产计划部门要发出"生产通知单",将生产任务下达给各生产车间,并通知会计部门,会计部门应根据产品批别,设立产品成本计算单,并按车间、成本项目设专栏,计算该批产品成本。除会计部门设置的成本明细账外,为了分析、考核各车间的工作成绩,加强车间成本管理,各车间也可按每一订单或每一批产品开设一张成本明细账,记录每一订单在本车间发生的费用。

#### (二)按产品批别归集和分配本月生产费用,编制各种费用分配表,登记产品成本计算单

在分批法下,要按产品批别来归集和分配生产费用。能按批次划分的直接计入费用,要在费用的原始凭证上注明产品的批别(或批次)、生产通知单、订单号,以便记入各批产品成本计算单;对于不能分清属于某批产品的费用,如辅助生产成本、各车间制造费用,以及管理部门有关费用则要在费用原始凭证上注明费用的用途、发生地点、费用明细项目,按企业确定的分配方法在各批产品之间进行分配,再记入各批产品成本计算单。

#### (三)单件、小批生产一般不单独计算废品损失

如果需要计算,可根据废品报销凭证,计算不可修复废品成本,从各有关成本明细账中的直接材料、直接人工和制造费用等成本项目中扣减,转入废品损失。可修复废品的修复费用可根据费用分配表记入废品损失明细账。在分批法下,废品损失一般能直接归属于各订单,这样就可以从废品损失明细账直接转入各有关订单的成本明细账内。

#### (四)月终各车间将各批次在本车间发生的费用抄送会计部门进行核对

当某订单、生产通知单或某批产品完工、检测合格后,应由车间填制完工通知单,送一份给财会部门以便结算成本。

#### (五)产品完工时,计算各批完工产品总成本及单位成本,并结转完工产品成本

月末加总计算完工批别产品成本明细账中所归集的生产费用,计算完工产品的实际总成本和单位成本;月末各批未完工产品明细账内归集的生产费用即为月末在产品成本;如月末有部分产品完工、部分产品未完工的,要采用适当的方法在完工产品和未完工产品之间分配费用。由于分批法下,批内跨月陆续完工的情况不多,如有陆续跨月完工的情况,月末计算完工产品成本时,可采用计划成本、定额成本或最近时期相同产品的实际成

本对完工产品成本进行计价的简易方法计算，然后将其从基本成本明细账中转出，余下的即为在产品成本。等全部产品完工时，再计算该批全部产品的实际总成本和单位成本。

分批法的成本计算程序如图 9-1 所示。

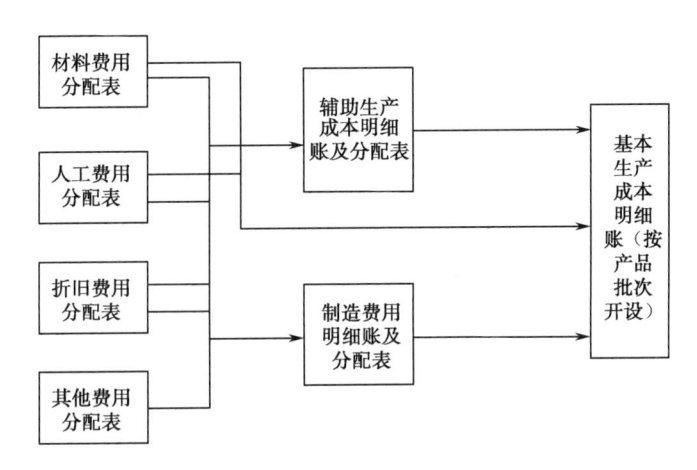

图 9-1　分批法的成本计算程序示意图

## 任务二　分批法实例

### 子任务一　一般的分批法

【情景资料 9-1】
某工业企业属于小批生产类型的生产企业，设有一个基本生产车间，按批次组织生产。生产甲、乙、丙三种产品，采用分批法计算产品成本，设置直接材料、直接人工、制造费用三个成本项目。

1. 该厂 2017 年 11 月生产的产品批号有：701 批次甲产品 6 台，10 月份投产，本月完工；702 批次丙产品 10 台，本月投产，本月完工 6 台；703 批次乙产品 8 台，本月投产，本月完工 2 台。702 批次丙产品原材料在生产开始时投入，完工产品和在产品之间生产费用采用约当产量比例法分配，在产品的完工程度为 50%。703 批次乙产品完工数量较少，完工产品成本按计划成本结转，乙产品计划单位成本为 6 700 元，其中直接材料 4 500 元，直接人工 1 700 元，制造费用 500 元。

2. 有关成本计算单中的期初余额如表 9-1 所示。

表 9-1　期初余额表

2017 年 11 月　　　　　　　　　　　　　　　　　　　　　　　　　　　单位：元

| 产品批次 | 直接材料 | 直接人工 | 制造费用 | 合计 |
|---|---|---|---|---|
| 701 批甲产品 | 13 800 | 8 200 | 6 150 | 28 150 |

3. 材料费用分配表，如表 9-2 所示。

表 9-2　材料费用分配表

2017 年 11 月　　　　　　　　　　　　　　　　　　　　　　　　　　　单位：元

| 应借科目 | | 原材料 |
|---|---|---|
| 生产成本 | 701 批甲产品 | 7 650 |
| | 702 批丙产品 | 48 975 |
| | 703 批乙产品 | 36 000 |
| | 小　计 | 92 625 |
| 制造费用 | | 2 050 |
| 管理费用 | | 1 750 |
| 合　计 | | 96 425 |

4. 人工费用分配表，如表 9-3 所示。

表 9-3　人工费用分配表

2017 年 11 月　　　　　　　　　　　　　　　　　　　　　　　　　　　单位：元

| 应借科目 | | 应付职工薪酬 |
|---|---|---|
| 生产成本 | 701 批甲产品 | 5 100 |
| | 702 批丙产品 | 7 025 |
| | 703 批乙产品 | 4 400 |
| | 小　计 | 16 525 |
| 制造费用 | | 3 450 |
| 管理费用 | | 2 895 |
| 合　计 | | 22 870 |

5. 本月制造费用总额为 9 500 元，各批次生产工时统计，如表 9-4 所示。

表9-4 工时统计表

2017年11月

| 产品批次 | 生产工时/小时 |
|---|---|
| 701批甲产品 | 8 000 |
| 702批丙产品 | 12 500 |
| 703批乙产品 | 3 250 |
| 合　计 | 23 750 |

**要求：**

(1) 根据材料费用分配表和人工费用分配表编制材料和人工费用分配的会计分录；

(2) 编制制造费用分配表，并编制会计分录；

(3) 编制各批次的成本计算单；

(4) 编制产品成本汇总表和结转完工产品成本的会计分录。

月末时若某批产品完工产品数量较少，则完工产品成本按计划成本或定额成本计算，即

完工产品成本=完工数量×计划单位成本

或=完工数量×单位定额成本

## 任务实施

根据【情景资料9-1】，实施任务如下。

**1. 编制材料和人工费用分配的会计分录**

（1）材料费用分配：

借：生产成本——基本生产成本(701批甲产品)　　7 650
　　　　　　——基本生产成本(702批丙产品)　　48 975
　　　　　　——基本生产成本(703批乙产品)　　36 000
　　制造费用——机物料消耗　　　　　　　　　　2 050
　　管理费用——物料消耗　　　　　　　　　　　1 750
　　贷：原材料　　　　　　　　　　　　　　　　96 425

（2）人工费用分配：

借：生产成本——基本生产成本（701批甲产品）　5 100
　　　　　　——基本生产成本（702批丙产品）　7 025
　　　　　　——基本生产成本（703批乙产品）　4 400
　　制造费用——职工薪酬　　　　　　　　　　　3 450

149

| 管理费用——职工薪酬 | 2 895 |
| 贷：应付职工薪酬——工资 | 22 870 |

**2. 编制制造费用分配表，并编制会计分录**

（1）编制制造费用分配表，如表9-5所示。

表9-5 制造费用分配表

2017年11月　　　　　　　　　　　　　　　　　　　　　单位：元

| 产品批次 | 生产工时/小时 | 分配率/（元/小时） | 分配金额 |
| --- | --- | --- | --- |
| 701批甲产品 | 8 000 | | 3 200 |
| 702批丙产品 | 12 500 | | 5 000 |
| 703批乙产品 | 3 250 | | 1 300 |
| 合　计 | 23 750 | 0.4 | 9 500 |

（2）编制会计分录：

借：生产成本——基本生产成本（701批甲产品）　3 200
　　　　　　——基本生产成本（702批丙产品）　5 000
　　　　　　——基本生产成本（703批乙产品）　1 300
　　贷：制造费用　　　　　　　　　　　　　　　9 500

**3. 编制各批次产品成本计算单**

产品成本计算单，如表9-6、表9-7、表9-8所示。

表9-6 产品成本计算单

产品批次：701批甲产品　　　2017年11月　　　完工产量：6台　　单位：元

| 项　目 | 直接材料 | 直接人工 | 制造费用 | 合　计 |
| --- | --- | --- | --- | --- |
| 期初结存 | 13 800 | 8 200 | 6 150 | 28 150 |
| 本月生产费用 | 7 650 | 5 100 | 3 200 | 15 950 |
| 合　计 | 21 450 | 13 300 | 9 350 | 44 100 |
| 完工产品成本 | 21 450 | 13 300 | 9 350 | 44 100 |
| 单位成本 | 3 575 | 2 216.67 | 1 558.33 | 7 350 |

表9-7 产品成本计算单

完工产量：6台

产品批次：702批丙产品　　2017年11月　　在产品数量：4台　　单位：元

| 项　目 | 直接材料 | 直接人工 | 制造费用 | 合　计 |
| --- | --- | --- | --- | --- |
| 本月生产费用 | 48 975 | 7 025 | 5 000 | 61 000 |

续表

| 项　　目 | 直接材料 | 直接人工 | 制造费用 | 合　　计 |
|---|---|---|---|---|
| 完工产品产量/台 | 6 | 6 | 6 | |
| 在产品约当产量/台 | 4 | 2 | 2 | |
| 产量合计/台 | 10 | 8 | 8 | 26 |
| 单位成本 | 4 897.5 | 878.13 | 625 | 6 400.63 |
| 完工产品成本 | 29 385 | 5 268.75 | 3 750 | 38 403.75 |
| 月末在产品成本 | 19 590 | 1 756.25 | 1 250 | 22 596.25 |

表 9-8　产品成本计算单

完工产量：2 台

产品批次：703 批乙产品　　　　2017 年 11 月　　　　在产品数量：6 台　　　单位：元

| 项　　目 | 直接材料 | 直接人工 | 制造费用 | 合　　计 |
|---|---|---|---|---|
| 本月生产费用 | 36 000 | 4 400 | 1 300 | 41 700 |
| 计划单位成本 | 4 500 | 1 700 | 500 | 6 700 |
| 完工产品成本 | 9 000 | 3 400 | 1 000 | 13 400 |
| 月末在产品成本 | 27 000 | 1 000 | 300 | 28 300 |

**4. 编制产品成本汇总表和结转完工产品成本的会计分录**

（1）编制成本计算汇总表，如表 9-9 所示。

表 9-9　产品成本计算汇总表

2017 年 11 月　　　　　　　　　　　　　　　　　　　　　　　　单位：元

| 项　　目 | 701 甲产品（6 台） || 702 丙产品（6 台） || 703 乙产品（2 台） ||
| | 总成本 | 单位成本 | 总成本 | 单位成本 | 总成本 | 单位成本 |
|---|---|---|---|---|---|---|
| 直接材料 | 21 450 | 3 575 | 29 385 | 4 897.5 | 9 000 | 4 500 |
| 直接人工 | 13 300 | 2 216.67 | 5 268.75 | 878.13 | 3 400 | 1 700 |
| 制造费用 | 9 350 | 1 558.33 | 3 750 | 625 | 1 000 | 500 |
| 合　　计 | 44 100 | 7 350 | 38 403.75 | 6 400.63 | 13 400 | 6 700 |

（2）编制结转完工产品成本的会计分录：

借：库存商品——甲产品　　44 100
　　　　　　　——乙产品　　13 400
　　　　　　　——丙产品　　38 403.75
　贷：生产成本——基本生产成本（701 批甲产品）　44 100
　　　　　　　——基本生产成本（703 批乙产品）　13 400
　　　　　　　——基本生产成本（702 批丙产品）　38 403.75

分批法要按产品批别来设置基本生产成本明细账并开设成本计算单,产品所耗用的费用也要分配到各个批次。

## 子任务二　简化的分批法

【情景资料9-2】

恒达公司为小批单件生产企业,2017年10月生产101A、102B和103B三批产品,所有产品的原材料在生产开始时一次投入,月末在产品完工率为50%。采用简化的分批法计算产品成本。

1. 10月份生产情况

10月份生产情况,如表9-10所示。

表9-10　10月份生产情况表

| 产品批次 | 批量/件 | 本月生产工时/小时 | 投产时间 | 完工情况 |
| --- | --- | --- | --- | --- |
| 101A | 20 | 1 600 | 9月20日 | 全部完工 |
| 102B | 30 | 1 200 | 9月22日 | 完工10件 |
| 103B | 10 | 400 | 10月26日 | 全部未完工 |

2. 期初在产品成本和生产工时

期初在产品成本和生产工时,如表9-11所示。

表9-11　期初在产品成本及生产工时

| 产品批次 | 直接材料/元 | 直接人工/元 | 制造费用/元 | 合计/元 | 生产工时/小时 |
| --- | --- | --- | --- | --- | --- |
| 101A | 4 400 | | | | 2 400 |
| 102B | 5 600 | | | | 1 600 |
| 合　计 | 10 000 | 5 600 | 6 800 | 22 400 | 4 000 |

3. 本月产品成本和生产工时

本月产品成本和生产工时,如表9-12所示。

表9-12　生产成本及生产工时

| 产品批次 | 直接材料/元 | 直接人工/元 | 制造费用/元 | 合计/元 | 生产工时/小时 |
| --- | --- | --- | --- | --- | --- |
| 101A | 3 600 | | | | 1 600 |
| 102B | 1 600 | | | | 1 200 |
| 103B | 4 000 | | | | 400 |
| 合　计 | 9 200 | 4 480 | 4 720 | 18 400 | 3 200 |

## 项目九　分批法的运用

> 要求：
> 1．开设并登记基本生产成本二级账；
> 2．开设并填制成本计算单，计算产品成本；
> 3．编制产品成本计算汇总表和结转完工产品成本的会计分录。

### 一、简化分批法的含义和特点

#### 1．简化分批法的含义

简化分批法也称累计间接费用分批法，或不分批计算在产品成本的分批法。在该方法下，每月发生的间接费用，不按月在各批产品之间进行分配，而是先累计起来，待产品完工时，按完工累计生产工时的比例在各批完工产品之间进行分配，从而计算出完工产品总成本及单位成本的方法。

#### 2．简化分批法的特点

（1）设基本生产成本二级账，登记各月各批产品发生的生产费用（按成本项目）和生产工时。

（2）按批次设立生产成本明细账，与二级账平行登记，但在产品完工前只登记直接材料费用和生产工时，不分配间接费用。

（3）月末时要计算累计间接计入费用分配率，完工批次要按分配率分配间接计入费用（本方法中的间接计入费用不是指制造费用，而是指除了直接材料费用以外的其他费用）。

#### 3．简化分批法的核算程序

（1）设基本生产成本二级账，按批别设基本生产成本明细账。
（2）计算累计间接计入费用分配率。
计算公式：

$$全部产品累计间接计入费用分配率 = \frac{全部产品累计间接计入费用}{全部产品累计工时}$$

（3）计算各完工产品应负担的间接费用。

$$某批完工产品应负担的间接计入费用 = \frac{该完工产品的}{累计工时} \times \frac{累计间接计入费用}{分配率}$$

未完工的在产品不分配间接费用，即不分批计算在产品成本。
（4）结转完工产品成本。

简化分批法核算程序如图 9-2 所示。

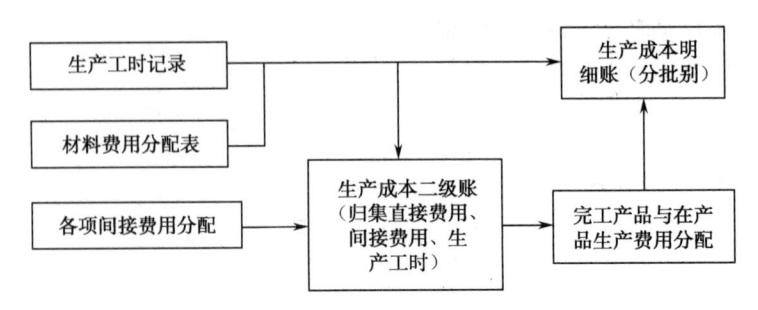

图 9-2 简化分批法核算程序示意图

# 任务实施

根据【情景资料 9-2】，实施任务如下。

## 1. 设置并登记基本生产成本二级账

基本生产成本二级账，如表 9-13 所示。

表 9-13 基本生产成本二级账

单位：元

| 2017 年 ||凭证字号| 摘　要 | 直接材料 | 直接人工 | 制造费用 | 合　计 | 工时/小时 |
| 月 | 日 |||||||
|---|---|---|---|---|---|---|---|---|
| 10 | 1 | | 月初在产品成本 | 10 000 | 5 600 | 6 800 | 22 400 | 4 000 |
| | | | 本月生产费用 | 9 200 | 4 480 | 4 720 | 18 400 | 3 200 |
| | | | 累计 | 19 200 | 10 080 | 11 520 | 40 800 | 7 200 |
| | | | 累计间接费用分配率/(元/小时) | | 1.4 | 1.6 | | |
| | | | 完工产品成本 | 10 400 | 7 560 | 8 640 | 26 600 | 5 400 |
| | | | 月末在产品成本 | 8 800 | 2 520 | 2 880 | 14 200 | 1 800 |

全部产品累计人工费用分配率 $=\dfrac{10\,080}{7\,200}=1.4$（元/小时）

全部产品累计制造费用分配率 $=\dfrac{11\,520}{7\,200}=1.6$（元/小时）

## 2. 开设并填制成本计算单，计算产品成本

成本计算单填制，如表 9-14、表 9-15、表 9-16 所示。

### 表9-14　成本计算单

产品批号及名称：101A　　　　　　投产时间：2017年9月20日

批量：20件　　　　　　完工时间：2017年10月23日　　完工数量：20件　　　　单位：元

| 摘　要 | 直接材料 | 直接人工 | 制造费用 | 合　计 | 工时/小时 |
|---|---|---|---|---|---|
| 月初在产品成本 | 4 400 | | | | 2 400 |
| 本月生产费用 | 3 600 | | | | 1 600 |
| 累　计 | 8 000 | | | | 4 000 |
| 累计间接计入费用分配率/（元/小时） | | 1.4 | 1.6 | | |
| 完工产品成本 | 8 000 | 5 600 | 6 400 | 20 000 | 4 000 |
| 单位成本 | 400 | 280 | 320 | 100 | |

### 表9-15　成本计算单

产品批号及名称：102B　　　　　　投产时间：2017年9月22日

批量：30件　　　　　　完工时间：2017年10月19日　　完工数量：10件　　　　单位：元

| 摘　要 | 直接材料 | 直接人工 | 制造费用 | 合　计 | 工时/小时 |
|---|---|---|---|---|---|
| 月初在产品成本 | 5 600 | | | | 1 600 |
| 本月生产费用 | 1 600 | | | | 1 200 |
| 累　计 | 7 200 | | | | 2 800 |
| 累计间接计入费用分配率/（元/小时） | | 1.4 | 1.6 | | |
| 完工产品成本 | 2 400 | 1 960 | 2 240 | 6 600 | 1 400 |
| 单位成本 | 240 | 196 | 224 | 660 | |
| 月末在产品成本 | 4 800 | | | | 1 400 |

### 表9-16　成本计算单

产品批号及名称：103B　　　　　　投产时间：2017年10月26日

批量：10件　　　　　　完工时间：　　　　　　完工数量：0件　　　　单位：元

| 摘　要 | 直接材料 | 直接人工 | 制造费用 | 合　计 | 工时/小时 |
|---|---|---|---|---|---|
| 本月生产费用 | 4 000 | | | | 400 |
| | | | | | |

（1）直接材料费用的分配：

直接材料费用分配率 $= \dfrac{7\,200}{30} = 240$（元/件）

完工产品应分配的直接材料=10×240=2 400（元）

月末在产品应分配的直接材料=20×240=4 800（元）

（2）直接人工费用及制造费用的分配：

在产品约当产量=20×50%=10（件）

生产工时分配率 $= \dfrac{2\,800}{10+10} = 140$（小时/件）

完工产品工时=140×10=1 400（小时）

在产品工时=140×10=1 400（小时）

完工产品应分配的直接人工=1 400×1.4=1 960（元）

月末在产品应分配的直接人工=1 400×1.4=1 960（元）

完工产品应分配的制造费用=1 400×1.6=2 240（元）

月末在产品应分配的制造费用=1 400×1.4=2 240（元）

**3. 编制产品成本计算汇总表和结转完工产品成本的会计分录**

（1）编制产品成本计算汇总表，如表9-17所示。

表9-17　产品成本计算汇总表

2017年10月　　　　　　　　　　　　　　　　　　　　　单位：元

| 项　　目 | 101A产品（20件） | | 102B产品（10件） | |
| --- | --- | --- | --- | --- |
| | 总成本 | 单位成本 | 总成本 | 单位成本 |
| 直接材料 | 8 000 | 400 | 2 400 | 240 |
| 直接人工 | 5 600 | 280 | 1 960 | 196 |
| 制造费用 | 6 400 | 320 | 2 240 | 224 |
| 合　　计 | 20 000 | 1 000 | 6 600 | 660 |

（2）编制会计分录：

借：库存商品——A产品　　　　　　　　　　　20 000
　　　　　　——B产品　　　　　　　　　　　 6 600
　　贷：生产成本——基本生产成本（101批A产品）　20 000
　　　　　　　——基本生产成本（102批B产品）　 6 600

简化的分批法要设置基本生产成本二级明细账,在二级明细账中登记所有产品的生产费用及其生产工时;基本生产成本明细账平时只登记发生的直接材料费用和工时,不登记其他费用;直接材料费用要采用一定的方法在完工产品和在产品之间进行分配,而其他费用的分配先要计算累计间接计入费用分配率,然后在完工产品和在产品之间进行分配。

## 项目总结

分批法中应重点掌握各项费用的分配方法及其计算单的编制。一般的分批法和简化的分批法在账户设置及登记、费用的分配方法上截然不同,学生应注意两者之间的区别;简化的分批法除了要分批次设置基本生产成本明细账外还要设置基本生产成本二级明细账,学生应重点掌握累计间接计入费用分配率的计算及其费用的分配。

## 知识拓展

### 加工环节的避税筹划

**一、"加工秘诀"**

委托加工,是指由委托方提供原料和主要材料,受托方只代垫部分辅助材料,按照委托方的要求加工货物并收取加工费的经营活动。但委托加工应税消费品往往比自行加工税负低。

《中华人民共和国消费税暂行条例》规定:委托加工的应税消费品由受托方代收代缴消费税,委托方收回应税消费品后直接对外销售的不再缴纳消费税。委托加工的应税消费品,按照受托方的同类消费品的销售价格计算纳税。同类消费品的销售价格是指受托方(即代收代缴义务人)当月销售的同类消费品的销售价格,如果当月无销售或者当月未完结,应按照同类销售品上月或者最近月份的销售价格计算纳税。没有同类消费品销售价格的,按照组成计税价格计算纳税。组成计税价格的计算公式为:

组成计税价格 =(材料成本 + 加工费)÷(1 - 消费税税率)。

可见,委托加工的应税消费品与自行加工的应税消费品的税基是不同的,委托加工时,受托方代收代缴税款,税基为组成计税价格或同类产品销售价格;自行加工时,计税的税基为产品销售价格。通常情况下,委托方收回委托加工的应税消费品后,以高于成本的价格售出以求盈利。不论委托加工费大于或小于自行加工成本,只要收回的应税消费品的计税价格低于收回后直接出售价格,委托加工应税消费品的税负就会低于自行加工的税负。当然,从表面上看,由于受托方也追逐利润,委托加工会比自行加工成本高,这样在委托方降低税负的同时成本也增加了,不过,专业化分工告诉我们委托加工不一定比自行加工成本增加,另外,如果委托方与受托方属同一企业集团的话,那么,双方之间的让利并不会影响到集团整体利益。

## 二、案例分析

A卷烟厂委托加工的消费品面临以下两种税收筹划方案的选择：

方案一：委托加工的消费品收回后，继续加工成另一种应税消费品。

A卷烟厂委托B厂将一批价值100万元的烟叶加工成烟丝，协议约定加工费75万元；加工的烟丝运回A厂后继续加工成甲类卷烟，加工成本、分摊费用共计95万元，该批卷烟售出价格（不含税）900万元，出售数量为0.4万箱，消费税固定税额为每标准箱150元。烟丝消费税税率为30%，卷烟的消费税税率为56%（增值税不计）。

A厂支付加工费同时，向受托方支付其代收代缴消费税：

$(100+75) \div (1-30\%) \times 30\% = 75$（万元）

代收代缴城建税及教育费附加：

$75 \times (7\% + 3\%) = 7.5$（万元）

A厂销售卷烟后，应缴纳消费税：$900 \times 56\% + 150 \times 0.4 - 75 = 489$（万元）

应缴城建税及教育费附加：$489 \times (7\% + 3\%) = 48.9$（万元）

A厂税后利润：$(900 - 100 - 75 - 75 - 95 - 489 - 48.9 - 7.5) \times (1 - 25\%) = 7.2$（万元）

方案二：委托加工的消费品回收后委托方不得继续加工，而是直接对外销售。

A厂委托B厂将烟叶加工成甲类卷烟，烟叶成本不变，支付加工费170万元；A厂收回后直接对外销售，售价仍为900万元。

A厂支付受托方代收代扣消费税：$(100 + 170 + 0.4 \times 150) \div (1 - 56\%) \times 56\% + 0.4 \times 150 = 480$（万元）

支付代收代缴城建税及教育费附加：$480 \times (7\% + 3\%) = 48$（万元）

A厂销售时不用再缴纳消费税，税后利润的计算过程：$(900 - 100 - 170 - 480 - 48) \times (1 - 25\%) = 76.5$（万元）

在被加工材料成本相同、最终售价相同的情况下，方案二显然比方案一对企业有利得多，税后利润增加69.3万元（76.5万元－7.2万元）。而在一般情况下，方案二支付的加工费要比方案一支付的加工费（向受托方支付的加工费与自己发生的加工费之和）要少。对受托方来说，不论哪种情况，代收代缴的消费税都与其盈利无关，只有收取的加工费与其盈利有关。

# 项目十　分步法的运用

### 项目导言

产品成本计算的分步法，是以产品品种及其所经过的生产步骤作为成本核算对象，来归集生产费用、计算产品成本的一种方法。根据企业生产特点和对各个生产步骤成本管理要求的不同，分步法又分为逐步结转分步法和平行结转分步法两类。其中，逐步结转分步法根据半成品成本的结转方式又分为综合结转分步法和分项结转分步法。

### 项目目标

1. 知识目标：理解分步法的特点、种类及适用范围，明确其成本计算程序。
2. 能力目标：掌握综合结转分步法、分项结转分步法和平行结转分步法三种方法下完工产品成本和月末在产品成本的计算过程，掌握综合逐步结转分步法下的成本还原。
3. 拓展目标：了解产品成本分析的主要内容和一般方法。

## 任务一　认知分步法

【情景资料 10-1】

1. 湘中化肥厂生产尿素，设有三个基本生产车间：合成车间、尿素车间和成品车间，属于连续式多步骤生产，生产以电为动力。设有两个辅助生产车间：机修和供水车间。机修车间负责机器设备的修理，供水车间以水为原料生产循环水和精制水，为基本生产车间和其他部门提供用水。企业成本核算管理要求：逐步计算半成品成本。生产工艺流程为：合成车间投入渣油、石脑油、柴油等材料生产出合成氨，合成氨直接投入尿素车间生产出散尿素，再直接进入成品车间包装为成品尿素。

请分析，根据企业产品生产工艺流程的特点和成本核算的管理要求，应采用何种成本计算方法？具体生产工艺流程，如图 10-1 所示。

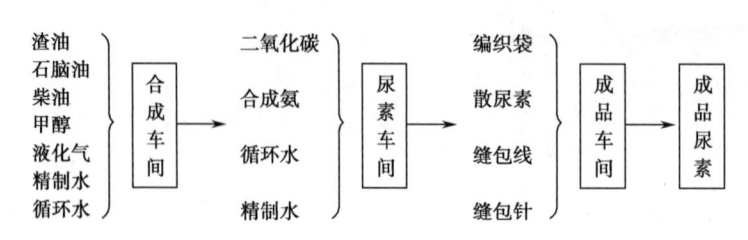

图 10-1　湘中化肥厂生产工艺流程

2. 新华机械厂是一小型工业企业，设有三个基本生产车间和一个辅助生产车间。三个基本生产车间分别为型铸件车间、精加工车间、装配车间。生产工艺流程为：型铸件车间分别造型、熔炼成 A1 和 B1 铁铸件，精加工车间分别精加工 A2 和 B2 零部件，然后再由装配车间将 A2 和 B2 零部件装配成甲设备。另有一个辅助生产车间机修车间，主要为基本生产车间和管理部门提供服务。企业成本核算管理要求：不要求逐步计算半成品成本。

请分析，根据企业产品生产工艺流程的特点和成本核算的管理要求，应采用何种成本计算方法？具体生产工艺流程，如图 10-2 所示。

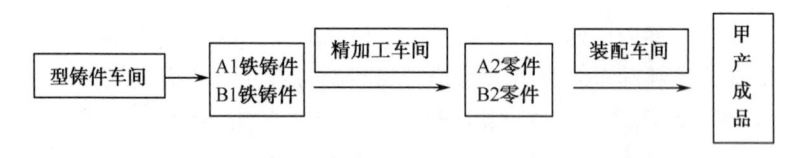

图 10-2　新华机械厂生产工艺流程

## 一、分步法的含义和种类

### （一）分步法的含义

产品成本计算的分步法是以产品品种及其产品生产过程中所经过的各个加工步骤为成本计算对象，来归集生产费用、计算产品成本的一种方法。它主要适用于大量大批多步骤生产的企业或车间。

### （二）分步法的种类

在采用分步法计算产品成本时，由于企业生产工艺流程的特点和对各步骤成本核算管理的要求不同，在进行各个生产步骤成本的计算和结转时，分步法又分为逐步结转分步法和平行结转分步法两大类。

**1. 逐步结转分步法**

逐步结转分步法，它是按照产品加工顺序，逐步计算并结转各步骤半成品的成本，直至最后生产步骤计算出产成品成本的一种成本计算方法。采用这种分步法，不仅能计算出最后步骤完工的产成品成本，还能计算出前面各步骤所完工的半成品成本，所以又称为计算半成品成本分步法。在逐步结转分步法下，根据各步骤之间半成品成本的结转方式，又分为综合结转分步法和分项结转分步法。

（1）综合结转分步法

综合结转分步法是将上一步骤转入下一步骤的半成品成本，不分成本项目，全部记入到下一步骤的生产成本明细账的"直接材料"或专设的"自制半成品"等综合性成本项目，综合反映耗用上一步骤的半成品成本。半成品成本的综合结转可以按实际成本结转，也可以按计划成本结转。因此，综合结转分步法，又有按实际成本综合结转法与按计划成本综合结转法两种方法。

（2）分项结转分步法

分项结转分步法是将上一步骤的半成品成本转入到下一步骤时，按其原始成本项目，分别记入到下一步骤产品生产成本明细账的对应的成本项目，分项反映各步骤耗用上一步骤所产生的半成品成本，从而分项反映下一步骤耗用上一步骤所产生的半成品成本。

2．平行结转分步法

平行结转分步法，先计算各个生产步骤在最终产成品成本的所占的份额，然后简单相加，平行汇总，计算出最终产成品成本的分步法。采用这种方法，只能计算出最后步骤完工的产成品成本，不能计算出前面各步骤完工的半成品成本，所以又称为不计算半成品成本分步法。

## 二、分步法的特点

分步法的特点主要表现在以下几个方面。

### 1．成本计算对象为各种产品品种及其所经过的生产步骤

在分步法下，成本计算对象是各种产品品种及其所经过的生产步骤，因此，在进行成本计算时，需为每个生产步骤的每种产品设置产品成本计算单，用来归集生产费用，计算产品成本。对于生产过程中发生的费用，凡是直接计入费用，应直接记入各成本计算单中；间接计入费用则应先按生产步骤归集，然后按一定标准在该步骤的各种产品之间进行分配。必须注意，产品成本计算的分步与实际的生产步骤不一定完全一致，也就是分步法的步骤与产品的生产车间有时相同，有时并不完全相同。产品成本计算的分步是根据简化成本计算工作和管理上的要求来确定的，一般来说，分步计算成本也就是分车间计算成本，但根据成本管理的需要，有时可将几个车间合并为一个步骤，有时一个车间又分为几个步骤。因此，分步计算成本不一定就是分车间计算成本。

在逐步结转和平行结转两类分步法下，成本计算对象的确定也有一定的区别。逐步结转分步法是计算半成品成本分步法，其成本核算对象是产成品及其所经过各步骤的半成

品，前面各步骤需要计算半成品成本，且半成品成本随实物的转移而转移，直到最后步骤计算出产成品成本。平行结转分步法是不计算半成品成本的分步法，其成本核算对象是产成品及其所经过的生产步骤，各步骤只归集本步骤发生的费用，只计算和结转各步骤在最终产成品成本中所占的份额，半成品成本不随实物的转移而转移。

### 2. 成本计算期与会计报告期一致，与产品生产周期不一致

在采用分步法计算产品成本的企业里，产品是大量大批重复的生产，成本计算期是定期的，即成本计算工作每个月定期进行，因此，成本计算期与会计报告期一致，但与产品生产周期不一致。

### 3. 通常需要将生产费用在完工产品与月末在产品之间进行分配

在大量大批多步骤生产的企业里，其产品往往跨月陆续完工，月末经常有一定数量的在产品，因此，归集在各生产步骤产品成本计算单中的生产费用，大多要采用适当的分配方法，将归集的生产费用总额在完工产品与月末在产品之间进行分配，计算出完工产品成本和月末在产品成本。但由于两类分步法在成本计算对象上的差异，生产费用在完工产品与在产品之间的分配也有所不同。

逐步结转分步法其成本核算对象是产成品及其所经过各生产步骤的半成品，前面各步骤需要计算半成品成本，且半成品成本随实物的转移而转移，直到最后步骤计算出产成品成本。因此，月末各生产步骤将生产费用在完工产品与在产品之间进行分配时，本月发生的生产费用包括本步骤发生的费用再加上上步骤转入的半成品成本，完工产品是指本步骤完工的半成品（最后生产步骤完工产品为产成品），月末在产品是指本步骤正在加工尚未完工的在产品，即狭义的在产品。

平行结转分步法是不计算半成品成本的分步法，其成本核算对象是产成品及其所经过的生产步骤，各生产步骤只归集本步骤发生的费用，只计算和结转各生产步骤在最终产成品成本中所占的份额，即前面各生产步骤不计算在产品成本，半成品成本不随实物的转移而转移。因此，月末各生产步骤将生产费用在完工产品与月末在产品之间进行分配。这里的完工产品，是指企业最后完工的产成品；某生产步骤完工产品费用，是指该步骤生产费用中应计入产成品成本的份额。那么，各生产步骤的在产品数量是一个广义的在产品数量，指尚未完工的全部在产品和半成品，具体包括：①狭义的在产品，即尚在本步骤加工的在产品；②本步骤已经完工，转入半成品库的半成品；③已从半成品仓库转移到以后生产步骤进一步加工、尚未最终制成产成品的半成品。平行结转分步法下的完工产品成本，是通过对各生产步骤应计入相同产成品成本的"份额"平行汇总相加计算得到的。

## 三、分步法的适用范围

分步法主要适用于大量大批多步骤生产企业，如冶金、机械、纺织、化工、造纸等企业。在这些企业中，产品生产是分若干个生产步骤进行的。例如，冶金企业可以分为炼铁、

炼钢、轧钢等生产步骤；机械企业可以分为铸造、加工、装配等生产步骤；纺织企业可以分为纺纱、织布、印染等生产步骤。这些企业为了加强成本管理，不仅要求计算产成品成本，还要求按步骤归集生产费用，或计算各步骤半成品成本。

### （一）逐步结转分步法的适用范围

**1．某一半成品要同时作为几种产成品原料的企业**

有一些半成品为企业几种产品共同耗用，为了分别计算各种产成品的成本，先要计算这些半成品的成本，如生产钢铸件、铜铸件的机械企业，生产纸浆的造纸企业。

**2．半成品可对外销售或半成品虽不对外销售但需进行比较考核的企业**

有些企业生产的半成品不完全为企业自用，还经常作为商品对外销售。为了计算外售半成品成本，全面考核和分析商品产品成本计划的执行情况，也要求计算这些半成品的成本，如纺织企业的棉纱、坯布，冶金企业的生铁、钢锭、铝锭，化肥企业的合成氨等半成品都属于这种情况。

**3．有的半成品虽然不一定外售，但要进行同行业成本的评比，因而也要计算这种半成品的成本**

**4．实行厂内经济责任制的企业，为了有效地控制各生产步骤内部的生产耗费和资金占用水平，也要求计算并在各生产步骤之间结转半成品成本**

### （二）平行结转分步法的适用范围

总的来说，大量大批多步骤生产企业中只要不要求提供各步骤半成品成本，上述企业都可采用平行结转分步法来计算产品成本。

**1．半成品无独立经济意义或虽有半成品但不要求单独计算半成品成本的企业**

如砖瓦厂、瓷厂等。

**2．一般不计算零配件成本的装配式复杂生产企业**

如大批量生产的机械制造企业。

随着我国企业经济责任制的推行，企业普遍实行内部经济责任制和责任会计，尤其是在建立社会主义市场经济的过程中，大量的企业要按公司法的规定进行规范化改组，企业内部责任权利的实施在很大程度上依赖于各车间的成本指标考核，必然要求各车间要计算半成品成本。所以，平行结转分步法的运用范围将相对缩小，更多采用逐步结转分步法。但无论工业企业是何种生产类型，根据企业的实际生产情况、企业现行的管理状况，选择合适的成本计算方法来保证成本计算的正确性则尤为重要。综上所述，根据【情景资料

10-1】分析。湘中化肥厂属于大量大批多步骤生产企业，并且从成本核算管理的要求角度出发，要求分别计算合成车间生产的半成品合成氨、尿素车间生产的半成品氨尿素的半成品成本，因此湘中化肥厂适合采用的成本计算方法为逐步结转分步法。新华机械厂同样属于大量大批多步骤生产企业，虽该企业型铸件车间生产了A1铸件和B1铸件两种半成品，精加工车间也分别生产了A2和B2两种零部件，但由于根据该企业成本核算管理的特点，不要求分步骤计算半成品成本，因此新华机械厂适合采用的成本计算方法为平行结转分步法。

## 任务二　逐步结转分步法

### 一、逐步结转分步法的成本计算程序

采用分步法计算产品成本，最显著的特点是先计算各生产步骤的半成品成本或者各生产步骤应计入产成品成本的份额，然后再计算出最终完工产成品成本。由于各步骤半成品成本结转方式的不同及各企业成本核算管理要求的不同，逐步结转分步法和平行结转分步法两种方法下的成本计算程序也各不相同。

逐步结转分步法最显著的特点是，各步骤所耗用的上一步骤半成品的成本，要随着半成品实物的转移，从上一步骤的产品成本明细账转入下一步骤相同产品的产品成本明细账中，以便逐步计算各步骤的半成品成本和最后步骤的产成品成本。其特点主要表现在两个方面。

（1）逐步结转分步法成本计算程序主要取决于半成品实物的流转程序。半成品实物的流转程序有两种情况：第一种是不通过半成品仓库而在各步骤之间直接转移；第二种是通过半成品仓库而在各步骤之间间接转移。如果半成品完工后，不通过半成品库收发，而为下一步骤直接领用，半成品成本就在各步骤的产品成本明细账之间直接结转，不必编制结转半成品成本的会计分录。如果半成品完工后，要通过半成品库收发，则应编制结转半成品成本的会计分录：在验收入库时，借记"自制半成品"科目，贷记"基本生产成本"科目，在下一步骤领用时，再编制相反的会计分录。

（2）将各步骤归集的生产费用，于月末采用适当的分配方法，在完工半成品（最后步骤为产成品）与正在加工中的在产品之间进行分配，然后通过半成品的逐步结转，在最后一步骤的产品成本明细账中，计算出完工产成品成本。

综上可知，逐步结转分步法实际上是品种法的多次连续应用，即在采用品种法计算上一步骤的半成品成本后，按照下一步骤的耗用数量转入下一步骤成本；下一步骤再一次采用品种法归集所耗半成品的费用和本步骤其他费用，计算其半成品成本；如此逐步结转，直至最后一个步骤算出产成品成本。逐步结转分步法的成本计算程序，如图10-3所示。

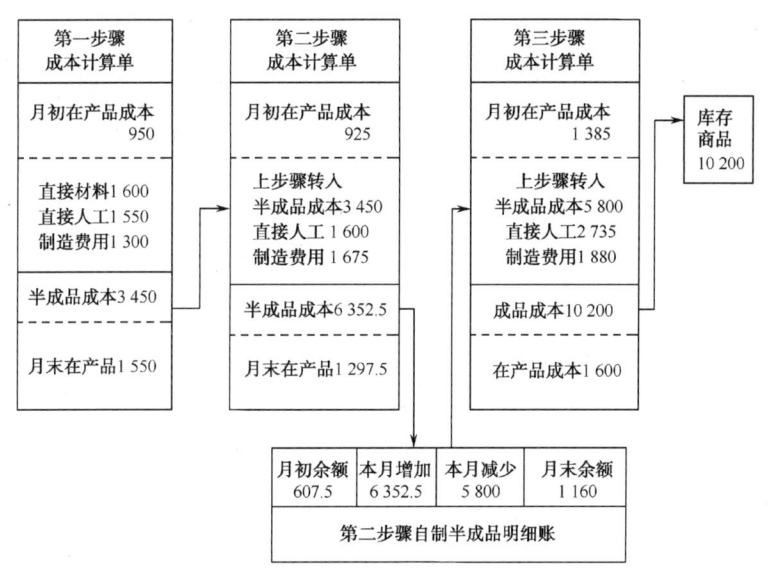

```
┌─────────────┐      ┌─────────────┐      ┌─────────────┐
│  第一步骤    │      │  第二步骤    │      │  第三步骤    │
│  成本计算单  │      │  成本计算单  │      │  成本计算单  │
├─────────────┤      ├─────────────┤      ├─────────────┤      ┌──────┐
│月初在产品成本│      │月初在产品成本│      │月初在产品成本│─────▶│库存  │
│         950 │      │         925 │      │       1 385 │      │商品  │
├─────────────┤      ├─────────────┤      ├─────────────┤      │10 200│
│直接材料1 600│      │上步骤转入   │      │上步骤转入   │      └──────┘
│直接人工1 550│─────▶│半成品成本3 450│────▶│半成品成本5 800│
│制造费用1 300│      │直接人工1 600│      │直接人工2 735│
│             │      │制造费用1 675│      │制造费用1 880│
├─────────────┤      ├─────────────┤      ├─────────────┤
│半成品成本3 450│    │半成品成本6 352.5│  │成品成本10 200│
├─────────────┤      ├─────────────┤      ├─────────────┤
│月末在产品1 550│    │月末在产品1 297.5│  │在产品成本1 600│
└─────────────┘      └─────────────┘      └─────────────┘
                            │
                            ▼
               ┌──────┬──────┬──────┬──────┐
               │月初余额│本月增加│本月减少│月末余额│
               │ 607.5│6 352.5│ 5 800│ 1 160│
               ├──────┴──────┴──────┴──────┤
               │   第二步骤自制半成品明细账    │
               └───────────────────────────┘
```

注：半成品实物直接和间接流转两种方式相结合。

图 10-3　逐步结转分步法成本计算程序示意图（单位：元）

## 二、逐步结转分步法的分类

在逐步结转分步法下，半成品成本结转方式有两种，即综合结转和分项结转。

### （一）综合结转分步法

综合结转分步法的特点是将各步骤所耗用的上一步骤半成品成本逐步结转到下一步骤产品成本计算单的"直接材料"或专设的"半成品"成本项目中，半成品成本的综合结转可以按实际成本结转，也可以按计划成本结转。因此，综合结转分步法，又有按实际成本综合结转分步法与按计划成本综合结转分步法两种方法。

#### 1. 按实际成本综合结转分步法

采用这种结转方法，各步骤所耗上一步骤的半成品费用，应根据所耗半成品的实际数量乘以半成品的实际单位成本计算。由于各月所产半成品的实际单位成本不同，因而所耗半成品实际单位成本的计算，可根据企业的实际情况，采用加权平均法等方法，计算得到的成本数据资料比较正确。

#### 2. 按计划成本综合结转分步法

采用这种结转方法，半成品日常收发的明细核算均按计划成本计价；在半成品实际成本计算出来后，再计算半成品差异额和差异率，调整领用半成品计划成本。而半成品收发的总分类核算则按实际成本计价。自制半成品明细账不仅要反映半成品收发和结存的数量和实际成本，而且要反映其计划成本，以及成本差异额和成本差异率。与按实际成本综合结转半成品成本方法相比较，按计划成本综合结转半成品成本可以简化和加速半成品核算和产品成本计算工作，并且便于各步骤进行成本的考核和分析。但按计划成本综合结转半成品成本方法仅适用于半成品的计划成本制定比较准确的企业，否则影响成本计算的正确性。

（二）分项结转分步法

分项结转分步法的特点是，将各生产步骤所耗用的上一步骤半成品成本，按照成本项目分项转入下一步骤产品成本计算单的各个对应的成本项目中。如果半成品通过半成品库收发，那么，在自制半成品明细账中登记半成品成本时，也要按照成本项目分别登记。

# 子任务一 综合结转分步法（按实际成本结转）实例

【情景资料 10-2】 宏兴工厂大量生产甲产品，顺序经过三个生产步骤连续加工而成。原材料在生产开始时一次投入，其他费用陆续发生，各车间在产品加工程度为 50%。第一车间完工的甲 A 半成品直接交第二车间继续加工，第二车间完工的甲 B 半成品要先入半成品仓库，然后再从半成品仓库领出在第三车间继续加工，自制半成品从仓库发出计价采用一次加权平均法。该企业采用综合结转分步法计算产品成本，半成品成本要求按实际成本综合结转。甲产品 2017 年 5 月的产量记录和有关费用资料，如表 10-1 和表 10-2 所示。

表 10-1 产品产量记录

单位：件

| 项　　目 | 一车间 | 二车间 | 半成品库 | 三车间 | 产成品库 |
|---|---|---|---|---|---|
| 月初在产品 | 40 | 20 | 10 | 20 | |
| 本月投入或上步转入 | 160 | 120 | 110 | 100 | |
| 本月完工 | 120 | 110 | 100 | 100 | 100 |
| 月末在产品 | 80 | 30 | 20 | 20 | |

表 10-2 生产费用资料

单位：元

| 摘　　要 | 车　　间 | 直接材料 | 半成品 | 直接人工 | 制造费用 | 合　　计 |
|---|---|---|---|---|---|---|
| 月初在产品成本 | 一车间 | 400 | | 250 | 300 | 950 |
| | 二车间 | | 575 | 150 | 200 | 925 |
| | 三车间 | | 1 160 | 125 | 100 | 1 385 |
| | 自制半成品库 | | | | | 607.5 |
| 本月发生费用 | 一车间 | 1 600 | | 1 150 | 1 300 | 4 050 |
| | 二车间 | | | 1 600 | 1 675 | 3 275 |
| | 三车间 | | | 2 735 | 1 880 | 4 615 |

注：在产品完工程度均为 50%，月初在产品成本据上月成本计算单所得，本月发生费用据本月各种费用分配表所得。

要求：

（1）根据上述任务资料，按品种及生产步骤开设"产品成本计算单"，并登记月初在产品成本；

（2）分步骤计算产品成本；

（3）进行成本还原。

## 任务实施

根据【情景资料10-2】，实施任务如下。

**1. 按品种及生产步骤开设"产品成本计算单"，并登记月初在产品成本**

**2. 分步骤计算产品成本**

（1）计算第一步骤即第一车间甲A半成品的实际总成本。

第一车间生产的是甲A半成品，是甲产品生产的第一个生产步骤，因而没有上步骤转入的费用，只要将甲A半成品的月初在产品成本和本月发生的生产费用，如表10-2所示，记入第一车间产品成本计算单，如表10-3所示，然后采用约当产量法，将生产费用合计数在完工的半成品和月末的在产品之间进行分配，计算出甲A半成品的实际总成本。

表10-3　第一车间成本计算单

产品：甲A半成品　　　　2017年5月　　　　完工数量：120件　　　　单位：元

| 摘　要 | 直接材料 | 直接人工 | 制造费用 | 合　计 |
| --- | --- | --- | --- | --- |
| 月初在产品成本 | 400 | 250 | 300 | 950 |
| 本月生产费用 | 1 600 | 1 150 | 1 300 | 4 050 |
| 生产费用合计 | 2 000 | 1 400 | 1 600 | 5 000 |
| 完工半成品数量/件 | 120 | 120 | 120 | |
| 月末在产品约当产量/件 | 80 | 40 | 40 | |
| 约当产量合计/件 | 200 | 160 | 160 | |
| 分配率（即单位成本：元/件） | 10 | 8.75 | 10 | 28.75 |
| 完工半成品成本 | 1 200 | 1 050 | 1 200 | 3 450 |
| 月末在产品成本 | 800 | 350 | 400 | 1 550 |

表10-3中有关成本计算如下。

① 甲A半成品的单位成本（即分配率）的计算：

$$直接材料分配率=\frac{400+1600}{120+80}=10（元/件）$$

直接人工分配率=$\dfrac{250+1150}{120+80\times50\%}$=8.75（元/件）

制造费用分配率=$\dfrac{300+1300}{120+80\times50\%}$=10（元/件）

② 完工甲 A 半成品成本的计算：
半成品直接材料成本=120×10 = 1 200（元）
半成品直接人工成本=120×8.75=1 050（元）
半成品制造费用成本=120×10=1 200（元）
　　　　　　　　　合计　　　　3 450 元

③ 月末在产品成本的计算：
在产品直接材料成本=80×10 = 800（元）
在产品直接人工成本=40×8.75=350（元）
在产品制造费用成本=40×10=400（元）
　　　　　　　　　合计　　　　1 550 元

通过上述计算，第一车间本月完工的 120 件甲 A 半成品的单位成本为 28.75 元，实际总成本为 3 450 元，应随着半成品实物的转移综合转移到第二车间。则结转第一车间完工的甲 A 半成品实际总成本的会计分录如下：

借：生产成本——基本生产成本——第二车间　　3 450
　　贷：生产成本——基本生产成本——第一车间　　3 450

（2）计算第二步骤即第二车间甲 B 半成品的实际总成本。

采用综合结转分步法，第二车间所产的甲 B 半成品成本，应包括从上一步骤（第一车间）转入的甲 A 半成品成本。在综合结转的情况下，本月第一车间完工转入的 120 件甲 A 半成品的总成本为 3 450 元，在第二车间的产品成本计算单的"直接材料"或"半成品"项目中综合反映。因此第二车间生产费用合计既包括月初在产品成本和本月发生费用（见表 10-2），还包括上一步骤即第一车间直接转入的甲 A 半成品成本。然后同样采用约当产量法，将生产费用合计数在完工的半成品和月末的在产品之间进行分配，计算出甲 B 半成品的实际总成本。

第二车间成本计算单，如表 10-4 所示。

表 10-4　第二车间成本计算单

产品：甲 B 半成品　　　　2017 年 5 月　　　　完工数量：110 件　　　　单位：元

| 摘　　要 | 半成品 | 直接人工 | 制造费用 | 合　　计 |
| --- | --- | --- | --- | --- |
| 月初在产品成本 | 575 | 150 | 200 | 925 |
| 本月生产费用 | 3 450 | 1 600 | 1 675 | 6 725 |
| 生产费用合计 | 4 025 | 1 750 | 1 875 | 7 650 |
| 完工半成品数量/件 | 110 | 110 | 110 |  |

续表

| 摘　　要 | 半成品 | 直接人工 | 制造费用 | 合　　计 |
|---|---|---|---|---|
| 月末在产品约当产量/件 | 30 | 15 | 15 | |
| 约当产量合计/件 | 140 | 125 | 125 | |
| 分配率（即单位成本：元/件） | 28.75 | 14 | 15 | 57.75 |
| 完工半成品成本 | 3 162.5 | 1 540 | 1 650 | 6 352.5 |
| 月末在产品成本 | 862.5 | 210 | 225 | 1 297.5 |

注：第一车间完工的半成品成本3 450元综合转入到第二车间成本计算单中的"半成品"成本项目中，即第一车间的半成品成本3 450元包含直接材料1 200元、直接人工1 050元和制造费用1 200元。

表10-4中有关成本计算如下。

① 甲B半成品的单位成本（即分配率）的计算：

$$直接材料分配率=\frac{575+3\,450}{110+30}=28.75（元/件）$$

$$直接人工分配率=\frac{150+1\,600}{110+30\times 50\%}=14（元/件）$$

$$制造费用分配率=\frac{200+1\,675}{110+30\times 50\%}=15（元/件）$$

② 完工甲B半成品成本的计算：

半成品直接材料成本=110×28.75=3 162.5（元）

半成品直接人工成本=110×14=1 540（元）

半成品制造费用成本=110×15=1 650（元）

　　　　　　　　　合计　　　　6 352.5元

③ 月末在产品成本的计算：

在产品直接材料成本=30×28.75=862.5（元）

在产品直接人工成本=15×14=210（元）

在产品制造费用成本=15×15=225（元）

　　　　　　　　　合计　　　　1 297.5元

通过上述计算，第二车间本月完工的120件甲B半成品的单位成本为57.75元，实际总成本为6 352.5元，应随着半成品实物的转移，综合转移到自制半成品明细账。则据此结转第二车间完工的甲B半成品实际总成本的会计分录如下：

　　借：自制半成品——甲B半成品　　　　　　6 352.5

　　　　贷：生产成本——基本生产成本——第二车间　　6 352.5

（3）计算第三步骤即第三车间完工甲产成品的实际总成本。

第三车间所生产的甲产成品成本，应包括从半成品仓库领用的完工甲B半成品成本。根据有关领料凭证和甲B半成品明细账提供的资料，如表10-5所示。

表 10-5　自制半成品明细账

半成品：B 半成品　　　　　　　　2017 年 5 月　　　　　　　　计量单位：件　金额单位：元

| 2017年 | | 摘要 | 收　入 | | | 发　出 | | | 结　存 | | |
|---|---|---|---|---|---|---|---|---|---|---|---|
| 月 | 日 | | 数量 | 单位成本 | 金额 | 数量 | 单位成本 | 金额 | 数量 | 单位成本 | 金额 |
| 5 | 1 | 月初结存 | | | | | | | 10 | 60.75 | 607.5 |
| 5 | 2 | 入库 | 50 | | | | | | 60 | | |
| 5 | 7 | 入库 | 20 | | | | | | 80 | | |
| 5 | 8 | 发出 | | | | 10 | | | 70 | | |
| 5 | 15 | 发出 | | | | 30 | | | 40 | | |
| 5 | 30 | 入库 | 40 | | | | | | 80 | | |
| 5 | 31 | 发出 | | | | 60 | | | 20 | | |
| 5 | 31 | 本月合计 | 110 | 57.75 | 6 352.5 | 100 | 58 | 5 800 | 20 | 58 | 1 160 |

在自制半成品明细账（表10-5）中，月初结存半成品数量和总成本应根据上月有关资料登记；本月收入和发出的数量应根据有关半成品交库单和领料单登记；本月收入半成品的实际总成本，应根据第二车间本月完工甲 B 半成品成本计算结果及编制的会计分录登记。本月发出（即第三车间领用）的 100 件甲 B 半成品的加权平均单位成本和总成本计算如下：

$$领用半成品的单位成本 = \frac{607.50 + 6\,352.50}{10 + 110} = 58（元/件）$$

领用半成品的总成本 = 100×58 = 5 800（元）

据领料单编制会计分录并登记入账：

借：生产成本——基本生产成本——第三车间　　5 800
　　贷：自制半成品——甲 B 半成品　　　　　　　　　5 800

同第二车间产品成本计算原理相同，本月第三车间从自制半成品明细账转入的甲 B 半成品综合成本为 5 800 元，在第三车间的"半成品"成本项目中反映。因此第三车间生产费用合计既包括月初在产品成本和本月发生费用（见表10-2），还包括从自制半成品明细账转入的甲 B 半成品成本。然后采用约当产量法，将生产费用合计数在完工的半成品和月末的在产品之间进行分配，计算出完工甲产成品的实际总成本。

第三车间成本计算单，如表 10-6 所示。

**表 10-6　第三车间成本计算单**

产品：甲产成品　　　　　　2017 年 5 月　　　　　　完工数量：100 件　　金额单位：元

| 摘　　要 | 半成品 | 直接人工 | 制造费用 | 合　　计 |
|---|---|---|---|---|
| 月初在产品成本 | 1 160 | 125 | 100 | 1 385 |
| 本月生产费用 | 5 800 | 2 735 | 1 880 | 10 415 |
| 生产费用合计 | 6 960 | 2 860 | 1 980 | 11 800 |
| 完工半成品数量/件 | 100 | 100 | 100 | |
| 月末在产品约当产量/件 | 20 | 10 | 10 | |
| 约当产量合计/件 | 120 | 110 | 110 | |
| 分配率（即单位成本：元/件） | 58 | 26 | 18 | 102 |
| 完工产成品成本 | 5 800 | 2 600 | 1 800 | 10 200 |
| 月末在产品成本 | 1 160 | 260 | 180 | 1 600 |

表 10-6 中有关成本计算如下。

① 甲产成品的单位成本（即分配率）的计算：

$$直接材料分配率=\frac{1160+5800}{100+20}=58（元/件）$$

$$直接人工分配率=\frac{125+2735}{100+20\times 50\%}=26（元/件）$$

$$制造费用分配率=\frac{100+1880}{100+20\times 50\%}=18（元/件）$$

② 完工甲产成品成本的计算：

半成品直接材料成本=100×58 = 5 800（元）
半成品直接人工成本=100×26 = 2 600（元）
半成品制造费用成本=100×18 = 1 800（元）

　　　　　　　　　合计　　　　　　10 200 元

③ 月末在产品成本的计算：

在产品直接材料成本=20×58=1 160（元）
在产品直接人工成本=10×26=260（元）
在产品制造费用成本=10×18=180（元）

　　　　　　　　　合计　　　　　　1 600 元

通过上述计算，第三车间本月完工验收入库的甲产成品实际单位成本为 102 元，实际总成本为 10 200 元，并据此结转第三车间完工的甲产成品实际总成本的会计分录如下：

　　借：库存商品——甲产品　　　　　10 200
　　　　贷：生产成本——基本生产成本——第三车间　10 200

采用综合结转法结转半成品成本，各步骤所耗半成品的成本是以"半成品"或"直接材料"项目综合反映的,因此,表现在产成品成本中的绝大部分费用是最后一个步骤所耗半成品的费用,而其他加工费用仅仅是最后步骤的加工费用,这样计算出来的产成品成本,不能提供按原始成本项目反映的成本资料,因而不能反映产品成本的实际构成和水平,不利于进行成本分析和考核。因此,必须对自制半成品成本项目进行还原,即将产成品成本还原为按原始成本项目反映的成本。

**3. 成本还原**

(1) 成本还原的意义

所谓成本还原,就是从最后一个步骤起,把各步骤所耗上一步骤半成品的综合成本,逐步分解、还原成"直接材料""直接人工""制造费用"等原始成本项目,从而求得按原始成本项目反映的产成品成本资料。

在综合逐步结转分步法下,上一步骤转入下一步骤的自制半成品成本,综合登记在下一步骤产品生产成本明细账的"半成品"或"直接材料"成本项目。综合结转法,虽然可以简化成本核算工作,但是最后生产步骤计算出的产成品成本中,除了本步骤发生的加工费用是按原始成本项目反映的外,前面各步骤发生的各种费用,都集中在"半成品"一个成本项目中。例如,表10-6计算的完工甲产品的总成本为10 200元,其中直接反映的"直接人工"为2 600元,直接反映的"制造费用"为1 800元,而"半成品"项目5 800元反映的是一个综合成本,需要对其进行成本还原。因此成本还原的起点金额即第一次还原的对象,为最后一个生产步骤产成品成本中包含的"半成品"项目的金额。

(2) 成本还原的方法

成本还原一般通过成本还原计算表进行,具体有两种方法:一种是成本结构比重还原法,另一种是成本还原率还原法。

① 成本结构比重还原法。成本结构比重还原法是按半成品各成本项目占全部半成品成本的比重还原。采用这种方法,首先要确定各步骤完工产品的成本结构,即各步骤成本项目占该步骤全部成本的比重;然后,从最后一个生产步骤开始,将产成品成本中的半成品的综合成本乘以前一步骤该种半成品的各成本项目的比重,就可以将综合成本进行分解;如果成本计算在两步以上,那么第一次还原后,还会有未还原的半成品成本,这时应将未还原的半成品成本,再乘以前一步骤该种半成品的各成本项目的比重,以此类推,直到半成品成本全部还原为原始成本项目。

根据【情境资料10-3】计算的宏兴工厂成本核算资料,现采用成本结构比重还原法将第三步骤到第二步骤的还原过程举例如下:

a. 计算出第二步骤完工的110件甲B半成品各成本项目所占的比重(见表10-4)。

直接材料成本占总成本比重 $= \dfrac{3\,162.50}{6\,352.50} \times 100\% = 49.78$(%)

直接人工成本占总成本比重 $= \dfrac{1\,540}{6\,352.50} \times 100\% = 24.24$(%)

制造费用成本占总成本比重=$\frac{1650}{6352.50}\times100\%$=25.98%

b. 计算第三步骤完工甲产成品成本中包含"半成品"综合成本5 800元（见表10-6）还原后的金额。

由于宏兴工厂第三步骤为最后生产步骤，成本还原的起点金额即第一次还原的对象，为最后一个生产步骤产成品成本中包含的"半成品"项目的金额。因此，应该将"半成品"综合成本5 800元进行成本还原。该半成品成本为耗用第二步骤的甲B半成品，应根据上述甲B半成品的成本项目比重进行还原。

5 800元半成品综合成本还原后的成本构成为：

直接材料 = 5 800×49.78% = 2 887.24（元）

（注意：以上"直接材料"项目金额，即第二步骤耗用第一步骤的甲A半成品，正是下一步需要继续还原的金额。）

直接人工 = 5 800×24.24% = 1 405.92（元）

制造费用 = 5 800×25.98% = 1 506.84（元）

成本还原通常通过成本还原计算表进行，那么根据前述宏兴工厂三个车间产品成本计算单资料，甲产品采用成本结构比重还原法的全部还原过程，如表10-7所示。

表10-7 产品成本还原计算表（成本结构比重还原法）

单位：元

| 行次 | 项 目 | 甲B半成品 | 甲A半成品 | 直接材料 | 直接人工 | 制造费用 | 合 计 |
|---|---|---|---|---|---|---|---|
| 1 | 还原前产成品成本 | 5 800 | | | 2 600 | 1 800 | 10 200 |
| 2 | 甲B半成品成本构成比重 | | 49.78% | | 24.24% | 25.98% | 100% |
| 3 | 第一次成本还原 | -5 800 | 2 887 | | 1 406 | 1 507 | 5 800 |
| 4 | 甲A半成品成本构成比重 | | 3 450 | 34.78% | 30.44% | 34.78% | 100% |
| 5 | 第二次成本还原 | | -2 887 | 1 004 | 879 | 1 004 | 2 887 |
| 6 | 还原后产成品成本 | | | 1 004 | 4 885 | 4 311 | 10 200 |
| 7 | 产成品单位成本 | | | 10.04 | 48.85 | 43.11 | 102 |

说明：第1行根据第三车间产品成本计算单计算填列；

第2行根据第二车间产品成本计算单计算填列，5 800元为第一次还原对象；

第3行用5 800元分别乘以第二行计算的成本构成比重得出；

第4行根据第一车间成本计算单计算填列；

第5行用2 887元分别分别乘以第四行计算的成本构成比重得出；

第6行=第1行+第3行+第5行；

第7行=第6行÷100。

甲产品顺序经过三个车间的连续加工形成产成品，所以成本还原需进行两次。第一次成本还原是根据第二车间甲 B 半成品成本结构,对第三车间本月完工产成品成本中的甲 B 半成品 5 800 元进行成本还原。第一次还原后,仍有甲 A 半成品成本 2 887.24 元,应按第一车间甲 A 半成品成本结构进行还原。最后将还原后相同车间和相同成本项目的数额相加,就可以计算出还原后的甲产品的总成本和单位成本,如表 10-8 所示,以便进行成本的管理和控制。

表 10-8 甲产品成本还原前后成本汇总表

完工产量:100 件　　　　　　　　　　2017 年 5 月　　　　　　　　　　单位:元

| 成本项目 | 还原前总成本 | 还原后总成本 | 还原后单位成本 |
| --- | --- | --- | --- |
| 甲 B 半成品 | 5 800 | | |
| 直接材料 | | 1 004 | 10.04 |
| 直接人工 | 2 600 | 4 885 | 48.85 |
| 制造费用 | 1 800 | 4 311 | 43.11 |
| 合　　计 | 10 200 | 10 200 | 102 |

② 成本还原率还原法。成本还原率还原法是按各步骤耗用上一步骤半成品的综合成本占上一步骤完工半成品的总成本的比率进行成本还原。该方法下,应先确定产成品成本中半成品综合成本占上一步骤所产该种半成品总成本的比例,然后以此比例从最后一个生产步骤开始,分别乘以上一步骤本期所产该种半成品该成本项目的成本。即可将本月产成品所耗半成品的综合成本,按照本月所产该种半成品的成本构成进行分解、还原,求得按原始成本项目反映的还原对象成本。还原的具体计算步骤如下。

计算还原分配率:

$$成本还原率=\frac{本期产成品耗用上一步骤半成品的综合成本}{本月上一步骤所产该种半成品成本合计}$$

计算某步骤某成本项目还原后金额:

某步骤某成本项目还原后金额=上一步骤半成品该成本项目金额×成本还原率

采用成本还原率还原法计算得到的结果,与成本结构比重还原法的计算结果应该完全相同。该方法下的成本还原计算,如表 10-9 所示。

表 10-9 产品成本还原计算表(成本还原率还原法)

单位:元

| 行次 | 项目 | 还原率 | B 半成品 | A 半成品 | 直接材料 | 直接人工 | 制造费用 | 合　计 |
| --- | --- | --- | --- | --- | --- | --- | --- | --- |
| 1 | 还原前产品成本 | | 5 800 | | | 2 600 | 1 800 | 10 200 |

续表

| 行次 | 项　目 | 还原率 | B半成品 | A半成品 | 直接材料 | 直接人工 | 制造费用 | 合　计 |
|---|---|---|---|---|---|---|---|---|
| 2 | 第二车间半成品成本 | | | 3 162.5 | | 1 540 | 1 650 | 6 352.5 |
| 3 | 第一次成本还原 | 5 800÷6 352.5 =0.913 | −5 800 | 2 887 | | 1 406 | 1 507 | 5 800 |
| 4 | 第一车间半成品成本 | | | | 1 200 | 1 050 | 1 200 | 3 450 |
| 5 | 第二次成本还原 | 2 887.36÷3 450 =0.8369 | | −2 887 | 1 004 | 879 | 1 004 | 2 887 |
| 6 | 还原后产成品总成本 | | | | 1 004 | 4 885 | 4 311 | 10 200 |
| 7 | 还原后产成品单位成本 | | | | 10.04 | 48.85 | 43.11 | 102 |

说明：第1行根据第三车间产品成本计算单填列，5 800元为第一次还原对象；

第2行根据第二车间产品成本计算单计算填列；

第3行用计算出的第一次成本还原率乘以第二车间半成品成本项目得出；

第4行根据第一车间成本计算单计算填列；

第5行用计算出的第二次成本还原率乘以第二车间半成品成本项目得出；

第6行=第1行+第3行+第5行；

第7行=第6行÷100

综合结转分步法的优点是，可以在各生产步骤的产品成本明细账中反映该步骤完工产品所耗半成品费用的水平和本步骤加工费用的水平，有利于各个生产步骤的成本管理。这种方法的缺点是，为了从整个企业的角度反映产品成本的构成，加强企业综合的成本管理，必须进行成本还原，从而增加核算工作量。因此，这种结转方法只适宜在半成品具有独立的经济意义且管理上要求计算各步骤完工产品所耗半成品费用，但不要求进行成本还原的情况下采用。

## 子任务二　分项结转分步法（按实际成本结转）实例

**【情景资料10-3】**

为了便于比较，分项结转分步法仍采用综合结转分步法实例资料（即【情景资料10-2】）。第二车间月初自制半成品成本575元包括上步骤转入的直接材料200元，直接人工140元，制造费用235元；第三车间月初自制半成品成本1 160元包括从上步骤转入的直接材料204.8元，直接人工442元，制造费用513.2元，自制半成品期初余额607.5元，包括直接材料100元，直接人工285元，制造费用222.5元。

**要求：**
(1) 计算第一步骤即第一车间甲 A 半成品的实际总成本；
(2) 计算第二步骤即第二车间甲 B 半成品的实际总成本；
(3) 计算第三步骤即第三车间完工甲产成品的实际总成本。

## 任务实施

根据【情景资料 10-3】，实施任务如下。

**1. 计算第一步骤即第一车间甲 A 半成品的实际总成本**

综合结转分步法与分项结转分步法，在产品成本核算程序上是完全一样的。第一车间为生产甲产品的第一生产步骤，没有上步骤转入费用，两种方法核算的结果是完全一样的。

第一车间成本计算单，如表 10-10 所示。

表 10-10  第一车间成本计算单

产品：A 半成品　　　　　　　　2017 年 5 月　　　　　　　完工数量：120 件　　单位：元

| 摘　要 | 直接材料 | 直接人工 | 制造费用 | 合　计 |
|---|---|---|---|---|
| 月初在产品成本 | 400 | 250 | 300 | 950 |
| 本月生产费用 | 1 600 | 1 150 | 1 300 | 4 050 |
| 生产费用合计 | 2 000 | 1 400 | 1 600 | 4 400 |
| 完工半成品数量/件 | 120 | 120 | 120 | |
| 月末在产品约当产量/件 | 80 | 40 | 40 | |
| 约当产量合计/件 | 200 | 160 | 160 | |
| 分配率（即单位成本：元/件） | 10 | 8.75 | 10 | 28.75 |
| 完工半成品成本 | 1 200 | 1 050 | 1 200 | 3 450 |
| 月末在产品成本 | 800 | 350 | 400 | 1 550 |

通过上述计算，第一车间本月完工的 120 件甲 A 半成品的单位成本为 28.75 元，实际总成本为 3 450 元，应随着半成品实物的转移综合转移到第二车间。则结转第一车间完工的甲 A 半成品实际总成本的会计分录如下：

借：生产成本——基本生产成本——第二车间　　3 450
　　贷：生产成本——基本生产成本——第一车间　　3 450

**2. 计算第二步骤即第二车间甲 B 半成品的实际总成本**

第二车间成本计算单，如表 10-11 所示。

表 10-11 第二车间成本计算单

产品：甲 B 半成品　　　　　　　　　　2017 年 5 月　　　　　　　完工数量：110 件　　单位：元

| 摘　要 | 直接材料 |  | 直接人工 |  | 制造费用 |  | 合　计 |
|---|---|---|---|---|---|---|---|
|  | 上步转入 | 本步发生 | 上步转入 | 本步发生 | 上步转入 | 本步发生 |  |
| 月初在产品成本 | 200 |  | 140 | 150 | 235 | 200 | 925 |
| 本月生产费用 | 1 200 |  | 1 050 | 1 600 | 1 200 | 1 675 | 6 725 |
| 生产费用合计 | 1 400 |  | 1 190 | 1 750 | 1 435 | 1 875 | 7 650 |
| 完工半成品数量/件 | 110 |  | 110 | 110 | 110 | 110 |  |
| 月末在产品约当产量/件 | 30 |  | 30 | 15 | 30 | 15 |  |
| 约当产量合计/件 | 140 |  | 140 | 125 | 140 | 125 |  |
| 分配率（单位成本：元/件） | 10 |  | 8.50 | 14 | 10.25 | 15 | 57.75 |
| 完工半成品成本 | 1 100 |  | 935 | 1 540 | 1 127.5 | 1 650 | 6 352.5 |
| 月末在产品成本 | 300 |  | 255 | 210 | 307.5 | 225 | 1 297.5 |

通过上述计算，第二车间本月完工的 120 件甲 B 半成品的单位成本为 57.75 元，实际总成本为 6 352.5 元，应随着半成品实物的转移分项转移到自制半成品明细账。则据此结转第二车间完工的甲 B 半成品实际总成本的会计分录如下：

　　借：自制半成品——甲 B 半成品　　　　　　　　6 352.5
　　　　贷：生产成本——基本生产成本——第二车间　　6 352.5

### 3. 计算第三步骤即第三车间完工甲产成品的实际总成本

本月第三车间从半成品仓库领用的甲 B 半成品，也应按照原始的成本项目，分别在第三车间产品成本计算单中对应的成本项目内登记，因此半成品仓库发出 100 件甲 B 半成品的实际成本，应分成本项目分别计算（见表 10-12），如"直接材料"项目的加权平均单位成本和总成本计算如下：

$$加权平均单位成本 = \frac{100+1\,100}{10+110} = 10（元）$$

领用甲 B 半成品的总成本 $= 100 \times 10 = 1\,000$（元）

表 10-12　自制半成品明细账（汇总账页）

产品名称：甲 B 半成品　　　　　　　2017 年 5 月　　　　　　　　　　　　单位：元

| 项　目 | 数量/件 | 实际成本 |  |  |  |
|---|---|---|---|---|---|
|  |  | 直接材料 | 直接人工 | 制造费用 | 合　计 |
| 月初余额 | 10 | 100 | 285 | 222.5 | 607.5 |
| 本月第二车间交库 | 110 | 1 100 | 2 475 | 2 777.5 | 6 352.5 |
| 合　计 | 120 | 1 200 | 2 760 | 3 000 | 6 960 |
| 加权平均单位成本 |  | 10 | 23 | 25 | 58 |
| 本月第三车间领用 | 100 | 1 000 | 2 300 | 2 500 | 5 800 |
| 月末余额 | 20 | 200 | 460 | 500 | 1 160 |

通过表 10-12 的计算,第三车间本月从半成品仓库领用的 100 件甲 B 半成品的实际单位成本为 58 元,总成本为 5 800 元,应随半成品实物分项转移到第三车间产品成本计算单,应按照原始成本项目,分别在第三车间产品成本计算单对应的成本项目内登记。并据此编制第三车间本月领用甲 B 半成品实际总成本的会计分录如下:

借:生产成本——基本生产成本——第三车间　　5 800
　　贷:自制半成品——甲 B 半成品　　　　　　　 5 800

同第二车间产品成本计算原理相同,编制第三车间产品成本计算单,如表 10-13 所示。

表 10-13　第三车间产品成本计算单

产品:甲产成品　　　　　2017 年 5 月　　　　完工数量:100 件　　　　单位:元

| 摘　要 | 直接材料 | | 直接人工 | | 制造费用 | | 合　计 |
|---|---|---|---|---|---|---|---|
| | 上步转入 | 本步发生 | 上步转入 | 本步发生 | 上步转入 | 本步发生 | |
| 月初在产品成本 | 204.8 | | 442 | 125 | 513.20 | 100 | 1 385 |
| 本月生产费用 | 1 000 | | 2 300 | 2 735 | 2 500 | 1 880 | 10 415 |
| 生产费用合计 | 1 204.8 | | 2 742 | 2 860 | 3 013.20 | 1 980 | 11 800 |
| 完工半成品数量 | 100 | | 100 | 100 | 100 | 100 | |
| 月末在产品约当产量 | 20 | | 20 | 10 | 20 | 10 | |
| 约当产量合计 | 120 | | 120 | 110 | 120 | 110 | |
| 分配率(单位成本) | 10.04 | | 22.85 | 26 | 25.11 | 18 | 102 |
| 完工半成品成本 | 1 004 | | 2 285 | 2 600 | 2 511 | 1 800 | 10 200 |
| 月末在产品成本 | 200.80 | | 457 | 260 | 502.2 | 180 | 1 600 |

通过表 10-13 的计算,第三车间本月完工验收入库的 100 件甲产成品实际单位成本为 102 元,实际总成本为 10 200 元。根据表 10-13 的计算结果,编制完工产品成本汇总表(见表 10-14),并据此结转第三车间本月完工的甲产成品实际总成本的会计分录如下:

借:库存商品——甲产品　　　　　　　　　　10 200
　　贷:生产成本——基本生产成本——第三车间　10 200

表 10-14　完工产品成本汇总表

产品名称:甲产品　　　　　2017 年 5 月　　　　完工产量:100 件　　　　单位:元

| 项　目 | 直接材料 | 直接人工 | 制造费用 | 合　计 |
|---|---|---|---|---|
| 完工产品总成本 | 1 004 | 4 885 | 4 311 | 10 200 |
| 完工产品单位成本 | 10.04 | 48.85 | 43.11 | 102 |

分项结转分步法是按成本项目,将上一步骤的半成品成本转入下一步骤成本计算单的一种方法。采用这种方法时,如果半成品是通过半成品库收发的,其自制半成品明细账还必须按成本项目设专栏登记。分项结转既可以按实际成本结转,也可以按计划成本结转,然后按成本项目分项调整成本差异。由于后一种做法计算工作量较大,因而一般采用按实际成本结转的方法。

## 任务三　平行结转分步法

### 1. 平行结转分步法的成本计算程序

平行结转分步法又称不计算半成品成本分步法,其最显著的特点是既不计算本步骤所生产的半成品成本,也不计算各步骤耗用上步骤的半成品成本,只计算本步骤发生的费用。采用这一方法,不论半成品是否在各步骤间直接转移,还是通过半成品仓库直接收发,都不通过"自制半成品"科目进行核算。该方法下,半成品成本不随半成品实物转移而转移。平行结转分步法的成本核算程序,如图10-4所示。

| 第一步骤成本计算单 | 第二步骤成本计算单 | 第三步骤成本计算单 |
|---|---|---|
| 月初在产品成本 37 754 | 月初在产品成本 10 000 | 月初在产品成本 7 296 |
| 本月发生生产费用 507 696 | 本月发生生产费用 50 435 | 本月发生生产费用 22 344 |
| 应计入产成品成本的"份额" 225 750 ｜ 月末在产品成本 317 700 | 应计入产成品成本的"份额" 35 550 ｜ 月末在产品成本 24 885 | 应计入产成品成本的"份额" 23 400 ｜ 月末在产品成本 6 240 |

| 第一步骤份额 225 750 | 第二步骤份额 35 550 | 第三步骤份额 23 400 |

产成品成本 284 700

产成品成本汇总表

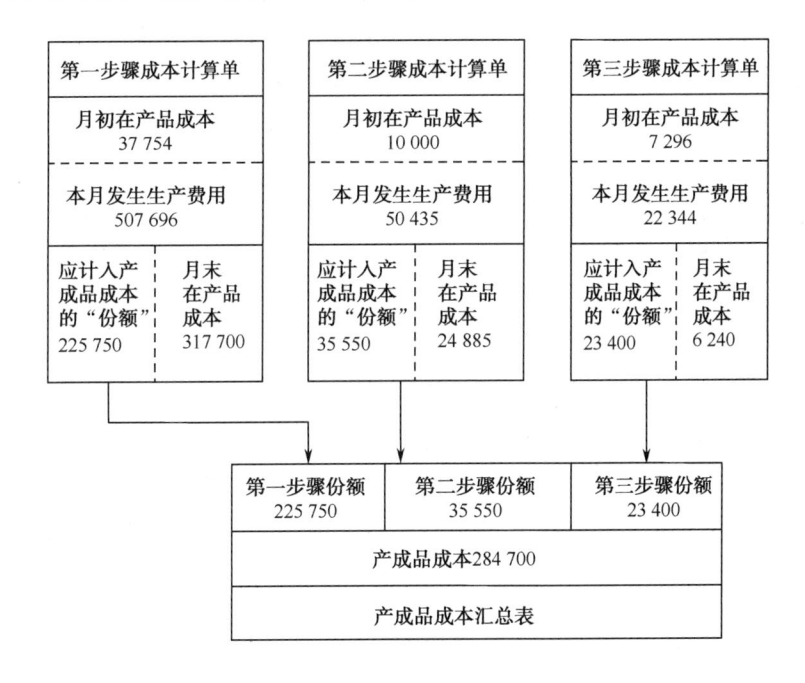

图 10-4　平行结转分步法成本计算程序示意图(单位:元)

从图10-4可以看出,平行结转分步法成本计算的基本程序如下。

(1)按产品和加工步骤设置成本明细账,各步骤成本明细账分不同成本项目归集本步骤发生的生产费用(但不包括耗用上一步骤半成品的成本)。

(2)月末将各步骤归集的生产费用在产成品与广义在产品间进行分配,计算各步骤费用中应计入产成品成本的份额。

（3）将各步骤费用中应计入产成品成本的份额按成本项目平行结转，汇总计算产成品的总成本及单位成本。

综上所述，正确计算出各步骤生产费用中应计入产成品成本的份额，是平行结转分步法正确计算产成品成本的关键所在。

### 2. 各步骤应计入产成品成本"份额"的计算

应计入产成品成本"份额"的计算公式如下。

（1）某步骤计入产成品成本的份额

$$= \text{产成品数量} \times \frac{\text{单位产成品耗用}}{\text{该步骤半成品数量}} \times \text{该步骤费用分配率（即半成品单位成本）}$$

（2）某步骤（各成本项目）费用分配率 $= \dfrac{\text{该步骤月初在产品费用}+\text{本月发生费用}}{\text{该步骤约当产量}}$

（3）某步骤（各成本项目）约当产量 $= \dfrac{\text{产成品所耗用}}{\text{该步骤半成品数量}} + \text{该步骤月末广义在产品约当产量}$

$$= \text{产成品数量} \times \frac{\text{单位产品耗用该}}{\text{步骤半成品数量}} + \text{该步骤月末在产品约当产量} + \text{以后步骤月末在产品数量}$$

以上公式中的"该步骤费用分配率"即半成品的单位成本，可采用约当产量法、定额比例法或定额成本法等方法求得。

例如，某产品分两个生产步骤生产，原材料于生产开始时一次投入，月末第一步骤加工中的在产品40件，完工率50%；第二步骤加工中的在产品20件，产成品200件。第二步骤单位在产品和产成品耗用第一步骤半成品2件。第一步骤月初在产品成本和本月发生费用合计40 000元，其中直接材料36 000元，直接人工2 300元，制造费用1 700元，那么采用约当产量法，以第一步骤为例，应计入产成品成本份额的计算过程如下：

第一步骤直接材料分配率 $= \dfrac{36\ 000}{40+200\times 2+20\times 2} = 75$（元/件）

（即半成品单位成本）

第一步骤直接人工分配率 $= \dfrac{2\ 300}{40\times 50\%+200\times 2+20\times 2} = 5$（元/件）

第一步骤制造费用分配率 $= \dfrac{1\ 700}{40\times 50\%+200\times 2+20\times 2} = 3.7$（元/件）

因此，第一步骤应计入产成品成本的份额 $=200\times 2\times(75+5+3.7)=33\ 480$（元）

仍以上述资料为例，假定生产费用在完工产品与在产品间，采用定额比例法进行分配，原材料按定额消耗量比例进行分配，加工费按定额工时比例进行分配，单位半成品原材料定额消耗量为 75 千克，单位半成品定额工时为 10 小时，单位在产品定额工时为 5 小时。

则计算结果为：

第一步骤直接材料分配率 = $\dfrac{36\,000}{(40+200\times2+20\times2)\times75}$ =1（元/千克）
（即半成品单位成本）

应计入产成品成本的直接材料成本=200×2×75×1 =30 000（元）

第一步骤直接人工分配率 = $\dfrac{2\,300}{40\times5+200\times2\times10+20\times2\times10}$ = 0.5（元/小时）

应计入产成品成本的直接人工成本= 200×2×10×0.5 = 2 000（元）

第一步骤制造费用分配率 = $\dfrac{1\,700}{40\times5+200\times2\times10+20\times2\times10}$ =0.37（元/小时）

应计入产成品成本的直接人工成本= 200×2×10×0.37=1 480（元）

则：

第一步骤应计入产成品成本的份额=3 000+2 000+1 480=33 480（元）

【情景资料 10-4】

金峰工厂设有三个基本生产车间，大量生产甲产品。甲产品经过三个车间连续加工制成，一车间生产 A 半成品，直接转入二车间加工制成 B 半成品，B 半成品直接转入三车间加工成甲产成品。其中，1 件甲产品耗用 1 件 B 半成品，1 件 B 半成品耗用 1 件 A 半成品。原材料于生产开始时一次投入，各车间月末在产品完工率均为 50%。各车间生产费用在完工产品和在产品间的分配采用约当产量法。该厂需要分车间控制费用，但两种自制半成品全部用于甲产品的生产，不对外销售，为了简化核算，不要求计算半成品成本，成本核算采用平行结转分步法。2017 年 10 月该厂有关产量和生产费用的资料，如表 10-15 和表 10-16 所示。

表 10-15 产品产量记录

单位：件

| 项　目 | 一车间 | 二车间 | 三车间 | 产成品库 |
|---|---|---|---|---|
| 月初在产品 | 40 | 100 | 80 |  |
| 本月投入或上步转入 | 560 | 250 | 150 |  |
| 本月完工 | 500 | 300 | 150 | 150 |
| 月末在产品 | 100 | 50 | 80 |  |

表10-16 生产费用资料

单位：件

| 摘 要 | 车 间 | 直接材料 | 直接人工 | 制造费用 | 合 计 |
|---|---|---|---|---|---|
| 月初<br>在产品成本 | 一车间 | 23 376 | 6 840 | 5 538 | 35 754 |
|  | 二车间 |  | 3 085 | 6 915 | 10 000 |
|  | 三车间 |  | 5 020 | 2 276 | 7 296 |
| 本月<br>发生<br>费用 | 一车间 | 332 304 | 97 440 | 77 952 | 507 696 |
|  | 二车间 |  | 15 785 | 34 650 | 50 435 |
|  | 三车间 |  | 15 120 | 7 224 | 22 344 |

注：在产品完工程度均为50%，月初在产品成本据上月成本计算单所得，本月发生费用据本月各种费用分配表所得。

**要求：**

（1）根据上述任务资料，按品种及生产步骤开设"产品成本计算单"，并登记月初在产品成本；

（2）分步骤计算产品成本；

（3）汇总计算产成品总成本和单位成本。

## 任务实施

根据【情景资料10-4】，实施任务如下。

**1. 按品种及生产步骤开设"产品成本计算单"**

各步骤产品成本计算单，如表10-17、表10-18和表10-19所示，登记月初在产品成本。

**2. 分步骤计算产品成本**

（1）计算第一步骤即第一车间应计入最终产成品成本的份额。

第一车间成本计算单，如表10-17所示。

表10-17 第一车间成本计算单

产品：甲产品　　　　　2017年10月　　　　　完工数量：150件　　单位：元

| 摘 要 | 直接材料 | 直接人工 | 制造费用 | 合 计 |
|---|---|---|---|---|
| 月初（广义）在产品成本 | 23 376 | 6 840 | 5 538 | 35 754 |
| 本月生产费用 | 332 304 | 97 440 | 77 952 | 507 696 |
| 生产费用合计 | 355 680 | 104 280 | 83 490 | 543 450 |
| 最终产成品数量/件 | 150 | 150 | 150 |  |
| 月末（广义）在产品数量/件 | 230 | 180 | 180 |  |

续表

| 摘　　要 | 直接材料 | 直接人工 | 制造费用 | 合　计 |
|---|---|---|---|---|
| 约当产量合计/件 | 380 | 330 | 330 | |
| 分配率（即单位产成品成本份额：元/件） | 936 | 316 | 253 | 1 505 |
| 应计入产成品成本"份额" | 140 400 | 47 400 | 37 950 | 225 750 |
| 月末（广义）在产品成本 | 215 280 | 56 880 | 45 540 | 317 700 |

第一车间广义的在产品数量包括第一车间狭义的在产品100件（其投料程度为100%，完工程度为50%）、第二车间狭义的在产品50件和第三车间狭义的在产品80件。因此，各成本项目广义的在产品约当产量为：

"直接材料"项目＝100+50+80＝230（件）

"直接人工"和"制造费用"项目＝100×50%+50+80＝180（件）

表10-17中有关成本计算如下：

① 第一步骤单位产成品成本份额（即分配率）的计算：

直接材料分配率 $= \dfrac{23\,736+332\,304}{150+230} = 936$（元/件）

直接人工分配率 $= \dfrac{6\,840+97\,440}{150+180} = 316$（元/件）

制造费用分配率 $= \dfrac{5\,538+77\,952}{150+180} = 253$（元/件）

② 第一步骤应计入产成品成本的份额计算：

直接材料成本份额＝150×936＝140 400（元）

直接人工成本份额＝150×316＝47 400（元）

制造费用成本份额＝150×253＝37 950（元）

　　　　　　　　合计　　　　225 750元

③ 月末（广义）在产品成本的计算：

在产品直接材料成本＝230×936＝215 280（元）

在产品直接人工成本＝180×316＝56 880（元）

在产品制造费用成本＝180×253＝45 540（元）

　　　　　　　　合计　　　　317 700元

（2）计算第二步骤即第二车间应计入最终产成品成本的份额。

第二车间成本计算单，如表10-18所示。

表 10-18　第二车间成本计算单

产品：甲产品　　　　　　　　　2017 年 10 月　　　　　　完工数量：150 件　　　　单位：元

| 摘　　要 | 直接人工 | 制造费用 | 合　　计 |
|---|---|---|---|
| 月初（广义）在产品成本 | 3 085 | 6 915 | 10 000 |
| 本月生产费用 | 15 785 | 34 650 | 50 435 |
| 生产费用合计 | 18 870 | 41 565 | 60 435 |
| 最终产成品数量/件 | 150 | 150 | |
| 月末（广义）在产品数量/件 | 105 | 105 | |
| 约当产量合计/件 | 255 | 255 | |
| 分配率（即单位产成品成本份额：元/件） | 74 | 163 | 237 |
| 应计入产成品成本份额 | 11 100 | 24 450 | 35 550 |
| 月末（广义）在产品成本 | 7 770 | 17 115 | 24 885 |

第二车间广义的在产品数量包括第二车间狭义的在产品 50 件，其完工程度为 50%，还包括第三车间狭义的在产品 80 件。因此，各成本项目广义的在产品约当产量为：

"直接人工"和"制造费用"项目＝50×50%＋80＝105（件）

表 10-18 中有关成本计算如下：

① 第二步骤单位产成品成本份额（即分配率）的计算：

直接人工分配率＝$\dfrac{3\,085+15\,785}{150+105}$＝74（元/件）

制造费用分配率＝$\dfrac{6\,915+34\,650}{150+105}$＝163（元/件）

② 第二步骤应计入产成品成本的份额计算：

直接人工成本份额＝150×74＝11 100（元）
制造费用成本份额＝150×163＝24 450（元）
　　　　　　　　合计　　　　35 550 元

③ 月末（广义）在产品成本的计算：

在产品直接人工成本＝105×74＝7 770（元）
在产品制造费用成本＝105×163＝17 115（元）
　　　　　　　　合计　　　　24 885 元

计算第三步骤即第三车间应计入最终产成品成本的份额。

第三车间成本计算单，如表 10-19 所示。

### 表 10-19　第三车间成本计算单

产品：甲产品　　　　　2017 年 10 月　　　　　完工数量：150 件　　　　单位：元

| 摘　要 | 直接人工 | 制造费用 | 合　计 |
|---|---|---|---|
| 月初（广义）在产品成本 | 5 020 | 2 276 | 7 296 |
| 本月生产费用 | 15 120 | 7 224 | 22 344 |
| 生产费用合计 | 20 140 | 9 500 | 29 640 |
| 最终产成品数量/件 | 150 | 150 | |
| 月末（广义）在产品数量/件 | 40 | 40 | |
| 约当产量合计/件 | 190 | 190 | |
| 分配率（即单位产成品成本份额：元/件） | 106 | 50 | 156 |
| 应计入产成品成本份额 | 15 900 | 7 500 | 23 400 |
| 月末（广义）在产品成本 | 4 240 | 2 000 | 6 240 |

第三车间广义的在产品数量只包括第二车间狭义的在产品 80 件，其完工程度为 50%，因此，各成本项目广义的在产品约当产量为：

"直接人工"和"制造费用"项目 = 80×50% = 40（件）

表 10-19 中有关成本的计算如下：

① 第三步骤单位产成品成本份额（即分配率）的计算：

直接人工分配率 = $\dfrac{5\,020+15\,120}{150+40}$ = 106（元/件）

制造费用分配率 = $\dfrac{2\,276+7\,224}{150+40}$ = 50（元/件）

② 第三步骤应计入产成品成本的份额计算：

直接人工成本份额 = 150×106 = 15 900（元）
制造费用成本份额 = 150×50 = 7 500（元）

　　　　　　　　　合计　　　　　23 400 元

③ 月末（广义）在产品成本的计算：

在产品直接人工成本 = 40×106 = 4 240（元）
在产品制造费用成本 = 40×50 = 2 000（元）

　　　　　　　　　合计　　　　　6 240 元

（3）汇总计算产成品总成本和单位成本。

采用平行结转分步法，将各生产步骤应计入最终产成品成本的份额汇总相加，就可以得到产成品成本；根据上述各车间产品成本计算单，如表 10-17、表 10-18、表 10-19 所示的计算结果，就可以编制产品成本汇总计算表，如表 10-20 所示。

表10-20　产品成本汇总计算表

产品名称：甲产品　　　　　　2017年10月　　　　　　产量：150件　　　单位：元

| 项目 | 直接材料 | 直接人工 | 制造费用 | 合计 |
| --- | --- | --- | --- | --- |
| 一车间 | 140 400 | 47 400 | 37 950 | 225 750 |
| 二车间 |  | 11 100 | 24 450 | 35 550 |
| 三车间 |  | 15 900 | 7 500 | 23 400 |
| 总成本 | 140 400 | 74 400 | 69 900 | 284 700 |
| 单位成本 | 936 | 496 | 466 | 1 898 |

根据产成品成本汇总表，编制结转完工入库甲产品成本的会计分录如下：

借：库存商品——甲产品　　　　　　　　　284 700
　　贷：生产成本——基本生产成本——第一车间　225 750
　　　　　　　　　　　　　　　　——第二车间　 35 550
　　　　　　　　　　　　　　　　——第三车间　 23 400

平行结转分步法的优点是不必进行成本还原，可以简化和加速成本计算工作，并且能够直接提供按原始成本项目反映的产品成本资料。其缺点是不能提供半成品成本资料及各步骤耗用上一步骤半成品费用资料，因而不能全面反映各步骤生产耗费的水平，不利于各步骤的成本管理；而且各步骤不计算、不结转半成品成本，不能为在产品的实物管理和资金管理提供资料。

## 项目总结

在分步法下，由于各生产步骤成本的计算和结转方式不同，形成了平行结转分步和逐步结转分步两种方法，它们的主要区别表现在以下几个方面。

（1）成本计算程序不同。逐步结转分步法需按步骤计算半成品成本，并结转半成品成本；平行结转分步法不需分步计算半成品成本，只需计算每一步骤应计入产成品成本的份额，将份额进行平行汇总即可计算出完工产品成本。

（2）各步骤所计算的费用不同。逐步结转分步法中每一步骤的生产费用包括本步骤发生的加工费用和上步骤转入的半成品成本；平行结转分步法中每一步骤的生产费用，除第一步骤外，只包括本步骤的加工费用。

（3）在产品的含义不同。平行结转分步法下，在产品是指广义的，也就是指整个企业尚未完工的半成品和在产品，它不仅包括正在本步骤加工的在产品，还包括经过本步骤加工完毕，但还没有最后制成产成品的一切半成品；逐步结转分步法下，在产品是指狭义的，仅指本步骤正在加工的在产品。

（4）适用性不同。平行结转分步法一般适用于半成品种类较多，逐步结转半成品成本的工作量较大，管理上不要求提供各步骤半成品成本资料的生产企业。逐步结转分步法一般适用于半成品种类不多,逐步结转半成品成本的工作量不大,管理上要求提供各生产步骤半成品成本资料的生产企业。

## 知识拓展

**产成品管理制度（模板）**

一、目的

产成品是按照本公司的生产工艺将劳动对象加工成所需要的用品。为规范公司产成品出入库管理工作,加强对公司资产的管理、控制和准确的成本核算。消除产成品出入库程序不规范、单据缺失、入库主体不明确,对于产成品在出入库工作中只见单据不见实物或只见实物不见单据的现象进行规范。

二、要求

1. 产成品的入库办理只能由外包装车间的组长负责办理,办理产成品入库时必须向成品仓库提供《产成品入库单》,入库单应填写规范、准确、完整,所列品名、品牌、型号、数量、包装及批号应与入库实物相符,包括组长、库管员、检验均应在《产成品入库单》上签字。

2. 产成品出库必须是发货实物与发货单同行,决不允许出现只见单据不见实物或只见实物不见单据的现象。

三、产成品存货的计价

产成品存货的计价:按照公司生产过程中发生的各项实际支出计价,具体包括生产制造过程中耗用的直接材料、直接人工、燃料动力、制造费用等实际成本并按在月末分品种归集的会计核算方法计算而得。

四、产成品的入库

1. 入库

合格成品入库后应放置于仓库合格区内,检验结论为"合格"的产品,生产外包车间将已填制的《产成品入库单》送到成品库办理成品入库手续,在办理入库手续时,库管员应检查、核对产品的品名、品牌、型号、数量等标识是否正确、规范,外包装是否干净等,且凭生产原始记录和清点的实际情况办理入库。财务部据实际收货情况在用友 ERP 系统中录入并打印一式三联入库单。生产负责人、外包车间组长、库管员、检验人员必须在入库单上签字,入库单的第一联作车间联,第二联交财务部稽核,第三联交质量部门作检查依据。

2．退货入库

成品库管员在办理退货业务时，应检查核对所退产成品的品名、品牌、型号、数量、批号等是否属实。注意，所有退货均应凭营销部门主管审批过的退货申请单方可办理退货，并打印一式二联退货单，相关人员必须（经办人员、库管员）签字，第一联作库房存根留存，第二联交财务部稽核。在用友 ERP 企业管理软件中的操作流程同"退货入库流程"。

3．已办理入库的产成品退回车间

已办理入库的产成品因质量原因需退回到成品车间的，应按要求办理红字入库手续，在办理退货时在用友 ERP 企业管理软件中据实际退货量录入并打印一式两联入库单，生产部负责，库管员、外包车间组长均需在入库单上签字，第一联存根联留存，第二联交财务部稽核。

五、产成品的出库

1．销售发货、发样品出库流程

库管员根据打印的"销售发货单"发货。财务人员在用友 ERP 企业管理软件中制作完成发货单，打印一式三联的发货单，第一联存根联库房用，第二联客户联交与客户，第三联交财务部记账，并同时打印销售出库单作门卫出门用，所有人员均应按《产成品发货流程》执行发货。

2．产成品出库后

产成品出库后需指派售后服务人员负责与客户联系，将产品运抵客户指定的地点，并及时与客户沟通，做好后续服务。

六、盘点

仓库管理员每月需盘点产成品的库存数据和出库数据，做到详细、认真，并核查产成品数量及产成品外观质量，如发现任何问题，及时通知车间质检员，有严重质量问题时需通知工程管理部质量主管，避免因保管工作人员的失误而对公司造成经济损失。

每月进行一次库存盘点，由成品管理部门进行统计并和财务部核对一致，对盈亏情况应查明原因并落实具体责任人，做到及时清算手续完整，确保月末成本核算的真实性和准确性，同时做好考核工作。

七、报表及账簿管理

（1）成品库房管理人员应于次月 1 日下班前上报上月成品出入库月报表及各种原始单据，按出入库单分类，并按单据号依次整理后，交与会计人员。

（2）材料卡片：必须按成品建立卡片并随时逐笔登记出、入库量和结存量。

（3）在开工后的前半年应登记手工账。

八、其他规定

(1) 库管人员和销售内勤人员及销售人员有责任与客户单位核对账目。

(2) 库管人员应按《仓库管理制度》中的规定进行产成品的管理。

九、处罚

所有报损、报废物资均应查明原因,并落实责任人,根据不同原因进行处理。对由于个人保管不善或人为原因造成的损失应由个人负责赔偿。视情节轻重由直接责任人赔偿损失金额的 5%～100%,并扣绩效收入 10～200 元;对相关管理人员处以 5%～20%的罚款,并扣绩效收入 10～200 元。如是自然原因,作公司损失处理。

对所有报损、报废物资均应尽量回收利用或作价处理,回收部分资金,将损失降低到最低。

××市××××××××有限公司

201×年×月×日

# 项目十一 成本报表编制与分析

## 项目导言

成本报表是会计报表体系的重要组成部分，是企业内部报表的主要报表。编制与分析成本报表是成本会计的重要组成内容，编制成本报表，可以综合反映企业产品生产的耗费与成本水平，反映各成本中心的成本管理业绩；分析成本报表，有利于日常成本控制，并为企业的成本和利润的预测提供信息依据。

本项目涉及的工作任务有成本报表的编制和成本报表的分析，在任务的实施过程中将按照成本报表编制与分析的程序和方法，详细介绍完成任务的相关知识、操作步骤，从而实现该项目的目标任务。

## 项目目标

1. 知识目标：理解成本报表的含义、种类、意义和编制要求，掌握产品生产成本表、主要产品单位成本表的编制方法；理解成本分析的含义，掌握成本分析的方法。

2. 能力目标：能够编制产品生产成本表、主要产品单位成本表；能够进行产品成本计划完成情况分析、单位成本计划完成情况分析、可比产品成本完成情况分析。

3. 拓展目标：能够用连环替代法对主要产品单位成本项目的变化进行因素分析。

## 任务一  成本报表编制

【情景资料 11-1】

湘中机械厂生产的甲、乙产品为主要产品，丙为次要产品。2016 年相关的产量、成本资料，如表 11-1 所示。

表 11-1  湘中机械厂 2016 年度产量、成本表

| 项　　目 | 甲产品 | 乙产品 | 丙产品 |
| --- | --- | --- | --- |
| 本年计划产量/件 | 2 250 | 980 | 950 |
| 本年实际产量/件 | 2 500 | 1 100 | 1 000 |

续表

| 项　　目 | 甲产品 | 乙产品 | 丙产品 |
|---|---|---|---|
| 上年实际单位成本/元 | 600 | 500 | — |
| 本年计划单位成本/元 | 580 | 491 | 550 |
| 本年实际平均单位成本/元 | 575 | 495 | 530 |

要求：

(1) 请根据上述资料，编制可比产品甲、乙的成本报表。
(2) 编制不可比产品丙的成本报表。

## 一、成本报表的概述

成本是综合反映企业生产技术和经营、管理活动各方面工作好坏的一项重要的综合性指标。企业原材料消耗的多少、劳动生产率的高低、机器设备利用的好坏等都可以通过成本指标反映出来，而费用支出的多少又直接影响企业一定期间的损益。因此，为了考核和分析成本计划及费用预算的执行情况，加强成本费用管理，企业有必要编制成本报表。

### （一）成本报表的概念

成本报表是根据产品（或经营业务）日常成本和期间费用的核算资料及其他有关资料定期编制而成的，用以反映和监督企业一定时期产品（或经营业务）成本和期间费用水平及其构成，提示生产费用的支出状况，考核和分析成本计划及费用预算执行情况的书面报告文件，是会计报表体系的重要组成部分。

成本指标的综合性特点及它同其他各项技术、经济指标的关系，决定了成本管理的"全面"性，也就是说，要降低产品（或经营业务）成本、节约各项费用支出，必须加强成本的"全面"管理。所谓"全面"，是指空间上和时间上的全面。空间上的全面，对工业企业来说，包括各车间、班组和各职能部门的成本管理；时间上的全面，则指生产经营全过程的成本管理。

为了实现成本的全面管理，调动从企业领导人员到各车间、班组和各职能部门广大职工群众增强成本意识、加强成本管理的积极性，就必须让他们了解企业成本的状况，并把降低成本的任务与他们的本职工作联系起来，落实到他们的行动之中。为了让他们了解企业成本的状况，会计部门就要正确、及时地反映成本费用的支出情况，特别是有针对性地编制成本报表，向大家提供有关成本资料。

### （二）成本报表的种类

成本报表属于内部报表，主要是为满足企业内部经营管理需要而编制的，不对外公开。因此，成本报表的种类、格式、项目、指标的设计和编制方法、编报日期、具体报送对象，都由企业自己确定。企业主管部门为了给国民经济管理提供所需要的成本数据，要求企业将其成本报表作为会计报表的附表报送，企业成本报表的种类、格式、项目和编制方法，也可以由主管企业的上级机构协同企业共同商定。

根据会计核算信息质量的要求，会计部门除定期扣除预全面反映成本计划（包括产品成本计划和各项费用计划）完成情况的报表外，为了加强成本的日常管理，对于成本耗费的主要指标，也可以按旬、周、日甚至按班编报，及时提供给有关部门负责人和值班人员，促使其及时地、有针对性地采取措施，从而解决生产经营中的问题，发挥成本核算指导生产的作用。另外，为了将成本管理与技术管理相结合，分析成本升降的具体原因，寻求降低成本的途径和方法，并简化报表的种类和编制方法，也可以将成本会计指标、统计指标和技术经济指标结合起来，合并编制报表。为了加强成本工作的预见性，可以在成本工作执行过程中，对未来时期能否完成成本计划进行预测，向有关部门和人员提供分析报告，及时沟通成本信息，保证成本计划的完成和超额完成。总之，企业应当从实际情况出发、从管理的要求出发、设计和编制成本报表。要注意报表内容的实用性，不用拘泥于形式；要注意指标项目的简化，不搞烦琐计算，贵在针对性强、正确、及时。

根据上述要求，以工业企业为例，工业企业的成本报表通常有以下几种。

（1）产品生产成本表。

（2）主要产品单位成本表。

（3）制造费用明细表。

（4）期间费用明细表（管理费用明细表、财务费用明细表、销售费用明细表）。

### （三）成本报表的作用

编制成本报表的主要作用有以下几点。

（1）综合反映企业成本费用的耗费水平。

（2）反映企业各成本中心的成本管理业绩，评价和考核各成本中心的计划完成情况。

（3）为企业成本分析提供重要依据，有利于企业日常成本控制。

（4）为下一期成本计划的制订和修正提供重要依据。

（5）为企业成本、利润的预测提供信息依据。

### （四）成本报表的编制要求

为了满足企业主管部门和企业自身对成本报表的需要，成本报表的编制应当遵守以下要求。

（1）准确性。数字准确是企业编制成本报表的基本要求。准确性要求企业编制的成本报表要客观反映其自身的资金耗费情况，要做到内容真实、数字准确，不能任意估计数据，更不能弄虚作假、篡改数字。

（2）完整性。成本报表中该填报的报表种类、内容、指标和文字说明，应当根据有关要求和资料进行必要的加工整理后，填报齐全。

（3）及时性。成本报表应当按照规定的期限进行编制。只有这样，成本报表才能发挥作用。否则，即使成本报表客观完整，但其中的资料已经过时，对企业主管部门和企业自身而言，也没有太大利用价值。

（4）重要性。企业成本费用复杂多样，成本报表披露的成本信息应符合重要性原则，在报表种类和格式的设计上应当简明扼要，突出重点，反映主要成本费用的耗费和构成情况。

## 二、成本报表的编制

产品生产成本表是反映企业在报告期内所产全部产品的总成本和各种主要产品单位成本及总成本的报表。利用产品生产成本表，可以考核和分析企业全部产品和各种主要产品成本计划的执行情况、可比产品成本降低计划的执行情况，以及对企业成本工作进行一般评价。

### （一）产品生产成本表的编制

编制产品生产成本表既可按照产品的类别进行编制，也可以按照成本项目进行编制。

**1. 按产品类别反映的产品生产成本表的编制**

按产品类别反映的产品生产成本表是将全部产品分为可比产品和不可比产品，分别反映各种产品的单位成本、本月总成本、本年累计总成本。可比产品是指以前年度正式生产过，具有较完备的成本资料的产品。不可比产品是指以前年度没有正式生产过、没有较完备的成本资料的产品及今年正式投产的新产品。该表编制主要依据企业的产品成本明细账、年度成本计划、上年实际平均单位成本等资料。对可比产品而言，需要同上年度实际成本进行比较，所以表中不仅要列示本期的计划成本和实际成本，还要列示上年度实际成本。对不可比产品而言，没有上年的实际单位成本可比，所以只列示本期计划成本和本期的实际成本。这种报表的格式，如表11-2所示。

按产品类别反映的产品生产成本表包括基本报表和补充报表两个部分。

现以湘中机械厂2016年12月产品生产成本表为例进行编制说明。湘中机械厂12月份产值为344 917.65元。

（1）基本报表的填列。

①"产品名称"栏目按照企业所生产各种可比产品和不可比产品的名称填列；

②"实际产量"栏目中的"本月"和"本年累计"分别根据完工产品明细账的本月和从年初起至本月止各种产品的实际产量填列；

③"单位成本"栏目中的"上年实际平均"根据上年本表所列示各种产品的全年平均单位成本填列；"本年计划"根据企业成本计划填列；"本月实际"和"本年累计实际平均"分别根据各种产品成本明细账的本月和从年初起至本月止各种产品的单位成本或平均单位成本填列；

表 11-2  产品生产成本表（按产品的类别编制）

编制单位：湘中机械厂　　　　2016 年 12 月　　　　单位：元

| 产品名称 | 计量单位 | 实际产量 本月 (1) | 实际产量 本年累计 (2) | 单位成本 上年实际平均 (3) | 单位成本 本年计划 (4) | 单位成本 本月实际 (5)=(9)÷(1) | 单位成本 本年累计实际平均 (6)=(12)÷(2) | 本月总成本 按上年实际平均单位成本计算 (7)=(1)×(3) | 本月总成本 按本年计划单位成本计算 (8)=(1)×(4) | 本月总成本 本月实际 (9)=(1)×(5) | 本年累计总成本 按上年实际平均单位成本计算 (10)=(2)×(3) | 本年累计总成本 按本年计划单位成本计算 (11)=(2)×(4) | 本年累计总成本 本年实际 (12) |
|---|---|---|---|---|---|---|---|---|---|---|---|---|---|
| 可比产品合计 |  |  |  |  |  |  |  | 19 400 | 19 100 | 18 850 | 270 000 | 266 000 | 269 400 |
| 甲产品 | 件 | 50 | 500 | 84 | 82 | 83 | 81 | 4 200 | 4 100 | 4 150 | 42 000 | 41 000 | 40 500 |
| 乙产品 | 件 | 20 | 200 | 760 | 750 | 735 | 763 | 15 200 | 15 000 | 14 700 | 228 000 | 225 000 | 228 900 |
| 不可比产品合计 |  |  |  |  |  |  |  |  | 2 110 | 2 119 |  | 23 550 | 23 780 |
| 丙产品 | 件 | 8 | 70 | 125 | 125 | 128 | 126 |  | 1 000 | 1 024 |  | 8 750 | 8 820 |
| 丁产品 | 件 | 3 | 40 | 370 | 365 | 374 |  |  | 1 110 | 1 095 |  | 14 800 | 14 960 |
| 全部产品成本 |  |  |  |  |  |  |  |  | 21 210 | 20 969 |  | 289 550 | 293 180 |

④"本月总成本"栏目中的各项目分别按照各种产品本月实际产量与上年实际平均单位成本、本年计划单位成本及本月实际单位成本的乘积填列；

⑤"本年累计总成本"栏目中的各项目分别按照各种产品本年累计实际产量与上年实际平均单位成本、本年计划单位成本及本年累计实际单位成本的乘积填列。

（2）补充报表的填列。

① 可比产品成本降低额

=按上年实际平均单位成本计算的本年累计总成本-本年累计实际总成本

=270 000-269 400=600（元）

② 可比产品成本降低率

=（可比产品成本降低额÷按上年实际平均单位成本计算的本年累计总成本）×100%

=（600÷270 000）×100%=0.22（%）

③ 产值成本率

=（产品总成本÷商品产值）×100（通常以每百元商品产值总成本表示）

=（293 180÷344 917.65）×100=85（元/百元）

### 2. 按成本项目反映的产品生产成本表的编制

按成本项目反映的产品生产成本表，是按照成本项目汇总反映企业报告期内发生的全部生产费用和产品成本的报表。该表在结构上由生产费用和产品生产成本两个部分组成。生产费用部分按成本项目反映报告期内发生的各种生产费用及其合计数；在此基础上加上在产品和自制半成品的期初余额，减去在产品和自制半成品的期末余额，计算出产品成本的合计数。该表的生产费用部分和产品成本部分，可按上年实际数、本年计划数、本月实际数和本年累计实际数，分栏反映。这种报表的格式，如表 11-3 所示。

现以湘中机械厂 2016 年 12 月产品生产成本表为例进行编制说明。

表 11-3　产品生产成本表（按成本项目反映）

编制单位：湘中机械厂　　　　　　　2016 年 12 月　　　　　　　　　　　　单位：元

| 成本项目 | 上年实际 | 本年计划 | 本月实际 | 本年累计实际 |
| --- | --- | --- | --- | --- |
| 直接材料 | 80 778 | 67 800 | 3 569 | 62 828 |
| 直接人工 | 167 500 | 166 000 | 11 440 | 165 280 |
| 制造费用 | 64 620 | 62 800 | 4 760 | 64 120 |
| 生产费用合计 | 312 898 | 296 600 | 19 769 | 292 228 |
| 加：在产品、自制半成品期初余额 | 8 254 | 9 200 | 9 400 | 9 152 |
| 减：在产品、自制半成品期末余额 | 9 152 | 7 800 | 8 200 | 8 200 |
| 产品生产成本合计 | 312 000 | 298 000 | 20 969 | 293 180 |

表 11-3 中相关项目的填列方法如下。

（1）"上年实际"栏目应根据上年 12 月份本表的本年累计实际数填列。

(2)"本年计划"栏目应根据成本计划有关资料填列。

(3)"本月实际"栏目根据本月生产成本二级账(或明细账)的资料分析计算填列。

(4)"本年累计实际"栏目应根据"本月实际",加上上月份本表的"本年累计实际"计算填列。

(5)按成本项目反映的本月各种生产费用数,根据各种产品成本明细账所记本月生产费用合计数,按照成本项目分别汇总填列。

(6)在产品、自制半成品的期初、期末余额,根据各种产品明细账的期初、期末在产品成本和各种自制半成品明细账的期初、期末余额分别汇总填列,期初数也可根据本表上月的期末数填列。

(7)产品生产成本合计数根据表中的生产费用合计数,加在产品、自制半成品期初余额,减在产品、自制半成品期末余额计算求得。

## (二)主要产品单位成本表的编制

主要产品单位成本表是反映企业一定时期内主要产品单位生产成本、成本变动及其构成情况的成本报表。该表分为上、下两个部分,上半部分按成本项目反映报告期内发生额及各项目的合计数,即产品单位成本;下半部分反映单位产品所耗用的各种主要原材料的数量和生产工时等主要经济技术指标。为了便于考核产品单位成本的变动情况,各成本项目和主要经济技术指标分别按照历史先进水平、上年实际平均、本年计划、本月实际和本年累计实际平均项目设置不同的专栏,如表11-4所示。

现以大利公司2016年12月主要产品单位成本表为例说明如何编制。

**表11-4 大利公司2016年12月主要产品单位成本表**

产品名称:甲　　　　　　　　　本月计划产量:12　　　　　　　　本月实际产量:10
产品规格:　　　　　　　　　　本年累计计划产量:120　　　　　　本年累计实际产量:100
计量单位:件　　　　　　　　　　　　　　　　　　　　　　　　　销售单价:1 700元

| 成本项目 | | 历史先进水平 | 上年实际平均 | 本年计划 | 本月实际 | 本年累计实际平均 |
|---|---|---|---|---|---|---|
| 直接材料 | | 615 | 620 | 610 | 600 | 605 |
| 直接人工 | | 233 | 244 | 233 | 220 | 235 |
| 其他直接支出 | | 100 | 110 | 305 | 120 | 125 |
| 制造费用 | | 307 | 325 | 102 | 300 | 280 |
| 产品单位成本 | | 1 255 | 1 300 | 1 250 | 1 240 | 1 245 |
| 主要经济技术指标 | 计量单位 | 耗用量 | 耗用量 | 耗用量 | 耗用量 | 耗用量 |
| ×材料 生产工时 | 千克 小时 | 略 | 略 | 略 | 略 | 略 |

主要产品单位成本表的编制方法如下:

（1）"成本项目"栏目按照财政部门和企业主管部门的规定填列。

（2）"主要经济技术指标"栏目各项目，反映单位产品所耗用的各种主要原材料和生产工时情况，按照企业自己确定的或企业主管部门规定的指标名称和填列方法填列。

（3）"历史先进水平"栏目，反映单位成本和单位消耗的历史先进水平，根据企业成本最低年度相关资料填列。

（4）"上年实际平均"栏目，反映上年度各成本项目的平均单位成本和单位消耗，根据上年产品的实际成本资料计算填列。

（5）"本年计划"栏目，反映成本计划规定的各成本项目的单位成本和单位消耗，根据成本计划有关资料填列。

（6）"本月实际"栏目，反映本月各成本项目的单位成本和单位消耗，根据本月实际产品成本资料填列。

（7）"本年累计实际平均"栏目，反映自年初起至本月末止产品的累计平均单位成本和单位平均消耗，根据本年产品各月实际成本资料累计相加填列。

### （三）制造费用明细表的编制

制造费用明细表是反映企业在报告期内发生的全部制造费用明细情况的一种成本报表。编制此表的目的是为了利用本表所提供的资料，分析各项费用的构成和增减变化情况，考核制造费用计划的执行结果，以采取措施，压缩开支，降低费用，从而降低产品的制造成本。

制造费用明细表中费用明细项目的划分，既可参照财政部有关制度的规定，也可由企业根据其生产经营特点和管理要求及重要性原则自行确定。若本年度内对某些明细项目的划分做了修改使得计算结果与上年度不一致，应将上年度有关报表的对应明细项目按照本年划分标准进行调整，并在表后的附注以文字说明。

制造费用明细表所列示的费用项目，分别有本年计划、上年同期实际、本月实际和本年累计实际四个栏目。制造费用明细表的一般格式，如表 11-5 所示。

现以大利公司 2016 年 12 月制造费用明细表为例进行编制说明。

表 11-5 制造费用明细表

编制单位：大利公司　　　　　　　　2016 年 12 月　　　　　　　　　　　单位：元

| 项　目 | 本年计划 | 上年同期实际 | 本月实际 | 本年累计实际 |
| --- | --- | --- | --- | --- |
| 工资 | 略 | 略 | 略 | 67 500 |
| 五险一金 | | | | 29 025 |
| 折旧费 | | | | 75 800 |
| 维护费 | | | | 4 800 |
| 办公费 | | | | 3 250 |
| 水电费 | | | | 26 800 |

续表

| 项　　目 | 本年计划 | 上年同期实际 | 本月实际 | 本年累计实际 |
|---|---|---|---|---|
| 机物料消耗 | | | | 3 560 |
| 劳动保护费 | | | | 1 750 |
| 低值易耗品摊销 | | | | 2 860 |
| 差旅费 | | | | 35 200 |
| 租赁费 | | | | 350 |
| 保险费 | | | | 860 |
| 设计制图费 | | | | 880 |
| 其他 | | | | |
| 合计 | | | | 252 635 |

制造费用明细表的填列方法如下：

（1）"本年计划"栏目，根据制造费用预算的有关项目数据填列。

（2）"上年同期实际"栏目，根据上年同期本表的"本年累计实际"栏目有关数据填列。如果表内所列费用项目和上年度的费用项目在名称或内容上不一致时，应对上年度的各项数字按表内所规定的项目进行调整。

（3）"本月实际"栏目根据本月制造费用明细账相关项目填列。

（4）"本年累计实际"栏目，填列自年初起至本月末止的累计实际数，应根据制造费用明细账各项目实际数计算填列。也可将本月实际数加上至上月末止本年累计实际数计算填列。

### （四）期间费用明细表的编制

期间费用明细表是反映企业在报告期内发生的各项经营管理费用及其构成情况的报表。该表包括销售费用明细表、管理费用明细表和财务费用明细表。编制期间费用明细表，有利于企业对期间费用的增减变动情况进行分析，考核期间费用计划的执行情况，促进企业节约费用，提高经济效益。

**1. 销售费用明细表的编制**

销售费用明细表是反映企业在报告期内发生的销售费用额及费用预算执行情况的报表。该表按照销售费用各项目分别设置本年计划、上年同期实际、本月实际和本年累计实际栏目。销售费用明细表的一般格式，如表11-6所示。

现以大利公司2016年12月销售费用明细表为例进行编制说明。

表 11-6　销售费用明细表

编制单位：大利公司　　　　　　　　　　2016 年 12 月　　　　　　　　　　　　　　单位：元

| 项目 | 本年计划 | 上年同期实际 | 本月实际 | 本年累计实际 |
|---|---|---|---|---|
| 工资 | 略 | 略 | 略 | 47 500 |
| 五险一金 | | | | 20 425 |
| 运输费 | | | | 26 800 |
| 装卸费 | | | | 19 600 |
| 包装费 | | | | 3 250 |
| 水电费 | | | | 26 800 |
| 展览费 | | | | 8 650 |
| 广告费 | | | | 6 800 |
| 低值易耗品摊销 | | | | 1 800 |
| 差旅费 | | | | 1 200 |
| 租赁费 | | | | 350 |
| 委托代销手续费 | | | | 860 |
| 折旧费 | | | | 4 890 |
| 其他 | | | | |
| 合计 | | | | 168 925 |

表中的"本年计划"栏目应根据本年度产品销售费用的计划填列；"上年同期实际"栏目应根据上年同期本表的"本年累计实际数"填列；"本月实际"栏目根据销售费用明细账本月合计数填列；"本年累计实际"栏目应根据销售费用明细账自年初起至本月末止的累计数填列。

2. 管理费用明细表的编制

管理费用明细表是反映企业管理部门在报告期内为管理和组织生产所发生的费用额及费用预算执行情况的报表。该表按照管理费用各项目分别设置本年计划、上年同期实际、本月实际和本年累计实际栏目。管理费用明细表的一般格式，如表 11-7 所示。

现以大利公司 2016 年 12 月管理费用明细表为例进行编制说明。

表 11-7　管理费用明细表

编制单位：大利公司　　　　　　　　　　2016 年 12 月　　　　　　　　　　　　　　单位：元

| 项目 | 本年计划 | 上年同期实际 | 本月实际 | 本年累计实际 |
|---|---|---|---|---|
| 工资 | 略 | 略 | 略 | 75 600 |
| 五险一金 | | | | 32 508 |
| 折旧费 | | | | 9 800 |
| 办公费 | | | | 17 800 |

续表

| 项　目 | 本年计划 | 上年同期实际 | 本月实际 | 本年累计实际 |
|---|---|---|---|---|
| 差旅费 |  |  |  | 16 500 |
| 水电费 |  |  |  | 6 900 |
| 租赁费 |  |  |  | 0 |
| 修理费 |  |  |  | 7 500 |
| 咨询费 |  |  |  | 0 |
| 诉讼费 |  |  |  | 0 |
| 排污费 |  |  |  | 0 |
| 物料消耗 |  |  |  | 4 080 |
| 低值易耗品摊销 |  |  |  | 2 600 |
| 研究与开发费 |  |  |  | 17 400 |
| 技术转让费 |  |  |  | 0 |
| 业务招待费 |  |  |  | 12 100 |
| 劳动保险费 |  |  |  | 340 |
| 房产税 |  |  |  | 480 |
| 车船使用税 |  |  |  | 690 |
| 土地使用税 |  |  |  | 780 |
| 印花税 |  |  |  | 260 |
| …… |  |  |  |  |
| 合计 |  |  |  | 205 338 |

表中的"本年计划"栏目根据管理费用的计划填列；"上年同期实际"栏目根据上年同期本表的"本年累计实际数"填列；"本月实际"栏目根据管理费用明细账本月合计数填列；"本年累计实际"栏目根据管理费用明细账自年初起至本月末止的累计数填列。

## 任务二　成本报表分析

【情景资料 11-2】

假定湘中机械厂有关原材料消耗的计划和实际资料，如表 11-8 所示。

表 11-8　湘中机械厂指标的计划和实际资料

| 项　目 | 单　位 | 计 划 数 | 实 际 数 | 差　异 |
|---|---|---|---|---|
| 产品产量 | 件 | 200 | 210 | +10 |
| 单位产品材料消耗量 | 千克 | 18 | 17 | -1 |
| 材料单价 | 元 | 10 | 12 | +2 |
| 材料费用总额 | 元 | 36 000 | 42 840 | +6 840 |

**要求：**
(1) 请根据上述资料，应用连环替代法分析各个因素对材料费用总额的影响。
(2) 请根据上述资料，应用差额计算法分析各个因素对材料费用总额的影响。

## 一、成本报表分析的程序和方法

成本报表分析是企业根据成本核算资料及其他相关资料，采用一定的方法，对企业成本费用水平及其构成情况进行分析，查明影响成本升降的原因，寻找节约费用、降低成本的潜力和途径的一项管理活动。狭义的成本报表分析属于事后分析，它是运用科学的分析方法，分析各项指标的变动及指标间的相互关系，提示企业各成本指标计划的完成情况和原因，从而使管理部门对企业一定时期的成本工作情况有着比较全面的认识，促进企业完善其成本管理责任制度。

### （一）成本报表分析的一般程序

（1）分析成本报表，应从全部产品成本计划完成情况的总评价开始，然后按照影响成本计划完成情况的因素，逐步深入、具体地分析。从总评价开始，可以防止片面性——只见树木，不见森林，并从复杂的影响因素中，找出需要进一步分析的问题。但是，分析不能停留在对成本总体指标计划完成情况的总评价上。为了弄清楚成本升降的具体原因，具体评价企业成本工作，还必须在总评价的基础上，根据总括分析中发现的问题，对重点产品的单位成本及其成本项目或重点费用项目，进行深入具体地分析。这样做也是为了防止另一种片面性——只见森林，不见树木，防止分析的表面化、一般化。

（2）在分析成本指标实际脱离计划差异的过程中，应将影响成本指标变动的各种因素进行分类，衡量它们的影响程度，并从这些因素的相互关系中找出起决定作用的主要因素。

（3）相互联系地研究生产技术、工艺、生产组织和经营管理等方面的情况，查明各种因素变动的原因，挖掘降低产品成本、节约费用开支的潜力。

（4）以全面发展的观点，对企业成本工作进行评价。

综上所述，成本报表分析的过程，实际上是成本指标分析（分解）和综合相结合的过程。

### （二）成本报表的分析方法

成本报表分析的方法是进行成本分析的重要手段，在对成本报表进行分析的过程中，不仅要研究各项成本指标的数量变动和指标间的关系，还要测定各种因素变动对成本指标的影响程度。常用的分析方法有比较分析法、比率分析法、连环替代法、差额计算法。

#### 1. 比较分析法

比较分析法，是将分析期的实际数同某些选定的基数进行对比，从数量上揭示实际数同基数间的差异，借以了解成本管理中的成绩和问题的一种分析方法。

比较分析法适用于同质指标的数量对比。采用这种分析方法，应注意相比指标的可比性。可比的共同基础包括经济内容、计算方法、计算期和影响指标形成的客观条件等方面。若指标不可比，应先按可比的口径进行调整，然后再进行对比。该方法有以下几种对比形式。

（1）以成本的实际指标与计划或定额指标进行对比，分析成本计划或定额的完成情况。需要注意的是，计划或定额本身并非既先进又切实可行，因为实际数与计划数或定额间的差异，除实际工作的原因外，还可能是由于计划或定额不切实际造成的。

（2）以本期实际成本指标与前期（上期、上年同期或历史最好水平）的实际成本指标进行对比，观察企业成本指标的变动情况和变动趋势，了解企业生产经营工作的改进情况。

（3）以本企业实际成本指标（或某项技术经济指标）与国内外同行业先进指标进行对比，可以在更大范围内找出差距，推动企业改进经营管理。

**2. 比率分析法**

比率分析法是通过计算指标间的比率考察成本活动相对效益，进行数量分析的一种方法。比率分析法主要有相关指标比率分析法、构成比率分析法和动态比率分析法。

（1）相关指标比率是将两个性质不同但又相关的指标进行对比求出比率，然后再以实际数与计划（或前期实际）数进行对比分析，以便从经济活动的客观联系中，更深入地认识企业的生产经营状况。例如，将成本指标与反映生产、销售等生产经营成果的产值、销售收入、利润指标进行对比求出的产值成本率、销售成本率和成本利润率指标，据以分析和比较生产耗费的经济效益。

在实际工作中，由于企业规模不同等原因，单纯比较成本相关指标的绝对数的多少，不能准确说明各企业经济效益的好坏，但相关指标比率可以比较准确地反映企业经济效益的好坏。

（2）构成比率是指某项经济指标的各个组成部分占总体的比重。如构成产品成本的各成本项目占总成本的比重，确定成本的构成比率；然后将不同时期的成本构成比率相比较，通过观察产品成本构成的变动，掌握经济活动情况及其对产品成本的影响。

（3）动态比率是将不同时期的同类指标的数值对比求出比率，进行动态比较，据以分析该项指标的增减速度和变动趋势，从中发现企业在生产经营方面的成绩和不足，如定基比率和环比比率。

定基比率=分析期指标数额/固定期指标数额

环比比率=分析期指标数额/前一期指标数额

**3. 连环替代法**

连环替代法是用来计算几个相互联系的因素，对综合经济指标变动影响程度的一种分析方法。下面以材料费用总额变动分析为例，说明这一分析方法的特点。

影响材料费用总额的因素很多，按其相互关系可归纳为三个：产品产量、单位产品材料消耗量和材料单价。按照各因素的相互依存关系，其计算公式为：

材料费用总额=产品产量×单位产品材料消耗量×材料单价

连环替代法这一分析方法具有以下特点。

（1）计算程序的连环性。上述计算是严格按照各因素的排列顺序，逐次以一个因素的实际数替换其基数。除第一次替换外，每个因素的替换都是在前一个因素替换的基础上进行的。

（2）因素替换的顺序性。运用这一方法的一个重要问题，就是要正确确定各因素的替换顺序（即排列顺序）。另外，在分析相同问题时，一定要按照同一替换顺序进行，这样计算结果才具有可比性，因为不同的替换顺序，会得出不同的计算结果。通常确定各因素的替换顺序的做法是：先数量指标，后质量指标；先实物量指标，后价值量指标；如果有几个数量或质量指标，先分析主要指标，后分析次要指标。

（3）计算条件的假定性。运用这一方法在测定某一因素变动影响时，是以假定其他因素不变为条件的。因此，计算结果只能说明是在某种假定条件下计算的结果。

**4．差额计算法**

差额计算法是连环替代法的一种简化形式，运用这一方法时，先要确定各个因素实际数与计划数间的差异，然后按照各因素的排列顺序，依次求出各因素变动的影响程度。可见，这一方法的应用原理与连环替代法一样，只是计算程序不同。

## 任务实施

根据【情景资料11-2】，实施任务如下。

首先，利用比较分析法，将材料费用总额的实际数与计划数进行对比，将实际脱离计划差异作为分析对象：42 840-36 000=6 840元。差异是产量增加、单位产品材料消耗量降低和材料单价升高三个因素综合影响的结果。

其次，按照上述计算公式中各因素的排列顺序，用连环替代法测定各因素变动对材料费用总额变动的影响程度。计算程序如下：

（1）以基数（本资料为计划数）为计算基础。

（2）按照公式中所列因素的同一顺序，逐次以各因素的实际数替换其基数；每次替换后，实际数就被保留下来。有几个因素就替换几次，直到所有因素都变成实际数；每次替换后都求出新的计算结果。

（3）将每次替换后所得的结果，与其相邻近的前一次计算结果相比较，两者的差额就是某一因素变动对综合经济指标变动的影响程度。

（4）计算各因素变动影响数额的代数和。这个代数和应等于被分析指标实际数与基数的总差异数。

1．连环替代法分析各个因素对材料费用总额的影响计算如下：

①以计划数为基数　　　　　　　　200×18×10=36 000（元）

②第一次替换　　　　　　　　　　210×18×10=37 800（元）
②-①产量变动影响　　　　　　　　　　+1 800（元）
③第二次替换　　　　　　　　　　210×17×10=35 700（元）
③-②单位产品材料消耗量变动影响　　　-2 100（元）
④第三次替换　　　　　　　　　　210×17×12=42 840（元）
④-③材料单价变动影响　　　　　　　　+7 140（元）
合计　　　　　　　　　　　　　　　　　+6 840（元）

通过计算可以看出，虽然单位产品材料消耗量降低使材料费用节约2 100元，但由于产量增加，特别是单价升高，使材料费用增多8 940元。进一步分析应查明材料消耗节约和材料价格升高的原因，然后才能对企业材料费用总额变动情况作出评价。

2. 差额计算法分析各个因素对材料费用总额的影响计算如下：
（1）分析对象：
42 840-36 000=+6840（元）
（2）各因素影响程度
①产量变动影响　　　　　　　　　（+10）×18×10=1 800（元）
②单位产品材料消耗量变动影响　　210×（-1）×10=-2 100（元）
③材料单价变动影响　　　　　　　210×17×（+2）=7 140（元）
合计　　　　　　　　　　　　　　　　　+6 840（元）

差额计算法由于计算简便，所以应用比较广泛，特别是在影响因素只有两个时更为合适。

## 二、成本报表分析应用

**【情景资料11-3】**

某企业利用产品成本表编制的分析表，如表11-9所示。

表11-9　本年累计全部产品成本计划完成情况分析表

编制单位：××企业　　　　　　2016年

| 产品名称 | 计划总成本<br>/万元 | 实际总成本<br>/万元 | 实际比计划升降额<br>/万元 | 实际比计划升降率<br>/% |
|---|---|---|---|---|
| 一、可比产品 | 26 600 | 26 940 | +340 | +1.28 |
| 其中：甲产品 | 4 100 | 4 050 | -50 | -1.22 |
| 乙产品 | 22 500 | 22 890 | +390 | +1.73 |
| 二、不可比产品 | 2 355 | 2 378 | +23 | +0.98 |
| 其中：丙产品 | 875 | 882 | +7 | +0.80 |
| 丁产品 | 1 480 | 1 496 | +16 | +1.09 |
| 合计 | 28 955 | 29 318 | +363 | +1.25 |

**要求：**

对全部产品成本计划的完成情况进行总括评价。

**【情景资料 11-4】**

某企业 2016 年可比产品成本降低计划资料，如表 11-10 所示。

表 11-10　可比产品成本降低计划表

编制单位：××企业　　　　　　　　　　　2016 年　　　　　　　　　　　　单位：元

| 可比产品 | 全年计划产量/件 | 单位成本 上年实际平均 | 单位成本 上年实际平均 | 总成本 按上年实际单位成本计算 | 总成本 按上年计划单位成本计算 | 计划降低指标 降低额 | 计划降低指标 降低率/% |
|---|---|---|---|---|---|---|---|
| 甲产品 | 400 | 84 | 82 | 33 600 | 32 800 | 800 | 2.38 |
| 乙产品 | 200 | 760 | 750 | 152 000 | 150 000 | 2 000 | 1.32 |
| 合计 |  |  |  | 185 600 | 182 800 | 2 800 | 1.51 |

**要求：**

分析可比产品成本降低计划的完成情况。

以工业企业为例，成本报表分析是指对全部产品成本、可比产品成本、制造费用等完成情况进行总的分析和评价。

**（一）产品成本表的分析**

利用产品成本表可以分析以下问题。

（1）对全部产品成本计划的完成情况进行总括评价。通过总评价，一是对企业全部产品成本计划的完成情况有个总括的了解；二是通过对影响计划完成情况因素的初步分析，为进一步分析指出方向。

## 任务实施

根据【情景资料 11-3】，实施任务如下。

表 11-9 本年累计全部产品成本计划完成情况分析表的数据表明，虽然本年全部产品总成本实际高于计划，但本年累计实际总成本却超过计划 363 万元，升高 1.25%。其中，可比产品成本实际比计划超支 340 万元，主要是乙产品成本超支 390 万元，而甲产品成本是降低的；不可比产品成本实际比计划超支 23 万元，丙、丁产品成本都超支了。因此，应进一步分析的重点是查明乙产品成本超支的原因。

为了将企业产品的生产耗费和生产成果联系起来，综合评价企业生产经营的经济效益,在全部产品成本计划完成情况的总评价中,还应包括产值成本率指标的分析。如计算本年累计实际产值成本率、单位产品计划超支额等,说明该企业生产耗费的经济效益情况。

(2) 分析可比产品成本降低计划的完成情况。可比产品成本降低计划和计划完成情况的资料,分别反映在企业的成本计划和成本报表中。可比产品成本降低计划是以上年实际平均单位成本为依据确定的,具体包括降低额和降低率两个指标。可比产品成本降低计划的完成情况分析,就是将可比产品的实际降低额(按实际产量计算)和降低率与计划降低额(按计划产量计算)和降低率进行比较,来检查是否完成成本降低任务。

## 任务实施

根据【情景资料11-4】,实施任务如下。

根据表11-10的资料可知:

可比产品成本降低额=185 600-182 800=2 800(元)

可比产品成本降低率=2800÷185 600×100%≈1.51(%)

根据可比产品成本降低计划的完成情况,编制的分析表,如表11-11所示。

分析可比产品成本降低计划的完成情况,首先,应确定分析的对象,即以可比产品成本实际降低额、降低率指标与计划降低额、降低率指标进行对比,确定实际脱离计划的差异:

表11-11 可比产品成本降低计划完成情况表

编制单位:××企业　　　　　　　　　　2016年度　　　　　　　　　　　　单位:元

| 可比产品 | 总成本 | | 计划降低指标 | |
|---|---|---|---|---|
| | 按上年实际平均单位成本计算 | 本期实际 | 降低额 | 降低率/% |
| 甲产品 | 42 000 | 40 500 | 1 500 | 3.57 |
| 乙产品 | 228 000 | 228 900 | 900 | 0.39 |
| 合计 | 270 000 | 269 400 | 600 | 0.22 |

计划降低额　2 800元　　　　　计划降低率 1.51%

实际降低额　　600元　　　　　实际降低率 0.22%

实际脱离计划差异:

降低额=600-2 800=-2 200(元)

降低率=0.22%-1.51=-1.29(%)

从以上计算可以看出,可比产品成本降低计划没有完成,实际比计划少降低2 200元。

其次,确定影响可比产品成本降低计划完成情况的因素和各因素的影响程度。影响可比产品成本降低计划完成情况的因素,概括起来有以下3个。

① 产品产量。成本降低计划是根据计划产量制订的(本资料中甲产品计划产量400件,乙产品计划产量200件),实际降低额和降低率都是根据实际产量计算的。因此,产量的增减,必然会影响可比产品成本降低计划的完成情况。但是产量变动影响有其特点:

假定其他条件不变，即产品品种构成和产品单位成本不变，单纯产量变动，只影响成本降低额，而不影响成本降低率。假定上述资料中本期产品产量实际比计划提高了20%，而产品品种构成和单位成本不变，即假定甲、乙产品实际产量比计划产量提高20%，其成本降低额和降低率，如表11-12所示。

表11-12 单纯产量变动影响表

编制单位：××企业　　　　　　　　　2016年　　　　　　　　　　单位：元

| 可比产品 | 总成本 | | 计划降低指标 | |
|---|---|---|---|---|
| | 按上年实际平均单位成本计算 | 本期实际 | 降低额 | 降低率/% |
| 甲产品 | 33 600×120%=40 320 | 32 800×120%=39 360 | 960 | 2.38 |
| 乙产品 | 152 000×120%=182 400 | 150 000×120%=180 000 | 2 400 | 1.32 |
| 合计 | 222 720 | 219 360 | 3 360 | 1.51 |

② 产品品种构成。由于各种产品的成本降低程度不同，有的大些，有的小些；有的节约，有的超支。因而当产品品种构成发生变动时，就会影响可比产品成本降低额和降低率升高或降低。在分析中之所以要单独计量产品品种构成变动的影响，目的在于提示企业取得降低产品成本的具体途径，从而对企业工作作出正确的评价。

③ 产品单位成本。可比产品的成本计划降低额是本年度计划成本比上年度（或以前年度）实际成本的降低数，而实际降低额是本年度实际成本比上年度（或以前年度）实际成本的降低数。因此，当本年度可比产品实际单位成本比计划单位成本降低或升高时，必然会引起成本降低额和降低率的变动。产品单位成本的降低意味着生产中活劳动和物化劳动消耗的节约。因此，在分析时应特别注意这一因素的变动影响。

再次，确定各因素变动的影响程度。

按照连环替代法的计算程序，在确定各因素变动对成本降低计划完成情况的影响程度时，应以在计划产量、计划成本构成和计划单位成本情况下的成本降低计划为基础，然后用各个因素的实际数逐次替换计划数。

① 产品产量变动的影响。为了确定产量变动的影响程度，首先必须求得在实际产量、计划品种构成下，以本年计划单位成本计算的总成本与按上年实际平均单位成本计算的总成本相比较的成本降低额和成本降低率，然后再以此与计划降低额和计划降低率相比较。

由于在其他因素不变的条件下，单纯产量变动只影响成本降低额，不影响成本降低率。所以，在实际产量、计划品种构成、计划单位成本情况下的降低率与计划降低率相同，即都为1.51%。也就是说，每生产按上年实际单位成本计算的产品100元，即可取得1.51元的降低额。以计划降低率乘以按实际产量、上年实际平均单位成本计算的总成本，即可求得实际产量、计划品种构成和计划单位成本情况下的成本降低额。计算公式为：

270 000×1.51%=4 077（元）

以上述计算求得的4 077元和1.51%与计划降低额2 800元和计划降低率1.51%相比较，即可求得由于产量变动对成本降低计划完成情况的影响程度。

降低额=4 077-2 800=1 277（元）

降低率=1.51%-1.51%=0

② 产品品种构成变动的影响。为了确定产量品种构成变动的影响程度，必须求得在实际产量、实际品种构成情况下，以本年计划单位成本计算的总成本与按上年实际平均单位成本计算的总成本相比较的降低额和降低率，根据上表资料计算如下：

降低额=270 000-266 000=4 000（元）

降低率=4 000÷270 000×100%=1.48（%）

以上计算结果与在实际产量、计划品种构成和计划单位成本情况下的降低率与计划降低率相比较，即可求得由于产品品种构成变动对成本降低计划完成情况的影响程度。

降低额=4 000-4 077=-77（元）

降低率=1.48%-1.51%=-0.03（%）

③ 产品单位成本变动的影响。为了确定产量单位成本变动的影响程度，必须求得在实际产量、实际品种构成情况下，以本年实际总成本与按上年实际平均单位成本计算的总成本相比较的降低额和降低率，根据上表资料计算如下：

降低额=270 000-269 400=600（元）

降低率=600÷270 000×100%=0.22（%）

以上计算结果与在实际产量、实际品种构成和计划单位成本情况下的降低率与计划降低率相比较，即可求得由于产品单位成本变动对成本降低计划完成情况的影响程度。

降低额=600-4 000=-3 400（元）

降低率=0.22%-1.48%=-1.26（%）

以上计算程序和计算结果，如表 11-13 所示。

表 11-13　根据不同指标计算的降低额和降低率

| 指　　标 | 降低额/元 | 降低率/% |
| --- | --- | --- |
| ①在计划产量、计划品种构成和计划单位成本情况下的成本降低额 | 2 800 | 1.51 |
| ②在实际产量、计划品种构成和计划单位成本情况下的成本降低额 | 270 000×1.51%<br>=4 077 | 1.51 |
| ②-①产量变动的影响 | 1 277 | 0 |
| ③在实际产量、实际品种构成和实际单位成本情况下的成本降低额 | 270 000-266 000=4 000 | 4 000÷270 000×100%<br>=1.48 |
| ③-②产品品种构成变动的影响 | -77 | -0.03 |
| ④在实际产量、实际品种构成和实际单位成本情况下的成本降低额 | 270 000-269 400=600 | 600÷270 000×100%<br>=0.22 |
| ④-③产品单位成本变动的影响 | -3 400 | -1.26 |
| 可比产品成本降低计划执行结果 | -2 200 | -1.29 |

根据以上分析结果，可以对可比产品成本降低计划完成情况作出总括评价：总体看企业未完成可比产品成本降低计划，实际比计划少降低 2 200 元或 1.29%。其原因主要是由于产品单位成本升高，使成本少降低 3 400 元，降低率约 1.26%。其中主要原因是乙产品成本升高，但甲产品成本是降低的。值得注意的是，本月（12 月）甲产品单位成本虽然低于上年全年实际平均成本，却高于本年计划和本年累计实际平均成本；而乙产品相反，本月实际单位成本比上年实际平均、比本年计划和本年累计实际平均成本都低。应进一步结合单位成本分析查明原因。此外，产量增加使成本实际比计划多降低 1 277 元，而品种构成变动却使成本实际比计划少降低 77 元。对于这一变动的原因需结合生产分析和销售分析查明原因。根据总评价提出的问题，在查明原因后，才能明确工作中的成绩和问题，从而对上述可比产品成本降低计划的完成情况作出确切评价并提出今后努力的方向。

### （二）主要产品单位成本表的分析

分析主要产品单位成本表的意义，在于揭示各种产品单位成本及其各个成本项目的变动情况，尤其是各项消耗定额的执行情况；确定产品结构、工艺和操作方法的改变及有关技术经济指标变动对产品单位成本的影响，查明产品单位成本升降的具体原因。

产品单位成本表的分析主要依据产品单位成本表、成本计划和各项消耗定额资料及反映各项技术经济指标的业务技术资料等。分析的程序一般是先检查各种产品单位成本实际比计划、比上年实际、比历史最好水平的升降情况；然后，按成本项目分析其增减变动，查明造成单位成本升降的具体原因。为了在更大的范围内找差距、挖潜力，在可能的条件下，还可以组织厂际间同种类产品单位成本的对比分析。

（1）主要产品单位成本变动情况分析。从成本项目对比可以看出，产品单位成本的降低主要是由于哪个成本项目的节约，说明企业在降低此项目的消费方面，在改进产品的生产和劳动组织、提高劳动生产率方面采取了恰当措施，取得了成绩。但是，也可以看到哪个成本项目本月实际比计划、比上年实际都超支了，说明还存在薄弱环节。为了查明产品单位成本及其成本项目变动的原因，还需进一步对各个成本项目，特别是重点项目，即变动影响大的项目进行具体分析。

（2）主要成本项目分析。一定时期产品单位成本的高低，是与企业该时期的生产技术、生产组织的状况和经营管理水平及采取的技术组织措施效果相联系的。因此，紧密结合企业技术、经济方面的资料，查明成本升降的具体原因，是进行产品单位成本各个成本项目分析的特点。

① 原材料费用的分析。原材料费用的变动主要受单位产品原材料消耗数量和原材料价格两个因素的变动影响。其变动影响可用差额计算法计算如下：

原材料消耗数量变动的影响=（实际单位耗用量-计划单位耗用量）×原材料计划单价

原材料价格变动的影响=（原材料实际单价-原材料计划单价）×单位产品原材料实际耗用量

原材料价格变动多属外界因素,需结合市场供求和材料价格变动情况进行具体分析。这里重点分析原材料消耗数量的变动情况和变动原因。

② 工资及附加费的分析。分析产品单位成本中的工资费用,必须按照不同的工资制度和工资费用计入成本的方法来进行。在计件工资制度下,计件单价不变,单位成本中的工资费用一般也不变,除非生产工艺或劳动组织方面有所改变或者出现了问题。在计时工资制度下,如果企业生产多种产品,产品成本中的工资费用一般是按生产工时比例分配计入的。这时产品单位成本中工资费用的多少,取决于生产单位产品的工时消耗和小时工资率两个因素。生产单位产品消耗的工时愈少,成本中分摊的工资费用也愈少,而小时工资率的变动则受计时工资总额和生产工时总额的影响,其变动原因需从这两个因素的总体去查明。基于这种原因,分析单位成本中的工资费用,应结合生产技术、工艺和劳动组织等方面的情况,重点查明单位产品生产工时和小时工资率变动的原因。

③ 制造费用的分析。与计时工资分析情况类似,在分析前应对各种计划和核算资料进行检查、整理,辨明真伪,分清主次,以便为分析提供正确的依据。

### (三) 各种费用报表的分析

各种费用是指企业在生产经营过程中,各个车间、部门为进行产品生产,组织和管理生产经营活动所发生的制造费用、销售费用、管理费用和财务费用。制造费用属于产品成本的组成部分,后三种属于期间费用。其报表的编制就是编制上述四种费用变动的原因及对产品成本和当期损益的影响。

制造费用、销售费用、管理费用和财务费用,虽然有的作为生产费用,计入产品成本,有的作为期间费用,直接计入当期损益,各自的经济用途不同,但是,它们都是由许多具有不同经济性质和不同经济用途的费用组成的。这些费用支出的节约或浪费往往与公司(总厂)的行政管理部门和生产车间工作的质量和有关责任制度、节约制度的贯彻执行情况密切相关。因此,向各有关部门、车间编报上述报表,分析这些费用的支出情况,不仅是促进节约各项费用、杜绝一切铺张浪费、不断降低成本和增加盈利的重要途径,也是推动企业改进生产经营管理工作、提高工作效率的重要措施。

由于上述各种费用都是通过整修公司(总厂)或分厂、车间、部门的编制计划加以控制的,因而,分析各种费用计划的执行情况,查明各种费用实际脱离计划的原因,也必须按整个公司(总厂) 或分厂、车间 、部门来进行。

对上述各种费用进行分析,首先应根据表中资料以本年实际与本年计划相比较,确定实际脱离计划差异,然后分析差异的原因。由于各种费用所包括的费用项目具有不同的经济性质和用途,各项费用的变动又分别受不同因素变动的影响,因此在确定费用实际支出脱离计划差异时,应组成项目分别进行,不能只检查各种费用总额计划的完成情况,不能用其中一些费用项目的节约来抵补其他费用项目的超支。同时,要注意不同费用项目支出的特点,不能简单地把任何超出计划的费用支出都看作不合理;同样,对某些费用项目的减少也要做具体分析;有的可能是企业工作成绩,有的则可能是企业工作中的问题。例如,制造费用中的劳动保护费、设备维护费、试验检测费等的减少，并不一定是由于工作的改进。相反，不按计划进行上述活动或采取必要的措施，有可能造成劳动生产率下降和产品质量下降，甚至影响安全生产。而在超额完成计划产量，增加开工班次的情况下，相应地增加机物料消耗和设备维护费、运输费等也是合理的。总之，不能独立地看费用是超支了还是节约了，而应结合其他有关情况，结合各项技术组织措施效果来分析，结合各项费用支出的经济效益进行评价。

在按费用组成项目进行分析时，由于费用项目多，因此每次分析只能抓住重点，对其中费用支出占总支出比重比较大的或与计划相比发生较大偏差的项目进行分析，特别应注意那些非生产性的损失项目，如材料、在产品和产成品等存货的盘亏和毁损，因为这些费用的发生与企业管理不善直接相关。

分析时，除以本年实际与本年计划相比，检查计划完成情况外，为了从动态上观察、比较各项费用的变动情况和变动趋势，还应将本月实际与上年同期实际进行对比，以了解企业工作的改进情况，并将这一分析与推行经济责任制结合，与检查各项管理制度的执行情况结合，以推动企业改进生产经营管理、提高工作效率、降低各项费用开支。

为了深入地研究制造费用、销售费用、管理费用和财务费用变动的原因，评价费用支出的合理性，寻求降低各种费用支出的途径和方法，也可按费用的用途及影响费用变动的因素，将上述费用包括的各种费用项目按以下类别归类后进行研究。

（1）生产性费用。如制造费用中的折旧费、设备维护费、机物料消耗等，这些费用的变动与企业生产规模、生产组织、设备利用程度等直接相关。这些费用的特点，既不同于与产量增减成正比例变动的变动费用，又不同于固定费用，即在业务量一定的范围内相对固定，超过这个范围就可能上升。分析时就应根据这些费用的特点，联系有关因素的变动，评价其变动的合理性。

（2）管理性费用。如行政管理部门人员的工资、办公费、业务招待费等，这些费用的多少主要取决于企业行政管理系统的设置和运行情况及各项开支标准的执行情况。在分析时，除按明细项目与限额指标进行比较，分析其变动的原因外，还应从紧缩开支、提高工作效率的要求出发，检查企业对精简机构、减少层次、合并职能、压缩人员等有关措施的执行情况。

（3）发展性费用。如职工教育经费、设计制图费、试验检验费、研究开发费等，这些费用与企业的发展相关，实际上是企业对未来的投资。但是这些费用应当建立在规划合理、经济、可行的基础上，而不是盲目地进行研究开发或职工培训，应将费用的支出与取得的效果联系起来进行分析评价。

（4）防护性费用。如劳动保护费、保险费等，这类费用的变动与劳动条件的改变、安全生产等直接相关。显然，对这类费用的分析就不能认为支出越少越好，而应结合劳动保护工作的开展情况，分析费用支出的效果。

（5）非生产性费用。如材料、在产品、产成品的盘亏和毁损。分析这类费用发生的原因，必须从检查企业生产工作质量、各项管理制度是否健全及库存材料、在产品和产成品的保管情况入手，并把分析与推行加强经济责任制结合起来。

## 项目总结

成本报表是通过表格的形式对企业发生的成本费用进行归纳和总结，这些报表通常是根据企业成本发生的实际资料和成本计划资料进行编制，通过对比，揭示成本水平和成本差异，为提高企业的经营管理水平发挥作用。成本报表是企业为了满足经营决策的需要而编制的内部会计报表，其格式和编制时间一般由企业自行确定，主要包括产品生产成本表、主要产品单位成本表、制造费用明细表及期间费用明细表等。

产品成本分析对成本管理具有重大意义，通过成本分析可以揭示成本差异，分析成本升降的原因，挖掘成本降低的潜力。成本报表分析的基本方法有比较分析法、比率分析法、因素分析法等。比较分析法和因素分析法是报表分析最常用的两种方法。

## 知识拓展

### 成本分析报告

成本分析是成本管理的重要组成部分，是寻求降低成本途径的重要的手段。成本分析报告的种类按时间可分为月度成本分析、季度成本分析、年度成本分析。本文主要介绍成本分析报告的格式、成本分析实例的内容。

一、成本分析报告的格式

成本分析报告的格式一般由标题、数据表格、文字分析说明三部分组成。

1．标题

标题由成本分析的单位、分析的时间范围、分析内容三个方面构成。如：《××棉纺厂××××年×月份的成本分析报告》。

2．数据表格

数据表格的一般内容有：原料成本表、工费成本表、分品种的单位成本表等。

3．文字分析说明

文字分析说明重在以表格数据为基础，查明导致成本升高的主要因素。影响产品成本的因素包括：①建厂时带来的固有因素；②宏观经济因素；③企业经营管理因素；④生产技术因素。这几类因素是不能截然分开的，一般来说，内部因素应该是分析的重点。

4．提出建议

成本分析报告是从影响成本诸要素的分析入手，找出影响总成本升或者降的主要原因，并针对原因提出控制成本（降低成本）的措施，以供领导决策参考。

二、实例

分析时，既要分析各个成本项目与当月预算的增减变化，还要分析与上一年同期的增减变化情况，对于有数量的成本项目，还要具体分析数量变化的影响、价格变化的影响和单耗变化的影响。举例如下。

影响利润的主要增减因素分析如下：

与月度预算比减利91万元。

1. 主营业务收入比月度预算比，增加93万元。

（1）由于销量影响增利86万元，其中：电销量增加297.67万度，增加收入150万元；蒸汽销量减少0.40万吨，减少收入66万元，，水销售量增加0.3万吨，增加收入2万元。

（2）由于价格影响增利7万元，其中：电减收6万元，蒸汽增收13万元。

2. 主营业务成本比月度预算增加269万元

由于销量影响增本68万元，其中：由于电销量增加297.67万度，增本121万元，蒸汽实际销量减少0.4万吨，减本54万元，除盐水增本1万元。

由于单位成本影响增本201万元，其中：电单位成本增加增本159万元，蒸汽单位成本增加增本45万元，除盐水单位成本降低减本3万元。

按成本项目分析：

（1）煤炭成本增加，减利322万元，其中：

① 原煤价格升高，减利649万元。(612.96-584)×224 077=649（万元）

② 标煤单耗降低，减少成本，增利289万元。其中：供电标煤耗降低减少成本162万元。

(0.3693-0.3772)×24.53×834.29=162（万元）供热标煤耗降低减少成本127万元。

(0.1242-0.1270)×54.223×834.29=127（万元）

（2）其他燃料比预算增加，减利205万元，其中，价格因素影响减利7万元，消耗量影响减利198万元。

（3）动力成本比预算减少，增利13万元。

（4）辅助材料比预算增加，减利230万元，主要是受物装中心上月结算不及时影响（如脱硫剂等材料）。

（5）制造费用比预算减少，增利251万元。

（6）生产工人职工薪酬比预算减少，增利215万元。

（7）原材料比预算减少，增利9万元，主要是受基本电费减少影响。

3. 其他业务利润影响，增利37万元。

其他业务主要是上网电收入比预算减少151万元，上网电成本比预算减少188万元，两项合计增利37万元。

4. 期间费用减少，增利48万元，其中：管理费用减少39万元，财务费用减少9万元。

# 参考文献

[1] 鲁亮升. 成本会计. 大连：东北财经大学出版社，2010.
[2] 成蓉晖，彭彤丽. 成本会计. 长沙：湖南大学出版社，2010.
[3] 杨翠萍，李洁. 成本会计. 北京：中国财政经济出版社，2005.
[4] 明艾芬. 成本会计. 长沙：中南大学出版社，2007.
[5] 周国安. 成本会计实务. 北京：高等教育出版社，2006.
[6] 郑卫茂. 成本会计实务. 北京：电子工业出版社，2007.
[7] 林莉. 成本会计. 北京：中国财政经济出版社，2010.
[8] 张春霞. 成本会计. 北京：中国农业大学大学出版社，2008.
[9] 赵宝芳. 成本会计. 北京：经济科学出版社，2006.
[10] 王金台. 成本会计. 郑州：郑州大学出版社，2008.
[11] 财政部会计司编写组. 企业会计准则讲解. 北京：人民出版社，2007.
[12] 中华人民共和国财政部. 企业会计准则——应用指南. 北京：中国财政经济出版社，2006.

# 《成本核算会计项目化教程》(第 2 版) 读者意见反馈表

**尊敬的读者：**

　　感谢您购买本书。为了能为您提供更优秀的教材，请您抽出宝贵的时间，将您的意见以下表的方式（可从 http://www.hxedu.com.cn 下载本调查表）及时告知我们，以改进我们的服务。对采用您的意见进行修订的教材，我们将在该书的前言中进行说明并赠送您样书。

姓名：_____　　电话：_____

职业：_____　　E-mail：_____

邮编：_____　　通信地址：_____

1. 您对本书的总体看法是：
　　□很满意　　□比较满意　　□尚可　　□不太满意　　□不满意
2. 您对本书的结构（章节）：　□满意　□不满意　　改进意见_____
_____
_____

3. 您对本书的例题：　□满意　　□不满意　　改进意见_____
_____
_____

4. 您对本书的习题：　□满意　　□不满意　　改进意见_____
_____
_____

5. 您对本书的实训：　□满意　　□不满意　　改进意见_____
_____
_____

6. 您对本书其他的改进意见：
_____
_____
_____
_____

7. 您感兴趣或希望增加的教材选题是：
_____
_____
_____

请寄：100036　北京市万寿路 173 信箱高等职业教育分社　收
电话：010-88254565　　E-mail：gaozhi@phei.com.cn

# 反侵权盗版声明

电子工业出版社依法对本作品享有专有出版权。任何未经权利人书面许可，复制、销售或通过信息网络传播本作品的行为，歪曲、篡改、剽窃本作品的行为，均违反《中华人民共和国著作权法》，其行为人应承担相应的民事责任和行政责任，构成犯罪的，将被依法追究刑事责任。

为了维护市场秩序，保护权利人的合法权益，我社将依法查处和打击侵权盗版的单位和个人。欢迎社会各界人士积极举报侵权盗版行为，本社将奖励举报有功人员，并保证举报人的信息不被泄露。

举报电话：（010）88254396；（010）88258888

传　　真：（010）88254397

E-mail： dbqq@phei.com.cn

通信地址：北京市海淀区万寿路173信箱
　　　　　电子工业出版社总编办公室

邮　　编：100036